墨人著

本全集保留作者手批手稿

# 墨人博士作品全集【全60冊】

第十五冊 紅塵5

文史哲出版社印行

# 紅塵5目次

## 第五卷

# 第六十二章　梅影出家歸佛祖
## 天行大怒儆么兒

天行、蝶仙約文珍、香君去紫竹菴探望梅影。

梅影在老太太的靈柩運往原籍的那天，就隨同月印、了空師徒一同去紫竹菴。蝶仙曾經勸她說：

「妳等二少爺回來再去紫竹菴也不遲，出家也不急在這個把月？二少爺正為老太太去世傷心，妳這樣說走就走，一旦二少爺回來，又不見妳的人影兒，他不更會觸景生情，難過萬分？」

「千里搭涼棚，沒有不散的筵席。」梅影說：「我侍候老夫人這麼多年，和二少爺也情同手足，如果我不趁他送老夫人靈柩回九江時去紫竹菴剃度，我真怕他一回來，我又狠不下心來，豈不誤了大事？」

「妳又不是香君，你們沒有兒女私情，怎麼會狠不下心來？」

「妳知道二少爺是個重感情的人，他在感情上受的折磨已經太多了，現在除了妳以外，我們這幾個人都先後散了，而且都沒有好下場，他自己又遇上一個不通氣的旱菸桿兒，我真怕他承受不了，還是背著他先走的好。」

蝶仙聽她這樣說，也就不好強留她。她走的時候什麼也沒有帶，把老太太平日賞給她的東西都全部送給蝶仙。蝶仙黯然地說：

「我並不缺少什麼，妳也不留一兩樣東西作個紀念？」

「人一出家就不能有這些世俗念頭。」梅影向蝶仙笑笑：「色即是空，我要紀念老夫人也不在這些東西上面。」

「那妳怎麼紀念她？」

「我會早晚一爐香，多念幾遍經，祝她早日生西，這樣豈不更好？」

「莫非妳真的頓悟了？」蝶仙笑問。

「談什麼頓悟？」梅影淡然笑道：「素蘭姐出家那麼多年，我看她還沒有真悟呢？」

「俗話說：『老師帶進門，修行在各人。』說不定妳比她更有慧根？」

「素蘭姐也不是個笨人，只是成佛成仙都不是容易的事兒，我看她還是六根未淨？」

「這樣說來，妳已經六根清淨了？」蝶仙向她一笑。

「六根清淨談何容易？」梅影向蝶仙苦笑：「不過我向無男女之私，因此也就少了不少煩惱。我又是抱著一個誠字去皈依的，或者比駱駝穿針眼容易一些？」

「皇天不負苦心人，但願妳能成佛。」

「希望老夫人在天之靈能夠幫助我袪除魔障，皈依佛祖。」梅影說著就向老太太的遺像磕頭。隨後又向龍太太叩別。

龍太太也很難過，又提醒她說：

「妳不必忙著剃度，在菴裏住一段時日再說，不合適的話可以隨時回來，不要想絕了。」

她對龍太太的好意千恩萬謝，她還是帶著蝶仙的祝福去了紫竹菴，現在已經一個多月了。

天行、蝶仙、文珍、香君一道來看她時，她正在院子裏掃地，她穿著一身寬大的老鼠皮似的灰色袈裟、光頭、露出青青的頭皮，只是還沒有燒戒，完全不像往日滿頭青絲，一身綾羅綢緞，舉止嫻雅的金枝玉葉兒的樣子，人也像一下子老了十歲，天行他們幾乎不認識她了！

文珍、香君突然看到她這副模樣兒，不禁啊一聲哭了出來，蝶仙也陪著抹眼淚。天行流著眼淚問她：

「梅影姐，妳何必忙著剃度出家？婆婆雖然過世了，我們還是一樣，誰也不會把妳當作外人。」

梅影本來心如止水，突然看到文珍她們哭哭啼啼，天行又說出這種話來，也驚得癡癡獃獃，手中的掃帚自然掉了下來。她怔了半天，才輕輕回答天行：

「三少爺，我現在是出家人了緣，不叫梅影，您們請裏面坐。」

「了緣」是梅影皈依時月印賜的法號，和「了空」是師姐妹。

了空看見他們幾人突然來訪，連忙迎了出來，招待他們到客房裏去坐，梅影要替他們奉茶，文珍、香君拉住她不讓她走，了空也笑著對她說：

「二少爺他們不是香客，都是自己人，妳就不必客氣了。」隨即拉著她在身邊坐下，打發別的尼姑倒茶。

梅影探問老太太安葬的情形，天行照實告訴她。他也問她在菴裏的生活情形，了空說：

「她很用功，很虔誠，師父很喜歡她，她在菴裏很好。」

「這樣說來，梅影姐真是與佛有緣了？」蝶仙說。

「蝶仙，她和妳不同，」了空向蝶仙笑說：「師父說妳是世間人，她是方外人。」

「我不懂什麼方內方外，」蝶仙笑著自嘲：「我們兩人情同骨肉，一旦分開，我真像少了一條胳膊，我們這位二少爺心裏也一直不安，她們兩位更是難過。」

「你們自幼一塊兒長大，這也難怪了。」了空說：「不過師父說過，不論方內方外，總得在捨字上下點兒功夫。」

「素蘭姐，我看我們這幾個人都不容易捨掉。」蝶仙笑指他們四人說。

「師父說你們都是癡人。」了空也笑著說，又看看文珍：「所以當年師父就不肯收你。」

「大概是我的孽緣未盡？罪還沒有受夠？」文珍說。

「這我就不知道了？」了空搖頭一笑。

「要是能知道三世就好，那才真能看破。」香君說。

「她發了宏願，要修到那種地步的。」了空指指梅影說。

天行知道了空指的是佛家六通，一旦修到六通，那就成佛了，豈止能知三世？但他知道修成六通太難。柳敬中也教過他靜坐，這是六通的必修功課，他靜坐了很多年，別說沒有修成，連一次幻象都沒有生過，是不是自己的俗緣未盡？業障太深？這次柳敬中突來弔喪，他本想向他詳細請教，柳敬中又驚鴻一瞥地走了。他想請教月印，但是中國大乘佛教中人多重佛理，諱言六通，正如宋朝以後的讀書人研究《易經》，只重易理，不重象數一樣，這都是捨本逐末，很難進入多元宇宙空間，不能發現，不能解惑，只能留在摸索、推測、自我認定、自由心證階段。他認為這就是中國科學停滯、慢慢落後、哲學思想僵化、民族活力衰退、內憂外患重重的原因。但他怕犯忌，不敢講出來。不過為了禮貌，他還是去拜見了月印，謝謝她替祖母作了七七四十九天法事。蝶仙、文珍、香君她們也跟過去。

月印看到他們也很高興。她首先問天行護送老太太的靈柩去九江的情形，天行又複述了一遍，月印雙手合十念了一聲阿彌陀佛，隨後又說：

「老夫人真是有福之人，善始善終，葉落歸根，以後少了許多苦難煩惱。」

天行覺得月印的話和柳敬中的話似乎不謀而合，看樣子以後真會有大劫？他不禁問月印：

「師太，恕我是個凡夫俗子，一竅不通，以後是否還會有大難？請師太明言。」

「二施主，我不過是信口溜。」月印向天行合十笑道：「我那有識破天機的道行？」

「師太，我想您的道行一定很高，一定修過六通，即使沒有修到漏盡通，只要有天眼通也就不難識破了。」天行說。

月印聽天行這樣說，神情肅然地望著他，過了一會兒又淡然一笑說：

「二施主，您太抬舉我了！老尼道行太淺，完全不通，豈敢妄言天機？」

「師太，那您當初不收我為徒，現在又收梅影姐為徒，還說蝶仙姐是世間人，這又是什麼道理？」文珍問。

月印望了了空一眼，向文珍合十笑道：

「那也只是我一時觀察所得的皮相之見，不足為憑，不足為憑。」

「師太，是不是我的孽緣未盡？罪還沒有受夠？您才拒我於千里之外？」文珍又說。

「您們都是聰明絕頂的人，何必打破砂鍋問到底？」月印又向文珍合十笑道。

文珍不好再問，天行知道再也問不出所以然來，他便奉上一筆香錢告辭，最後又對月印說：

「師太，梅影姐在我家裏大門不出，二門不邁，風不吹，雨不打，金枝玉葉兒似的，我怕她吃不了庵裏的苦，請師太多多體諒？」

「二施主，我不會煮鶴焚琴。」月印向他合十說：「了空也會照顧她的。」

他們四人告辭出來，應素蘭、梅影直送他們到菴外，他們望著梅影那一身老鼠皮似的袈裟和青青的頭皮，黯然而別。王仁儒的元配劉氏已經去世，所以他們沒有見到她。

「你看梅影姐真能修到能知過去未來嗎？」離開了紫竹菴，文珍突然問天行。

「這很難說，」天行搖頭笑答：「光有宏願不夠，還得真有慧根，再加明師指點。」

「看來梅影姐是真有點兒慧根，就不知道月印師太的道行如何？」文珍說。

「月印的學問佛理大概不錯，修持的方法如何？可就很難說了。除非梅影姐能像惠能那樣具有慧根，即時頓悟。」天行說。

他們一路談著回到天行家菴。突然發現香君的女兒杏芳和天行的大兒子紹天在一道，十分親密，大家都很驚喜。以前他們都只生活在自己的天地菴，不大注意小孩子，現在突然覺得他們彷彿一夜之間長大了！香君的兒子不但外表像石獸子，頭腦也不靈光。可是女兒杏芳卻聰明伶俐，人也長得十分標緻，很像香君。但杏芳不像香君那么含蓄、保守，她見了大人也落落大方，並不羞怯。他們兩人都不清楚大人們當年的情形和今天的心境。蝶仙看在眼菴，不禁望著天行、香君會心地一笑。天行、香君也暗自高興。文珍看香君有這麼一個好女兒也很高興。她對自己的兒子女兒很失望，兒子愈大愈現實、俗氣，一天到晚只想歪點子；女兒愈大愈洋化，滿嘴英文，從小就叫彼得「爹地」，叫她「媽咪」，叫楊仁「安可」，龍從容一聽她叫自己「格蘭德媽」，耳朵就發麻，她常私自對文珍說：

「這真是葫蘆藤扯上了絲瓜架，亂七八糟！」

她們母女兩人在家裏很尷尬，彷彿變成了外國人，文珍羨慕香君有這麼一個完全像她又叫娘的女兒。

杏芳看見香君來了更高興，左一句娘，右一句娘，叫個不停。她叫文珍、蝶仙阿姨，叫天行龍伯伯，嘴很甜，大家都很喜歡她。

紹天是蝶仙帶大的，但他們兄弟三人一直叫她姑姑，顯得更親密，蝶仙也把他們當作自己的兒子，但她更喜歡紹天，她覺得他最像龍子，性格也更像天行。紹天也向大家親熱地打招呼。天行一看到他就想起叔父龍從雨要第三代去英國學紡織的事，他覺得紹天可以去，紹天自己也有意出國學些實際有用的東西，不走上一代留學生學西洋政治、哲學，把國家愈弄愈糟的老路子。

紹天、杏芳和大家招呼之後，便牽著手一道出去。蝶仙望著他們兩人快樂的背影笑著對文珍、香君、天行三人說：

「要是您們晚生二十年就好了。」

「希望他們有情人能成眷屬。」文珍說。

「只要他們情投意合，我一定成全他們。」天行說。「就怕他們是辦家家酒？」

「不會，」蝶仙笑著搖搖頭：「我看他們很懂事，像大人似的。」

「妳呢？」文珍望望香君說。

「我痛苦了半輩子，自然希望看到他們快樂一生。」香君說。

「妳可能從他們兩人身上得到補償，我看我是要窩囊一輩子了。」文珍說。

「那也未必？」蝶仙向文珍笑說：「還有紹地、紹人。」

「妳想得那麼美？」文珍向蝶仙慘然一笑：「我那對寶兒女都是洋腦袋，他們心眼兒裏可沒有中國人。」

「難道他們會娶個洋婆子，嫁個大毛子不成？」蝶仙說。

「那可說不定？」文珍回答：「我也管不著他們。」

隨後天行告訴他們打算要紹天去英國學紡織。香君聽了突然臉色一黯，她立刻想到他當年去日本留學造成的終身憾事，但她沒有講出來。文珍看了香君的臉色，隨即對天行說：

「您又想傷心歷史重演不成？」

「只要他們願意，紹天出國之前我會讓他們成親。」天行說。「我不會讓他們步我們的後塵。」

「您一個人作了得主？」香君反問天行。

「祖母已經過世，我又是過來人，我不會讓他們痛苦一輩子。」天行望望香君說：「我耽心的是他們只有五分鐘的熱度，見了姐姐就忘了妹妹。」

「杏芳不是那樣的人。」香君搖搖頭。

「她也像妳一樣死心眼兒？」蝶仙笑問。

「杏芳的思想雖然比我新，可是她也是個說一不二的人。我耽心的是……」香君忽然欲言又止。

「妳耽心紹天是不是？」蝶仙笑說：「我最清楚他，他的性格最像他父親。」

蝶仙笑指天行，香君也望著他一笑。隨後又耽心地說：

「還有二少奶奶……」

「二表嫂倒是個沒有什麼主見的人，我想她不會作梗？」文珍說。

「這種事兒就難說得很，」香君說：「要是半路兒再殺出個程咬金，煮熟的鴨子也會飛掉。」

香君的話一下觸到文珍的痛處，文珍臉色突然一黯，不再作聲。蝶仙笑著對香君說：

「妳不要儘往壞處想。」

「一朝被蛇咬，十年怕井繩。」香君說：「這種事兒我怎麼能不耽心？」

「現在情勢變了，時代也不同，你們又都是過來人，還會搬石頭砸他們的腳不成？」蝶仙說。

「只是現在的局勢愈來愈令人耽心，日本人到處找碴兒，說不定那一天他們突然掀起一場戰爭，打得我們東逃西散？」天行說。他想到加藤的遺書、田中奏摺、柳敬中的話，以及日本人正到處製造事端，找侵略併吞的藉口，和江西蘇維埃這些外患內憂的事情，他的心情沈重得很。

她們聽他這樣說，臉色都突然一黯。還是蝶仙比較冷靜，過了一會兒她試探地問：

「難道您這次去九江老家一趟，發現了什麼情況不成？」

天行便將布商李有財割掉舌頭之類的故事說出來，她們更大驚失色，文珍自言自語：

「怎麼會有這種慘事兒？」

「如果我不親眼得見，我也不敢相信。」天行說：「我以前和婆婆說到賀元、佘震天他們連婆婆也不相信，現在可在江西應驗了。」

「當時我也不相信。」蝶仙說。「以為您是故意嚇唬人？」

「幸好婆婆過世了，難怪那天柳老師在她靈前說她是有福之人。」天行說。

「這次您路過南京時，有沒有會見大表哥？」文珍問。

「回來時我看過他。」

「他怎麼那麼忙？幾個月也難回來一次？」文珍說。

「他不像我們，他不但公事忙，心情也愈來愈沈重。」

「他和您說了什麼沒有？」蝶仙問。

「家裏的情形和婆婆安葬的事我都告訴了他。他告訴我的都是令人憂心的大事兒。」

「那些大事兒？」文珍問。

「除了賀元、佘震天在江西搞蘇維埃之外，都是日本人兜著豆子到處找鍋炒的事兒，他認為隨時都會出大亂子。」

「難怪他連老夫人安葬都不能參加！」香君說。

「他有沒有什麼交代？」蝶仙問。

「家裏的事他顧不了，他要我多負責。」天行說。「當年他離開日本回國，就要我代他盡孝，現在還是一樣。」

「時局這麼亂糟糟，我看您的責任以後也愈來愈重了？」文珍說。

「不管怎樣，這個家的擔子我會挑起來。」天行望著蝶仙說，好使她安心。

「您可也別忘記紹天和杏芳的事兒，」蝶仙望了香君一眼又對天行說。「我希望下一代不要再有什麼差錯？」

「如果妳能夠作主，我想等他們一畢業，就替他們辦喜事。」天行望望香君說。

「她爹獃頭獃腦的，這我倒作得了主。」香君說。

「這就好辦。」天行欣慰地一笑。

「不知道老爺、太太的意思如何？」香君有些耽心地說。

「這妳倒可以放心，」蝶仙對香君說：「有你們的前車之鑑，爹娘不會重蹈覆轍。」

「因為杏芳的老子是個獃子，恐怕老爺、太太會有顧慮？」香君說。

「杏芳可聰明伶俐，這是兩回事兒，舅舅、舅媽應該信得過妳。」文珍安慰香君。

「我也不願你們的故事重演。」蝶仙望望香君文珍兩人說。

「還有二少奶奶呢？」香君又想起周素真來。

「孩子是蝶仙姐帶大的，不必理她。」天行說。

「萬一二少奶奶有什麼意見，我也可以作個說客。」蝶仙胸有成竹地說。

香君這才放心，她拉著文珍向蝶仙苦笑說：

「蝶仙姐，不是我多心。我們白活了這一生，我也不大相信有來生，我真怕杏芳像我們一樣不幸。」

蝶仙又安慰她幾句，她才和文珍一道離開。

她們走後第二天，上海就發生了日軍突襲閘北事件，這是日本海軍幹的，因為日本陸軍發動了「九一八」事變，佔領了東北，海軍看了眼紅心癢，也想擴大侵略。事先他們曾嗾使日本浪人至引翔港縱火，焚毀上海一家大工廠，殺死中國警察，又搗毀虹口一帶中國商店，這一帶是日本人最多的地區，平時欺侮中國人的事兒層出不窮，中國人忍氣吞聲很久，警察不敢過問，政府也一直隱忍。這次事件太大，上海市長才向日本領事提出抗議，日本領事不理，反咬一口說有五名日本和尚被中國人打傷，提出解散抗日團體等無理要求，並進攻閘北區。這是早有預謀的軍事行動。上海離南京太近，逼得政府於第三天就遷到洛陽。日本這次侵略，又立刻震驚了全國，北平自然不會例外。天行自然想到天放的話，但沒有料到這麼快就應驗了！

上海守軍和日軍打得很激烈，犧牲慘重，全國人心悲憤。北平學生也遊行示威，紹天三兄弟和杏芳也參加遊行，但暗中受到勸告，要他們冷靜，因為華北日軍正虎視眈眈，隨時都在找藉口，要是在華北再挑起戰爭，那就更難應付。青少年血氣方剛，很難忍受，他們一方面憤恨日本人欺人太甚，一方面又氣政府軟弱。一天紹天三兄弟和杏芳突然問天行：

「日本人這麼猖狂，佔領東北不算，還要進攻上海。政府匆匆遷到洛陽，這樣一再退讓，實在窩囊。為什麼不站起來拼個你死我活？」

「中國積弱太久，不是一天強得起來。現在我們的力量不夠，只好容忍，爭取時間。如果在這個時刻去雞蛋碰石頭，亡國更快。」天行說。

「爹，那要忍到什麼時候？」紹天問。

「爹沒有辦法回答你這個問題。」天行向兒子苦笑：「連你大伯也不能回答你這個問題。要回答這個問題，只有全國上下同心同德，埋頭努力，使中國強壯起來，那就不必再忍了。」

「爹，我有一個問題一直不敢問您，今天我可不可以提出來？」紹人有些衝動地說。

「你說說看？」天行知道今天青少年的疑問很多，學生也常常在課室裏問他一些國家大事、思想問題、愛情婚姻問題，以及他平時沒有想到的一些稀奇古怪的問題，他總盡量讓他們發問，絕不阻止他們。他也會知無不言，言無不盡，不知道的他也不會強不知以為知。他不知道兒子有什麼問題，他也讓他問，他覺得過去一直忽略了他們，現在突然覺得他們長大了，他心裏還不免有些內疚。

「聽說您在日本有個女人？是不是？」紹人脫口而出。

「你聽誰說的？」天行笑問。

「是娘告訴我的，我憋在肚子裏已經好幾年了。」紹人說。

天行想像得到是周素真告訴兒子的，但他一聽說是她告訴紹人的，心裏就不大愉快，說話的口氣也就不大和悅：

「不錯，那是發生在你娘來我們家之前的事兒。」

「爹，我不問您那是發生在什麼時候的事兒，」紹人突然咄咄逼人地問他：「現在我要問您：您是不是親日派？」

天行突然發現紹人的叛逆性格，暗自一驚，他直到現在還沒有敢對父母長輩這樣說話。他記得以前有一次當著婆婆和周而福面前說了兩句氣話，他母親就趕來打他幾個耳光，還要他跪在婆婆面前認罪，現在紹人竟對自己這樣說話，而且以為他是親日派。親日派和漢奸是同義語，他認為這是最大的侮辱，他勃然大怒，隨手打了紹人一個耳光。因為出手太重，把紹人打得暈頭轉向，一屁股跌坐在地上，哭了起來。杏芳一聲尖叫，先把周素真驚動過來，周素真看兒子青了半邊臉，坐在地上又哭又叫，她知道是怎麼一回事之後，帶著幾分醋意、恨意對天行說：

「你忘不了那個東洋婆子，也犯不著在兒子頭上出氣！」

她說著說著自己也哭了起來。

蝶仙聞聲趕來，看天行鐵青著臉，怒不可遏的樣子，先把他拉走，邊走邊安慰他說：

「我從來沒有看見您這麼生氣，這麼可怕的樣子?您出去走走，別氣壞了身體，二少奶奶和孩子們的事兒由我處理。」

天行一言不發，一氣出門。他又氣又傷了自尊心，心情惡劣透了，這種時刻到任何地方見任何人都不適宜，他怕失態，左思右想還是到古美雲這邊來，她是長輩，又是最瞭解他的人，現在祖母過世了，梅影出家了，他更感到十分悲戚，只有在古美雲這兒才能得到一些溫暖和安慰。

古美雲看他大異往常的樣子，甚至文珍出岔兒時他也不是這副樣子，不禁暗自一驚，把他帶進書房，輕言細語問他發生了什麼事兒?他把剛才的經過情形告訴她，她一歎一笑說：

「真是冚大爺難做！現在時代不同了，又遇著國難當頭，七娘八老子的，更是難上加難。」

「雲姑，不管怎麼說，紹人那個小畜牲也不該懷疑我是親日派?」天行餘怒未息，又十分傷心地說。

「小孩兒不懂事，你何必在意?」古美雲向他說。

「雲姑，這不是小事兒，」天行正色地說：「我一生不唱高調，不投機取巧，不譁眾取寵，但我還明是非大義，我比誰都瞭解日本人，我怎麼會親日？」

「紹人不懂事，大概是因為你和美子的關係？」

「要是日本人都像加藤、美子一樣，中日之間那會有戰爭？不是我親日，美子倒是親華的。」

「紹人怎麼知道這些情形？」古美雲向他笑笑：「我們一向是瞞著他們的。」

「一定是他無知的娘挑撥的！」天行又氣憤起來。

「你可也不要氣糊塗了，」古美雲提醒他說：「素真向孩子掀你的底兒自然是有的，不過現在外面的情形很複雜，學生又最容易被人利用，紹人的小腦袋裏裝的是什麼東西？你也未必清楚？」

天行這才想起來聽說過他歡喜塗塗寫寫，也在校刊小報上發表過幾首歪詩，自命為前進分子，看過不少俄國作家的作品，尤其是高爾基等人的作品。古美雲這麼一說，他又不免暗自一驚。他情願是周素貞挑撥的，那還比較單純。不然就麻煩了，現在像紹人這樣的學生已經不少，他就遇到過很多位。他們在學校裏都是鋒頭人物，能說能寫，雖然是一知半解，可是那股銳氣卻咄咄逼人，就像紹人說話的口氣一樣。他又增加了一重隱憂。

蝶仙把天行送出來之後，又回到屋裏。把他們兄弟三人和杏芳叫到她的房間，溫婉地對紹人說：

「你爹是位十分愛國的人，只是他不掛在嘴上，剛才你怎麼那樣衝著他說話？」

「如果他不是親日派，他就不應該和那個東洋女人耦斷絲蓮！」紹人倔強地說。

「這完全是兩回事兒！」蝶仙說：「美子是個難得的好女人！她不但愛你爹，也愛中國，她和侵略我們的日本人完全不同，你不要誤會她，更不能誤會你爹。」

「姑姑，爹為什麼一直瞞著我們和那個東洋女人來往？連您也不告訴我們？」紹人又說。

「這是上一代人的私事兒，又何必告訴你們。」

「姑姑，他不該對娘不公平，對我們也不公平！」紹人仍然倔強地說。

「你教我怎麼說好？」蝶仙對他苦笑：「這也是上一代人的私事兒。你爹一生受了多大的委屈折磨，你們都不知道，也只有你爹忍受得了！我也沒有告訴你們的必要。要說你爹對你們不公平那也冤枉。」

「怎麼冤枉？」紹人反問。

「我小心翼翼，辛辛苦苦把你們從小帶大，都是你爹暗中拜託我的，你知不知道？」蝶仙問他。「我又何嘗告訴你們？」

紹人這才不作聲，稍停他又大聲說：

「姑姑，不管怎樣說，他也不該伸手打我！」

蝶仙聽了好笑，隨後又說：

「你爹雖然練過武，可是他一生從來沒有打過人，這也是第一次打你，因為你不但犯上，也太傷了他的自尊心。要是你曾祖母還在，一定要罰你跪在祖宗面前，用扁擔打你一頓屁股！」

「這是什麼時代？還作興來這一套？」紹人一聲冷笑。

「你怎麼會說出這種話來？」蝶仙倒退一步望著他說：「當年你父親都三、四十歲的人了，在你曾祖母面前說了兩句氣話兒，您婆婆就趕過來賞他幾個耳光，還罰他跪在你曾祖母面前認罪。你這兩句話兒要是給你祖母聽見，她也決不會饒你！」

紹人有些怕龍太太，他這才不作聲。蝶仙又溫婉地對他說：

「姑姑原諒你年輕不懂事，你去好好地反省反省。總之，你爹不但是一個愛國的人，也是個了不起的人，他絕對不是親日派。」

「他剛才打我那一巴掌我也永遠不會忘記！」說後他就氣鼓鼓地先走了。他身後還響著兩句話：「這是什麼時代？還有這種封建思想？」

蝶仙搖頭歎氣，又笑著對紹天、紹地兩兄弟說：

「你們兩人可不能有弟弟那種思想？使姑姑和你爹都傷心。」

隨後她又望著紹天和杏芳兩人說：

「你們兩人的事兒，你爹、你娘，和我們大家都同意，你們放心好了。」

杏芳和紹天、紹地兩兄弟高興地離開。

杏芳回家後把先前發生的事兒告訴香君，香君臉色一沈，半天沒有作聲，過後她才問杏芳：

「紹人怎麼會懷疑他爹是親日派？」

「除了龍伯伯有個日本女人之外，也許他聽到什麼謠言？或是別的原因？他是個思想很前進的學生，他看的書最多，筆下也行，他已經是個小作家了。」杏芳說。

「他看了些什麼書？」香君問。

「都是翻譯的外國文學作品，尤其是蘇聯的作品。」

「他看不看中國文學作品？」

「他不看。」杏芳搖搖頭。

「他為什麼不看中國文學作品？」

「他說那都是封建文學，不是歌功頌德，就是吟風弄月，要不就是小資產階級意識，與人民生活思想無關。」

「真太可怕了！」香君望著女兒說：「他怎麼會有這種歪曲的想法？」

「凡是思想前進的學生，都流行這種想法看法，不止他一個人如此？」

「妳是不是和他一樣？」香君緊張地問。

「娘，妳何必這樣緊張？」杏芳一笑：「我雖然比您開通，但還沒有他那麼前進。」

香君鬆了一口氣，隨後又問：

「紹天、紹地和他是不是一樣？」

「也不大一樣，不過都很愛國。」

「愛國很好，就怕偏激。」香君說：「妳龍伯伯從小就很愛國，但他不偏激，不唱高調，他尤其愛護自己的文化、文學。娘有今天，就是受他和文珍阿姨的薰陶教導。」

「娘，龍伯伯是怎麼愛上一個日本女人的？」

「這是龍伯伯的私事兒，妳不要管。」香君正色地說。

「娘，男女戀愛是很平常的事兒，妳又何必這麼神祕兮兮？」杏芳又望著香君一笑。

「現在的時代雖和以前不同，但這是各人自己的事兒，妳少管別人的閒事；尤其是長輩的私事兒，更不必管。」

「娘，我和紹天的事兒您管不管？」

「妳是我女兒，怎麼不管？」

「娘，您是怎麼個管法？」杏芳俏皮而又狡點地問。

「我和龍伯伯會成全你們。」

「真的？」

「娘還會和妳說假話？」

杏芳摟著她，跳了起來，又在香君耳邊輕輕地說：

「您真是個好娘！不然會逼著我鬧家庭革命呢！」

「妳看妳瘋成這個樣子？」香君悲喜交集地兩眼閃著淚光。「妳以為娘真是老古板？」

「娘，您一點兒不老，也不古板。」杏芳在香君臉上親了一下說：「今天龍伯伯發那麼大的脾氣，可真把我嚇壞了！」

「龍伯伯很少動怒，是紹人太過分了。龍伯伯在他這種年紀，可不是他這個樣子！」

「娘，那是什麼樣子？」

「他既孝順，又彬彬有禮，更不犯上。」

「真想不到斯斯文文的龍伯伯有那麼大的力氣？一巴掌就把紹人摑倒在地！」

「這才叫做真人不露相，今天他是萬不得已。」香君用教訓的口氣對女兒說。

「娘，照您這樣說來，以後我可得小心點兒？」杏芳俏皮地說。

「女孩兒家，本來就應該謹言慎行，循規蹈矩的，尤其是龍伯伯那種家庭，更不能放肆。」

她們母女兩人談得十分愉快，洋溢著母女之愛。

可是天行回到家來，紹人就一直避著他不見面。蝶仙雖然安慰了他一番，他心裏還是很懊惱。

上海的戰事打了兩、三個月，雖然結束了，但停戰協定的條件是，上海只能駐保安隊，不能駐正規軍。日本人又得寸進尺。

另一方面，日本人又從天津把那個小皇帝弄到東北去成立偽滿洲國做他們的兒皇帝了。

原來日本人佔領東北之後利用漢奸在各地設立維持會，他們覺得這樣還不能達到統治東北的目的，自然把腦筋動到小皇帝身上來。他們老早就在小皇帝身邊安置了幾位「參謀」，每周向他「進講」時局，在九一八事變前兩個月，日本華族水野子爵就來看過他，而且送了他一件很不平常的禮物：日本扇子。扇子上面還題了一聯：

天莫空勾踐
時非無范蠡

他身邊的這些日本范蠡便按照計畫在夜間由吉田護送小皇帝從白河偷渡，上了日軍司令部運輸部的「比治山丸」汽船。船上還藏了一大桶汽油，準備萬一被中國軍隊發現，無法脫逃時，船上日軍士兵就放火燒船，讓人船同盡，他們就脫離了干係。

汽船出了租界，經過中國守軍崗哨時，中國士兵喝令停船，小皇帝嚇得幾乎癱了！可是日本士兵狡猾得很，他們一面降低船速，佯裝聽令，其實人都伏在沙包後面，作好了射擊準備。突然汽船上的電燈全熄，汽船猛然加速向前衝，一時岸上船上槍聲像放鞭砲似的響了起來，小皇帝嚇得尿都流出來了。不過這只是一陣子工夫，汽船就衝出了火線，半夜就到了停在大沽口外迎接他的日本商船「淡路丸」上。到了東北，還經過不少折騰，才讓他依照日本人擬訂的《滿洲國組織法》，當他有名無實的「康德」兒皇帝。

日本人完成統治東北之後，日本鐵路守備隊又要出了花招，自己在司令部門前投擲炸彈卻誣賴中國軍隊，要中國軍隊退出山海關，駐軍拒絕退出，他們便以陸海空軍大舉進攻，守軍傷亡慘重，山海關也丟了。北平大為震動，人心惶惶。

以後他們又攻佔熱河省會承德，南犯長城各要隘，冀東各縣也先後淪陷，日軍飛機還在平津上空示威飛行，北平人更是寢食難安，覺得這比八國聯軍更可怕。

劉嬤嬤比誰都恐慌，八國聯軍的餘悸猶存，現在她雖然年紀大了，但還是十分敏感，她神經質地自言自語：

「不說別的，萬一日本飛機在我們頭上下個蛋，那不一下子就完了！」

知道她的慘痛遭遇的人，誰也不怪她這麼神經兮兮，蝶仙更是同情。她拉著蝶仙悄悄地問：

「大少奶奶，大少爺有沒有信回來？他有沒有什麼法子抵擋日本人？」

「他大概忙得很？一直沒有信回來。」蝶仙回答。

「聯軍也沒有信回來，這真急死人了。」劉嬤嬤幾乎哭了出來。

「劉嬤嬤，妳別急，妳在我們家這麼多年，我們有福同享，有難同當，不會不顧妳的。」

她這才像吃了顆定心丸似的，慢慢安定下來。

天行的心情更沈重，他知道大難就在眼前，日本人比八國聯軍更厲害，這次他們是要一下子滅亡中國，決不止於佔領北平，他這個家也自然保不住了，保不保得住這條命？都很難說。他想到紹天和杏芳的事，他們剛剛完成學業，他想立刻替他們成親，讓紹天婚後立即去英國學紡織，一方面讓他學有專長，日後也好回國發展實業，解決實際問題；另一方面他在英國也比較安全，一旦中日戰爭爆發，他身在國外，不受影響。他把這個意思告訴蝶仙，蝶仙很贊成。隨後又告訴父母，父母也贊成他這個安排。然後和香君商量，香君、杏芳都同意。他很快地替他們兩人完成了終身大事，沒有鋪張，簡單而隆重。

將紹天送出國後，他了卻一樁心事。

天放突然回來，處理冀、察、平、津事務，因為冀東十九縣由漢奸牛存信成立的偽政府，把持稅收、交通，由日本顧問監督一切。牛存信是古美雲耍了一點小手段要他寫了一封信介紹天放去士校的，這些年來他耐不住寂寞，居然當起漢奸來。同時牛存信又是周而福的朋友，周而復也是個不甘寂寞的人，日本人正在誘使冀、察、魯、晉、綏華北五省首長獨立，政府成立了一個委員會來應付，也給了周而福一個名義作為安撫，由天放傳達這個任命，同時把話穩住他。

日本人得寸進尺，永無止境。這時又藉口成都、上海、漢口排日事件，一面增兵華北，一面派軍艦在長江示威，天放在家裏也開了一個家庭會議，要父親趕快將珍貴的古玩運往九江老家收藏，華北五省已經岌岌可危，日本人隨時都會下手，老家比較安全。必要時家人也可以先回九江老家。作了這個決定之後，他又匆匆趕回南京。

也就在這時，天行接到美子一封信。近年來美子的信顯然經過檢查，這封信也不例外。日本郵電檢查很嚴，美子也很機警，她在信中從不談中日國事，只談些身邊瑣事，這封信後卻加了下面兩句話：

龍子和我姪兒太郎已到華探親，不久你們也許可以見面。

天行看了這封信愣了半天。蝶仙看了後面兩句話贊歎地說：

「美子用心良苦！」

天行右手在桌上一拍說：

「是福不是禍，是禍躲不過。美子和我耽心的悲劇終於發生了！」

# 第六十三章 蘆溝橋砲聲隆隆 翰林第離情依依

天行接到美子的信，知道事態嚴重。日本「華北駐屯軍」不斷增加，龍子和美子的姪兒太郎，既已應徵來華，當然不是「探親」，而是來華參加侵略戰爭了。看來這場戰爭是無法避免，因為城內東交民巷有他們的兵營，平、津附近地區又有他們的軍隊，而且時常舉行演習，槍口自然是對準北平的，日本人已經把北平視為囊中之物，弄得北平人心惶惶。八國聯軍餘悸猶存，現在日本人要獨吞了，今天日本人的武器更加精良，飛機、大砲，應有盡有，人為刀俎，我為魚肉，現在只看日本人那天下手了?

龍從雲決定先將萬寶齋古玩店結束，連同家中珍藏的骨董字畫一併裝箱運往老家九江，八國聯軍和阮國璋的「兵變」教訓太大了，他希望能夠逃過日本人的掠奪，日本人在這方面又精得很，他們很重視「文化財」，對於中國的「文化財」更垂涎欲滴。

他把骨董字畫運走之後，又召集高管家、卜天鵬、馬福康，參加了他們的家庭會議，說明只要戰爭一爆發，他決心全家回九江老家，願意跟他去的就一道走，願意留在北平的繼續留下來，想各自回家的，那就各自回家。景德瓷莊決不關閉，請馬福康，繼續經營。

高管家有家有室，年紀也大了，他知道主人要到南方去，北平這個家就沒有什麼好管的了，他決定回家。卜天鵬還是光桿兒，他本來想跟龍從雲一道走，龍從雲卻對他說：

「卜師傅，你和高管家的情形不同，高管家幫了我這麼多年的忙，他有家有室，春秋也比你高，他要回家，我不能不同意。你是一個人，高管家一走，我這個家就沒有人照顧，我想把這個家交給你，不知道你的意思如何？」

卜天鵬考慮了一下才回答：

「反正我是光桿兒一個，在那兒都是一樣，既然東家看得起我，要我留下來就留下來好了。」

「卜師傅，那就謝謝你了。」龍從雲寬慰地說：「你的一切仍然照舊，由馬師傅按月支付。另外劉嬤嬤無依無靠，我也想把她留下來，你們彼此也好有個照顧。」

「劉嬤嬤雖然有個兒子劉聯軍，可是一當軍人就身不由己，東家這番好意她會感激。」卜天鵬說：「不過要是別人都走了，只有我們兩個孤男寡女，人言可畏，合不合適？還請東家三思。」

「卜師傅，我也想到這一層。」龍從雲向他笑道：「你不提起，我還不便說，既然你提起來，我倒想給你們一個建議，希望你不要見怪？」

「請東家直說好了，我卜天鵬知道好歹，怎敢見怪？」

「我希望你們能夠成親，這就兩全其美了。」

「老爺想得周到。」高管家附議：「本來我也早有這個想法，可是一直不敢提出來。」

「現在到了這個節骨眼兒上，我們一走，你們也不宜單絲獨線了。」龍太太說：「最好在我們走以前，你們兩位能正式成親？」

「東家的好意在下十分感激，可不知道劉嬤嬤的意思如何？」

「卜師傅，這你放心好了。」龍太太向他笑道：「你們在這個屋簷下，相處了這麼多年，彼此都很瞭解，我跟劉嬤嬤說一聲，我想她不會不同意。」

卜天鵬似驚還喜，便不再作聲。

龍太太隨後把劉嬤嬤叫到自己房裏，把這個意思告訴她，她起先一驚，隨即臉一紅，流下了眼淚，囁嚅地說：

「太太，我做夢也沒有想到這種事兒，卜師傅怎麼會要我這種女人？」

「卜師傅是條漢子，也是個好人，他沒有半點兒嫌棄妳的意思，他還怕妳不同意呢！」龍太太說。

「我知道我自己有幾斤幾兩，我還敢自抬身價？」劉嬤嬤黯然地說：「只是我年紀大了，我真怕別人笑話？」

「這妳放心，不會有人笑話妳的。要不是國難當頭，日本人兵臨城下，我們又打算到南邊去，我們就不便提出這個建議來。這不但是權宜之計，也是為你們兩位的終身打算，人總不能單絲獨線到底，尤其是在這個亂世，妳一個婦道人家，一個巴掌拍不響，兩人在一起就彼此有個照顧。」

劉嬤嬤想起八國聯軍時自己一個人的遭遇便不寒而慄。嫁了卜天鵬這樣的男人，就像有了一個靠山，她不禁流著淚說：

「我是苦命人，多謝太太的恩典，一切全仗太太安排。」

兩下說定之後，龍從雲夫婦就準備替他們成親。

一天，天行從東長安街經過，想不到竟碰到日軍在這個菁華地區演習巷戰。日本坦克車在馳騁，隆隆的車聲，震耳欲聾，炎炎夏日的柏油馬路，被坦克車的履帶壓成一條條凹凸不平的傷痕，彷彿壓在自己的心上。

穿著草黃色軍服，軍帽上有一條紅色徽紋的日本「華北駐屯軍」，在平頂民房上架起了機關槍，構築了沙包工事，成群結隊對壘，把長安東街、東交民巷這一帶當作戰場，北平雖然還沒有丟，他們已經完全沒有把中國人看在眼裏。北平老百姓乾瞪著眼看著日本坦克車把街道壓成那個樣子，看著日軍爬上自己的屋頂，不敢吭聲，卻暗自抹眼淚。

天行心裏更難過，他不知道那些日軍當中有沒有龍子？他癡癡獃獃地望著一家民房頂上的幾個伏在沙包背後守著機槍的日本士兵出神，突然聽見屋頂上幾聲吼叫，用日本話罵他，而且把機槍口對準他，他這才如夢初醒，迅速離開。

這些演習巷戰的日軍，是庚子年八國聯軍進京之後所訂的《辛丑條約》，駐在東交民巷日本兵營的日軍，和駐在宛平縣一帶的日軍裏應外合，聲勢強大，造成草木皆兵。

天行離開東長安街，匆匆趕到古美雲這兒來，告訴她這種情形，隨後對她說：

「雲姑，現在真是山雨欲來風滿樓了，您打算怎樣？」

「你呢？」古美雲反問他。

「我家的骨董字畫已經運走了，」天行說：「只要一有風吹草動，我們全家就先回九江去。我看日本人已經箭在弦上，我們也忍無可忍，這次一打起來，恐怕不是三天兩天就可以結束的？」

「日本人不是說了三個月可以滅亡中國嗎？」古美雲說。最近中外報紙上時常登載日本人的狂言，他們完全沒有把中國放在眼裏。

「如果照日本人這些年來處心積慮，實行軍國主義的情形而論，無怪他們口出狂言，因為我們的力量，實在不成對比。」天行說。

「這我倒不清楚，莫非你有什麼消息？」古美雲望著他說。

「最近我看到好幾本日文雜誌，都有雙方的兵力估計分析，綜合起來判斷，那種估計分析是相當可靠的。」

「你說給我聽聽看？」

「在日本方面，他們有飛機二千七百架，艦艇一百九十餘萬噸，陸軍四百四十八萬一千人。

我們這方面只有飛機三百一十四架，艦艇四萬六千六百五十六噸，陸軍一百七十多萬人。不但在數量上不能相比，在裝備方面差得更遠。」

「這樣說來，那真不是他們的對手了。」古美雲不免一驚。

「不過我們地廣，人多，只要有決心和日本人打下去，日本人要想一下子滅亡我們，也不是那麼容易的事。何況人算不如天算。」

「你的話也有道理，」古美雲點點頭：「只怕那就犧牲太大了！」

「要想不作亡國奴，不犧牲怎麼成？」

「就怕大家不能一條心。」古美雲耽心地說：「牛存信已經在冀東和日本人搞在一起，我看你岳父和姑爹都是牆頭草，他們會見風轉舵，是不肯犧牲的。」

「雲姑，難道您又有什麼新的發現？」

「我是根據他們過去的行為這麼猜想，加上你岳父和牛存信又是朋友，你姑爹又唯利是圖，日軍固然利用浪人和高麗棒子販毒，你姑爹又何嘗洗手？」

「政府也知道我岳父不甘寂寞，上次還要哥哥來安撫了他一下，怎麼姑爹還在暗中幹那種勾當？」

「有錢賺他怎麼不幹？」古美雲好笑：「表面上他還是正正當當的大皮貨藥材商。」

「物必自腐，然後蟲生。自己人挖牆腳，比外來的敵人更糟。」天行說。

「最近我又發現他們和那個叫做王蘭英的女人來往密切，我總覺得她不是一般交際花？」

「那她是什麼？」

「我始終懷疑她是日本人？可是又沒有證據。」

「如果她真是日本人，那就很難抓到證據。」

「那只好騎驢子看唱本，走著瞧了！」古美雲說。

「雲姑，那您是不打算走了？」

「我年紀大了，到後方去我也使不上力氣。在這兒我倒是個地頭蛇。說不定還有一點兒用處？」

「要是您能像八國聯軍時期那樣，倒也可以造福不少人。」

「現在我人老珠黃，和日本蘿蔔頭沒有瓜葛，恐怕是有心無力了！」

「那金谷園的招牌是不是要取下來？」

「日本人也不是聖人，只要是男人，總要到胡同裏來逛逛。」古美雲笑著說：「不過我自己決定改邪歸正，把金谷園交給小玉和金大娘。」

「雲姑，您決定退休了？」

「我不但決定洗手，我也打算搬出金谷園。」

「那您住到那兒去？」

「這我正要跟你們父子兩人商量商量。」古美雲望著他說：「如果你們決定全家離開北平，我倒想搬到你的翰林第去。」

「那是最好不過了！」天行說。

「一來我可以替你們看家，就便給乾娘早晚一爐香，免得你們都走了冷落了她；二來我熱鬧了一輩子，也好圖個清淨。」

天行十分高興，他那麼大的房子只留卜天鵬和劉嬤嬤兩人，實在太冷清，古美雲搬過去住，也可以安慰祖母在天之靈，那就好多了。

天行回家把古美雲的意思告訴父母，龍從雲高興地說：

「這正是我求之不得的事兒，沒有想到美雲看破紅塵，返璞歸真？我們這個家有她來住，不但卜師傅有個拿主意的人，老太太在天之靈也不會寂寞，她正好替我盡盡孝心。」

「雲姑是真提得起，放得下，她住在我們家裏，我們在外面也很放心。」天行說。

卜師傅、劉嬤嬤成親的這天，龍從雲還特別把古美雲請了過來，另外還請了周而福夫婦、龍從容、文珍母女和香君，一方面是慶祝他們兩人成親，一方面也探問他們準不準備離開北平？

老太太過世之後，楊通父子就沒有再來，一方面是時局不好，政府處境尷尬，天放也很少回來，楊通看看沒有什麼苗頭，所以不來；另一方面他始終記得卜天鵬揍他的那筆舊帳，龍從雲為他成親，他才不來湊這個熱鬧；三是他知道龍從雲要全家逃難，這比八國聯軍時更走下坡，他更不想來。

卜天鵬、劉嬤嬤並沒有拜堂，一是年紀大了，不好意思；二是龍家沒有他們的祖宗牌位，他們不能拜龍家的祖先，只是吃飯前龍從雲正式向大家宣佈他們的囍事，他們兩人也穿著龍從雲為他們趕做的新郎、新娘的衣服，表示一點兒囍氣。

古美雲送了卜天鵬一個大紅包，因為卜天鵬在八國聯軍進京時幫他跑腿辦事，十分周到，再加上小貴兒又是他的徒弟，也幫她做了不少事兒，所以她對卜天鵬的印象很好。劉嬤嬤又是一個老實人，她也很同情她的遭遇。

小貴兒也跟古美雲一道過來，向卜天鵬道喜，他也孝敬了一份厚禮，周而福夫婦送了五塊大洋。龍從容、文珍、香君也都各送一份。

卜天鵬說了很多感謝的話，說得都很得體，句句都是出自肺腑之言。

飯後，龍從雲和周而福談到時局問題，同時將自己的計畫告訴他，周而福卻淡淡地說：

「其實不必這麼緊張，即使打起來，也不過三、五天的事兒，北平是不會成為戰場的。」

「可是日軍已經在東長安街演習巷戰，看樣子他們是準備在城裏打的？」龍從雲說。

「日軍是有萬全的準備，可是我們的軍隊裝備太差，還會投鼠忌器，依我看，城裏是不會打的。」周而福說。

「親家的話是有道理，不過一旦日軍佔領北平，這亡國奴的日子可不好過！」

「親家，當年八國聯軍佔領北京，您還不是熬過來了？」周而福向龍從雲一笑。

「那種日子可不好過。」龍從雲說：「那次幸好有美雲擋著，不然我這個家也保不住。」

「雲姑奶奶這次也想逃難了？」周而福望望古美雲說。

「現在我年紀大了，逃不動，」古美雲笑著回答：「我縱然逃到後方去，也使不上力，反而變成政府的包袱。我人一個，命一條，世事也看得夠多了，就是死在北平也無所謂。」

「我看沒有那麼嚴重。」周而福向她笑笑。

「親家是不打算走了？」龍從雲笑問。

「我也年紀大了，走不動。我很愛北平這個地方，準備老死在這兒。」周而福輕鬆地說。

龍從雲不好再說下去，轉問妹妹龍從容：

「你們打算怎樣？」

「你妹婿有司徒威作靠山，不想走；彼得和兩個孩子都是英國人了，他們更不怕。我和文珍不是英國人，雖然想跟你們回老家九江，可是又走不成。」龍從容說。

「令妹婿是生意人，他們沒有走的必要。」周而福說：「再說，日本人現在還不敢得罪英國人。在北平這個地方，日本人也沒有必要去捋虎鬚。」

「日本飛機示威飛行之後，司徒威洋行的屋頂上，已經漆了一大幅英國米字旗。」文珍說。

「對了，現在所有的教堂，洋人的房屋頂上，都漆了他們自己的國旗。」古美雲說。「那都是老虎皮，日本人還不敢惹。」

「日後一旦他們在中國得手，說不定他們會發瘋。」天行說。

「你是留日的，你對日本人的瞭解當然比我們清楚。」周而福望望天行說：「依你看，日本人是一定要打了？」

「事實已經擺在面前，這還有什麼好懷疑的？」天行說。「我親眼看見日軍在東長安街演習巷戰，殺氣騰騰，那可不是鬧著玩兒的！」

「日軍不但在北平城內演習，在蘆溝橋附近，也正在舉行大規模演習，他們隨時都會製造一個藉口，打進北平。」龍從雲說。「親家，要不是國難當頭，我們又何嘗願意逃難？」

「您回九江老家，倒也不算是逃難。」周而福說。

「我耽心的是，日後恐怕連老家都保不住。」龍從雲說。

「如果照雙方的實力看來，這個仗我們實在不能打。」周而福搖搖頭說。

「不打就要做亡國奴。」天行說。

「打起來了恐怕也不會有什麼好結果？」周而福說。

「人爭一口氣，佛爭一爐香。」古美雲向周而福說：「這就叫做寧為玉碎，不為瓦全。」

「雲姑奶奶，」周而福也向她笑笑：「想不到您倒是主戰的？」

「我們已經被日本人逼進死胡同了，難道還自己伸長脖子讓他們砍不成？」古美雲說：「可惜我不是男子漢，年紀也大了，不然我也不會留在北平做順民，應該為國家出點兒力。」

周而福聽了古美雲這幾句話，乾笑了兩聲，隨即告辭。龍從雲送他出去，沒有再進來。天行便問香君：

「妳有沒有什麼打算？」

「杏芳她爹連東南西北都分不清楚，我們怎麼能逃？我守著北平這個老店，還能撐下去，一到了外邊，那就要喝西北風了。」香君苦笑說。

「娘，您可以跟我們一道走，不會餓著您。」杏芳說。

「妳眞不知道天高地厚，」香君向女兒苦笑：「妳以為逃難會像郊遊一樣？遇上兵慌馬亂，誰也顧不了誰。何況我也不是一個人，怎麼能一走了之。」

「娘，您別嚇唬人好不好？」杏芳也望著香君苦笑：「您這樣一說，我還眞有點兒怕呢！」

「當年我從天津逃難到北京，倒眞吃了不少苦頭。」古美雲說：「幸好還保住這條命。那時我還年輕，現在眞不敢逃了。」

「雲姑奶奶，您愈說我愈怕了。」杏芳笑著說。

「船到橋頭自然直，也沒有什麼好怕的。」古美雲又向她笑道：「不過身體是本錢，遇事要鎮定，自然能度過難關。」

「妳又不是一個人逃，我們是一家人走，妳怕什麼？」蝶仙安慰她說：「這次我們計畫先一步去老家九江，以後縱然九江也保不住，我們還可以先一步到安全的地方，不會讓妳打單的。」

「姑姑，只要有您在身邊，我的膽子就壯了。」杏芳笑說。

香君、文珍知道古美雲不走，也像吃了一顆定心丸。八國聯軍時，古美雲是她們的保護神。萬一日軍佔領了北平，文珍固然可以託司徒威的庇護，香君可沒有什麼依靠，她就只有靠古美雲給她壯膽了。

隨後她們忽然談起美子、龍子，天行便把美子那封信給她們看。香君看到後面那兩句話，說了一句「糟了」就把信交給文珍。文珍看著美子的信說：

「這真是悲劇中的悲劇！當年誰也沒有想到居然會發生這種事兒？」

「本來這倒是他們父子團圓的好事兒，現在不但父子不能見面，老子反而要逃難了。」古美雲說。

「那天我看日軍演習巷戰，我以為其中會有龍子？」天行說。

「那有那麼巧的事兒？」古美雲笑說。

「日本華北駐屯軍最近增援了很多人，美子信上雖然不敢說出龍子和她姪兒編入那個部隊，但從各種跡象判斷，一定是編入華北駐屯軍。即使不駐在東交民巷日本兵營裏，也會駐在宛平附近。」

「照美子信上說，他們父子不久可以見面，顯然他們的部隊離北平不遠，要麼就在北平。」文珍說。

「還有一種可能。」蝶仙說。

「什麼可能？」香君問。

「龍子一來到，可能就會發動戰爭？」蝶仙說。

「妳的推測很有道理。」古美雲點點頭。

「要不是這種大敵當前，我倒真想看看他。」蝶仙望望杏芳說：「他實在太像紹天了。」

「姑姑，那有這麼巧的事兒？」杏芳好笑。

「一點兒不巧。」蝶仙說：「他們是一個父親生的，龍子和紹天最像。不信，妳可以要妳公公把照片拿給妳看看？」

杏芳望望天行，天行從皮篋裏掏出他和美子、龍子的合照交給她，又囑咐她說：

「妳可不能給妳婆婆講？」

杏芳看了照片，又望望天行，笑著自言自語：

「真有這種巧事兒！比他們三胞胎還像？可惜是個日本人！」

「所以才發生這種悲劇。」文珍把信交給天行說。

「如果我的猜想不錯，一旦華北駐屯軍佔領了北平，他會找到家裏來。」天行說。「雲姑，您住在這兒我比較放心，不然我怕卜師傅和他會起衝突？」

「他知道這兒是你的家？」古美雲問。

「上次我去日本，全都告訴他了。」天行回答。

「那我會關照卜師傅。」古美雲說。

「雲姑，要是他真的來了，您最好再給他上一課。」

「這我知道，」古美雲點頭微笑：「就怕他是戰勝者，聽不進去？」

「這孩子模樣兒性格兒都很像紹天，美子也教育得很好，大概不會？」天行說。

「真不知道你是個什麼命？」古美雲向天行笑說：「偏偏在你身上發生這些傷心古怪的事情？」

「雲姑，我是真的生不逢辰，遇上了中國最倒楣的時代，所以有許多悲劇在我身上發生。」

天行站起來說：「以後的事兒還難說得很，現在我要去學校走一趟，好作個交代，免得以後找不到我的人。」

「學校還不是在老地方？他們找不到你，你也可以主動聯絡？」香君說。

「學校也在應變，準備遷往後方，只是還沒有決定遷到什麼地方？」天行說：「我以後的行蹤也很難確定。」

「難怪柳老師說外婆是有福之人！」文珍說。

「要是她老人家還在，又要受一次驚駭，我也會舉棋不定。」天行說著就先走了。

他來到學校，在教務處碰到黃凍梅，他將自己的計畫告訴他。黃凍梅聽了之後也說：

「我看日本人攻打北平只是早晚的事兒，我也準備提前回家。」

他的老家在安徽桐城，那兒離北平也比較遠。

隨後他們又對時局交換了意見。黃凍梅說：

「這是中華民族生死存亡的關頭，我們在歷史上還沒有遇到日本人這樣的敵人，我也主張寧為玉碎，不為瓦全。」

「現在是人同此心，心同此理。」天行說。「我們的武力是遠不如日本人，我們打的是士氣民心。」

「要是說句氣話，中國不亡是無天理；要是平心而論，中國若亡，也無天理。日本少壯軍人要想一口吃掉中國，撐也會撐死他們！」

天行被他說得一笑。他反而一臉正經地說：

「瘦死的駱駝比馬大，只要我們中國人記取這個教訓，大家爭口氣，誰也別想滅亡我們，不要說是小日本！」

「難得您還有這分豪氣！」天行望著他說：「我們祖先留給我們的這一大片土地，大好的萬里江山，如果在我們手上斷送了，那真是千古罪人！」

「因此不管學校遷到那兒，我還要盡我一分責任。」黃凍梅說：「我不會像梁勉人一樣，平時唱高調，說風涼話，國難當頭，卻向美國跑。」

「怎麼？您聽到了什麼風聲？」

「他看日本人兵臨城下，知道情勢不妙，已經決定馬上就要去美國了，下學年不會回來。」黃凍梅說。「他不共赴國難，還美其名曰是去美國替我們國家宣傳。」

「要是他真能如此，那也不錯。」天行說。

「我可不大相信他。」黃凍梅說。

隨後他們又談到學校遷移的事。黃凍梅說只要戰爭一爆發，學校一定會遷往大後方，復學時間地點決定之後，會分別通知學生和老師，不過一年半載恐怕很難復學。

天行把他九江老家的地址交給教務處之後，便約黃凍梅去「來今雨軒」喝茶聊天，他們懷著最後憑弔的心情來到這兒。

客人很少，顯然大家已經沒有這份閒情。夥計也關心地向他們探聽消息。因為日軍演習之後，我們的軍隊也在通衢要道構築防禦工事，還有穿灰布軍服，胸前懸掛兩枚黃柄手榴彈，背上插著大刀的官兵荷槍實彈巡邏。這些大刀隊的官兵都精通國術，曾在長城各口肉搏戰中，使日軍喪膽落魄。〈大刀向鬼子們的頭上砍去〉這首軍歌就是為他們寫的。但他們兩人都知己知彼，不會盲目自信。黃凍梅對這場戰爭也有他的看法：

「這場戰爭一旦打起來，日本人一定要速戰速決，我們最好不要上當，應該以空間換取時間，持久作戰，爭取盟國，讓日本軍閥發瘋，到處橫衝直撞，總會撞出禍來，這就比我們單獨作戰有利多了。」

天行很同意他的看法，也說出自己的想法：

「這場民族生死存亡的戰爭，不能意氣用事，處處要深謀遠慮。日本人急功近利，毫無遠見，我們要抓住他們這個弱點。」

「以後我們恐怕不能再過這種日子了，我們要準備苦撐。」

「我早有這種心理準備。」天行點點頭說。

黃凍梅又忽然問起川端美子和龍子來，這次他很嚴肅，天行照實告訴他。他忠告天行說：

「我看你們不要再通信了，這對你們兩人都沒有好處，不必惹禍上身。」

「上次我就沒有回信，我想她也不會再來信了。」天行說。

「我們這個時代是一個大悲劇時代，您個人的遭遇是不會有人同情的。」

「我一向打落門牙和血吞。」

「來今雨軒」冷冷清清，他們也沒有心情久坐，兩人交換了老家的通信地址之後便互道珍重分手。

七月八日天還未亮，天行就聽見城南有隆隆的砲聲。起先他還以為是日軍演習，可是砲聲一直不停，一陣緊似一陣，不像演習。因為最近大家一直提心吊膽，都悄悄起來，側耳傾聽，相互印證，不錯，是蘆溝橋那方面傳來的砲聲。

吃過早飯之後，街上就有報販叫賣號外，天行買了一份來看，果然是日軍進攻宛平縣城！我軍被迫應戰，槍砲互擊的聲音。

一場民族生死存亡的戰爭就這樣揭開了序幕。

原來日本華北駐屯軍連日在蘆溝橋附近演習挑釁，七日晚上八時四十分左右，突然從永定河上游龍王廟方面傳來一響槍聲，日軍立即停止演習，第一聯隊第三大隊第八中隊藉口少了一名士兵，硬說是我軍押進了宛平縣城，漏夜交涉，正在爭持中，日軍突然以全聯隊兵力猛攻宛平縣城東門西門及蘆溝橋一帶，來勢洶洶，我守軍不得不還擊，一直打到早晨還未停火。

龍從雲看了號外之後，立刻要卜天鵬和棄兒兩人去買火車票，自己卻喃喃地自言自語：

「這真是司馬昭之心，路人皆知。『九一八』到現在還不到六年，日本人又在蘆溝橋掀起戰爭，真是欺人太甚！」

他隨即要家人集合，卻不見紹地、紹人兩兄弟，他這一向很少見到他們兩人，現在要走了還不見人影，他心裏很急。杏芳提醒他說他們兩兄弟都在參加抗日活動，這一陣子都是天一亮就出去，晚上很晚才回來，白天是找不到他們的人了。蝶仙勸他不要急，等他們晚上回來她會對他們講。

「要是卜師傅買了今天的票，那他們兩人不是走不成了？」龍從雲說。

「爹，依我看買票不是那麼容易，要走的人多，今天的票恐怕是買不到了。」蝶仙說。

龍從雲想想很有道理，便對蝶仙說：

「今兒晚上妳要好好地交代他們兩人，不要再出去亂跑，抗日的機會多得是，等我們見了天放以後再作安排。」

這時周素真卻從房裏走了出來，對龍從雲說她不想走。大家聽了一怔，只有天行無動於衷，龍從雲連忙問她：

「妳為什麼不想走？」

「我爹說這個仗打不久的，北平也不會變成戰場，何必跑到外面去做難民？」

龍從雲聽了一時氣結，不知道說什麼好？瞪了她一眼，罵了一句：「糊塗！」就氣沖沖地走了。

龍太太也覺得她不識大體，板着臉對她說：

「不論妳爹的看法是對是錯？我們決不在日本人的鐵蹄之下做順民。妳是我們龍家的媳婦，妳不能不跟著我們走。」

周素真平時就畏懼龍太太，現在聽她這樣聲色俱厲地說，便不敢吭聲，低著頭跑回自己的房間哭了起來。龍太太歎口氣說：

「幸好還輪不到她當家作主，不然我們龍家真完了！她來到我們龍家這麼多年，比從未過門的美子都不如，真令人洩氣！」

「娘，她不走也不必勉強她。鴨兒趕不上架，我眼不見心不煩。以後的日子艱難得很，我也沒有時間侍候她。」天行說。

「她留下來不成體統，他老子葫蘆裏賣什麼藥我們還不知道？這個家有我和蝶仙撐著，你不必侍候她。你委屈了這麼多年，現在國難當頭，你也不年輕了，你還是委屈一點兒吧！」龍太太說。

卜天鵬和棄兒買車票一直沒有回來，大家才知道事態嚴重，搶購的人一定很多，而天放突然從牯嶺打來了一份急電，只有四個字：速回九江。

古美雲、香君，文珍她們都趕了過來，問他們什麼時候走？天行告訴她們車票還沒有買到，不知道那一天才能離開？她們知道天放來了電報催他們走，更知道時局不妙。這時古美雲突然拿出五根金條交給天行說：

「這五十兩金子你替我交給天放，要他捐給政府，打仗要人要錢，我不能替國家出力，只能表示這點兒心意。」

天行聽她這麼說眼淚都流了下來，大家都很感動。古美雲卻淡然一笑：

「我不是沽名釣譽，你千萬囑咐天放，要用無名氏的名義捐出去，我的名字千萬不能上報。」

「雲姑，您這又是何苦？」天行問她。

「黑處作揖，各憑良心。我在風塵裏打滾了這一輩子，現在人老珠黃了，還要個什麼名？」

「您以後的生活有沒有考慮？」龍太太問。

「二嫂，我住您的房子，您該不會向我要房租吧？」古美雲笑道：「北平這麼多人，還會餓死我這個地頭蛇不成？」

「那妳什麼時候搬過來住？」龍太太問。

「我想等您們走了以後我再搬過來。」古美雲說。

「妳要是能先過來陪我們住幾天那不更好？」龍太太說：「我們這一分手，還不知道那年那月才能再見呢？」

龍太太一向堅強，很少講感傷的話。古美雲聽她這麼一說，便爽快地回答：

「今天起我就住在這兒好了，東西以後再搬來。」

香君、文珍聽古美雲這樣說，也決定留下來。香君除了一份舊情之外，也捨不得和杏芳分開。文珍很想跟他們一道去九江，可是身不由己，她更珍惜這一點點時間，還打發人去把母親請來。

卜天鵬和棄兒到下午三點多鐘才滿頭大汗趕了回來，票是買到了，是十三日的票。卜天鵬說票已經賣到半個月以後，這些車票還是他費了九年二虎之力，走了不少門路才弄到手的，現在已纔停售了。

紹地、紹人兩兄弟很晚才回來。蝶仙把他們叫過去，問他們到什麼地方去了？

「我們和同學去宛平前線勞軍了。」兩兄弟同聲回答。

「公公不見你們兩人的影兒，又急又氣，要我囑咐你們，不要再到外面亂跑。」蝶仙說。

「參加抗日也不是什麼壞事兒，為什麼不要我們出去？」紹人反問。

「因為我們馬上要回九江去。公公說以後抗日的機會多得很，等見了你們的大伯以後再商量決定，不是不讓你們抗日。」蝶仙說：「大伯正在牯嶺，今天還打了電報來，催我們快去。」

兩人不作聲，蝶仙又說：

「你們冒冒失失跑到前方去，要是遇到危險，那怎麼得了？」

「姑姑，抗日本來就是要拼命的，我們不過是慰勞軍隊，還沒有進入陣地，那有什麼危險？」紹地說。

「乖，明兒起你們就在家裏休息三兩天，免得我們耽心。」蝶仙安撫他們說。「抗日也要有計畫，不是東一頭西一腦的。」

可是第二天吃過早飯之後，他們兩人又悄悄也溜出去了。

前方打打停停，北平的人心也緊一陣鬆一陣，一般人都希望不要打下去，但是報紙的輿論卻敦促中央和冀察當局不要再退讓，應該奮勇抵抗。青年學生更是熱血沸騰，鼓躁不安。

龍家的下人、丫鬟除卜天鵬、劉嬤嬤之外，都已決定各自回家，因為他們覺得留下來沒有事做，跟主人走又怕拖累他，而且路途太遠。龍從雲臨行前夕，請他們吃了一頓酒席，發給他們每人半年工資，讓他們各自回去。

到了十三日上午，龍家早已收拾停當，周而福夫婦和楊通也來送行。他們完全是虛應故事，他們覺得龍從雲放棄北平這個家很不智。楊通心裏暗想，每次時局動盪，龍家都有大損失，這次到南邊去更像破釜沈舟，這是何苦？他自己經過這些大風大浪，不但安然無恙，反而像火燒船廠，愈燒愈旺。周而福心裏也另有打算，他雖然不是生意人，他卻把做官當做生意做，他會見風轉舵。

香君、文珍和龍從容心裏最難過，香君因為女兒杏芳遠行，依依不捨，她原以為杏芳和紹天結婚後和天行又多了一層關係，來往更加密切，想不到戰爭又把他們分開，文珍早就希望在九江甘棠湖邊定居，享受那一湖藍天一般的湖水，坐擁廬山，夏天又可以上牯嶺，在頤園別墅住一個夏天，看滿眼翠綠，雲霧穿簾入戶，一身涼爽，享受一夏的清靜，她還懷念那年夏天和外婆一道住在山上的日子，雖然那時她心有隱憂，但那段如詩如畫的日子她仍然夢寐以求。可惜她不能像庚子年那樣和天行一道去九江廬山，她心裏十分悵惘。

古美雲知道大家這一分手，恐怕很難再見面了。她和龍家真是有緣，她雖是老太太的螟蛉，卻情逾骨肉，上上下下的人都對她很好。但她飽經風霜，十分練達，她格外冷靜。她之所以打算再住進龍家，實在是有暗中維護之意。她可以不必離開金谷園，在那兒小玉她們侍候她十分周到，比老翰林第方便熱鬧多了。但她怕龍從雲他們一走，全家沒有一個主人，萬一有什麼事兒便無人作主。她住在裏面，卜天鵬就英雄有膽了。香君、文珍有事來找她也比較方便。龍從雲夫婦更清楚楊通、周而福這兩個親戚靠不住，所以他們拜託古美雲全權作主，包括景德瓷莊在內。

前門車站擠得水洩不通，這和天放、天行那兩次離家的情形完全不同。蘆溝橋那方面還傳來隱隱砲聲，龍從雲帶著一家人在砲聲中離開。香君望著靠在火車窗口的女兒杏芳和天行終於哭了起來。文珍也不停地抹眼淚。周而福卻對太太說：

「素真跟他們逃難，一定要吃盡苦頭！」

楊通也附和他的話說：

「其實這有什麼好逃的？日本人也是人，只要自己的頭腦靈活一點兒，有什麼事兒擺不平的？虧天行還是個留日生，能派上大用場的時候反而走了，這不是找倒楣？」

「爹，您怎麼能說這種話？」

楊通瞪了文珍一眼：「當初要不是我的腦筋轉得快，妳今天就跟著他去逃難吃苦了！」

文珍抹抹眼淚說：「表哥的想法和您的想法完全不同！他不會拉著何仙姑叫二姨，更不會有奶就是娘！」

「妳到現在還向著他？」

「我倒情願逃難吃苦，也不稀罕過這種永遠抬不起頭來的日子！」文珍也沒有好氣地回答。

# 第六十四章　龍子心歸翰林第

## 美雲智退夜來香

日軍利用談談打打，從朝鮮、東北調來五個師團的兵力，投入平津戰場，發動猛攻，佔領北平附近重鎮豐臺，並出動航空隊猛炸廊房、南苑，切斷北平對外交通要道，我軍犧牲慘重，副軍長、師長兩人壯烈殉國。在南苑參加軍訓的學生數百人，也參加了戰鬥，死傷很多。

這時北平城內發生了流言，說日軍限定我守軍在二十四小時內撤出北平，不然要派出五十架飛機將故宮博物院炸平。果然守軍在一夜之間突然撤得無影無蹤。八月四日北平淪陷。

八月八日，日本軍隊兩萬人從永定門進城，經過前門大街，到達天安門廣場，舉行入城式。中隊長以上的軍官，都穿長統馬靴，腰佩指揮刀，騎著高大的戰馬，耀武揚威，盛氣凌人，不可一世。司令官香月清司中將，訓話時更大聲叫囂征服支那，上唇的仁丹鬍髭也跳動起來。城門樓上飄揚著許多氫氣球，氣球上吊著標語：

慶祝北平佔領

慶祝皇軍勝利

「北平治安維持會」隨即成立，會長居然是周而福！楊通也插上一腳，他負責日本軍需物資的供應，八國聯軍時他想做日軍的生意沒有做成，這次他可攬上了。

卜天鵬知道這個消息十分氣憤，他以為古美雲不知道，他氣急敗壞地跑來告訴她說：

「雲姑奶奶，您說氣不氣人？周而福、楊通這兩個老傢伙居然當起漢奸來了！」

「卜師傅，您別生氣，」古美雲向他淡然一笑：「那有狗不吃屎的？他們當漢奸也不足為奇。要是他們不當漢奸那才是稀奇事兒。」

「我真奇怪，我們東家怎麼會有這樣的親戚？」

「天生萬物，良莠不齊，十根手指兒也有長短，何況是親戚？」古美雲說：「不過這倒使我想起一件事兒來了。」

「雲姑奶奶，什麼事兒？」卜天鵬連忙問。

「當年乾娘嚥氣時，忽然迴光反照地對文珍說：『妳爹……』她沒有說完就嚥氣了，好像她老人家有預感似的？所以文珍的輓聯也說：『生無遺憾獨憐我，死有猶疑尚掛心。』現在看來，乾娘掛心的就是這件事兒！」

「這樣說來，老夫人是早就預料到了？」

「乾娘一輩子就吃了楊通這個女婿的暗虧，真是啞子吃黃連，其實她心裏清楚得很，所以臨終時還在掛心。」

「現在北平淪陷了，我們和東家隔成兩個世界，也不知道他們怎樣了？」

「照理他們應該平安到達了九江？」

「他們要是知道這兩個親戚當了漢奸，不知作何感想？」

「這種大事兒他們不會不知道。我看最尷尬的還是二奶奶。」

「我看二少東真是佛頭上著糞！連他的小兒子都懷疑他是親日派，要是他不走，那就跳進黃河也洗不清。」

「您說的不錯！」古美雲向卜天鵬點點頭：「要是他不走，他岳父也要把他拖下水，日本人也會要他做傀儡。」

日本人在東北就是先搞維持會，再搞滿州國，自己做太上皇。周而福這著棋，他們是早就下好了的。

日本人佔領北平的第三天，一位花技招展的女人帶著一位日軍下士來到龍家，卜天鵬大驚失色，那女人卻笑著對他說：

「卜師傅，不要見外，都是自己人。」

卜天鵬滿頭霧水。這女人怎麼知道他？又怎麼帶著一個日本士兵來？而且說是自己人？那女人看他還在狐疑，便指著那位下士對他說：

「這位是龍公子，是龍天行的兒子。我特別帶他來翰林第看看。」

卜天鵬這才想起天行在日本有個兒子，不禁上下打量這位下士，這才發現這位下士像主人，也像龍紹天，他驚喜交集，不知如何是好？那女人又指著他對那位下士說：

「這位就是龍家的保鑣卜師傅，他的武功可好得很，您要小心。」

那位下士向卜天鵬一鞠躬說：

「我聽父親說過卜師傅，久仰得很。」

卜天鵬看他很有禮貌，中國話又說得這麼好，更加驚奇，愣了一下才說：

「我們東家都回九江老家去了，只留下我看家。」

「這我知道，」那女的向他媚笑：「不止你一個人，還有一位鼎鼎大名的古美雲古二爺是不是？」

卜天鵬一愣，不禁看看她，不知道她是何方神聖？怎麼什麼事兒都知道？

「卜師傅，不要發愣，」女的又向他一笑：「請您先帶我們去看看古二爺，然後再陪龍公子參觀一下這座翰林第，龍公子沒有見過這麼大的宅第。」

卜天鵬只好把他們帶來見古美雲。

古美雲一看見這個女人就笑著打招呼，稱她「王小姐」，又望望那位日軍下士說：

「這位軍曹想必就是龍子了？」

那女的也微微一愣，龍子恭敬地向古美雲一鞠躬說：

「我很小時就聽過加藤爺爺說過狀元夫人，我母親也經常提起您。」

古美雲招呼他們坐下，卜天鵬兀自發愣。古美雲對他們兩人笑說：

「真對不起，現在這個大房子裏只有我和卜師傅兩、三個人，沒有下人，怠慢之處，還請兩位原諒。」

卜天鵬這才想起給他們倒茶，因為他一向沒有做過這種工作。

「不必客氣。」那女的向卜天鵬搖搖手，又對龍子說：「你父親在家時，丫鬟、下人很多，現在卻人去樓空了。」

「王小姐知道這種情形就好。」古美雲向她笑笑，又對龍子說：「你父親為你們母子兩人受過很多委屈，他很想念你，可是你以這種方式到北平來，他就只好回九江老家去了。」

龍子顯得有些不安，那女的卻向古美雲笑說：

「其實他不必走，皇軍很想借重他，不然正好趁這次機會他們父子團圓，他母親也會到北平來，那該多好？」

「我知道天行非常愛美子、龍子，我雖然沒有見過他母親本人，我看過他們母子兩人的照片和他母親的來信，從頭到尾我都清楚他們的情形，我也很喜歡他母親，可是他父親不能不走。我想王小姐一定知道這是什麼原因？」

「我這次和龍子一道來看您，就是希望能化解這場誤會，中日應該合作提攜，他父親是最好的人選。不知道古二爺能不能寫封信勸他回來？我敢保證他們一家人平安無事，他們夫妻、父子可以團圓。」那女的說。

「恐怕我沒有這個能耐？」古美雲搖搖頭說。

「當初他們兩兄弟去日本，您都幫了大忙，而且他父親對古二爺特別敬愛，您的話才是一言九鼎。」

「可惜現在不是時候，在這件事兒上我實在無能為力。」古美雲向她笑笑，又對龍子說：

「你父親的為人，你應該聽你母親說過？」

龍子點點頭，沒有作聲。那女的又對古美雲說：

「二爺您是明白人，他父親回來只有好處，我來看您也是好意，您該知道中國的兵力比日本差得太遠，雞蛋碰石頭不會有什麼好結果的。」

「王小姐，您太抬舉我了，我怎麼知道這些國家大事？」古美雲笑著裝糊塗。

那女的也笑了起來，還故意對龍子說：

「古二爺是真人不露相，她看你年輕，故意在您面前裝糊塗，你可別上當？」

「王小姐太言重了！」古美雲亦莊亦諧地說：「他父親是我的晚輩，我很疼他父親，他更是我的晚輩，我會愛屋及烏，我怎麼會要他上當？」

「好了，我們不談這個問題，希望二爺明白我是一番好意就行。」那女的自己調轉話題：

「二爺可不可以陪我們參觀一下，也好讓龍子見識見識？」

古美雲笑著起身先帶他們去後面花園看看。龍子一進入花園就很高興，他看花園這麼大，這麼漂亮，自言自言地說：

「加滕爺爺說的不錯。」

「可惜現在沒有人手整理，再過一段日子恐怕要雜草叢生，變成廢園了？」古美雲說。

「要是我母親住在這兒，她就不會讓它荒廢。」龍子說。

「我倒很想見見您母親，我歡迎她來。」古美雲對龍子說。「其實歡迎她的還不止我一個人呢！」

「還有誰？」

「還有兩位仍在北平的阿姨。」

「是不是我父親的表妹和丫鬟？」

「不錯，」古美雲點點頭：「是您母親告訴您的？」

龍子也點點頭。

參觀天行的書房時，龍子特別留意，看到這個窗明几淨十分寬敞的書房他就立刻想起他那間不到二十個塌塌米的小書房，那也是天行留日時的書房。這個書房大三、四倍，四週都是書櫥，裏面隔了一間臥室，還有會客的地方。那張大書桌他更沒有見過，紫檀木放出肅穆的亮光，十分厚實，桌上有很多綫裝書和日文書籍，整個房間像個小圖書館，書籍多沒有帶走，天行只隨身攜帶了一箱參考書。

那位「王小姐」也特別留意天行的書房，她還動手翻閱，她在一本書裏翻到一封美子的信，看了一遍便交給龍子：

「這是你母親的信，要不要帶在身邊？」

龍子一看，正是他母親在長崎送天行回國後的第二封信，那上面有「長崎路上斑斑淚，江戶窗前首首詩；哭到櫻花零落盡，相思深處夜遲遲」那首詩，龍子看了也不禁眼圈一紅，那女的卻調侃地說：

「你母親真是個癡情的女人，你也有她的遺傳。」

龍子把信紙摺好，卻問古美雲：

「這封信我可不可以帶走？」

「你母親的信你父親都親手保存，怎麼這封信他忘記帶走？」古美雲遲疑地說。「可不可以給我看看？」

龍子把信遞給她，她看過之後說：

「你母親寫這封信時你還沒有出生，大概是你父親收藏久了，沒有清理出來，忘記帶走，你帶在身邊留作紀念也好。」

古美雲說過之後就把信交還他，他向她一鞠躬，小心地把信放進口袋。

參觀了一個多鐘頭才看完所有的房間，那女的看得尤其仔細，彷彿檢查一般，古美雲對那女的調侃地說：

「王小姐，這兒只有書香，可沒有窩藏抗日份子，也沒有武器，妳該放心了吧？」

「二爺，我倒有點兒奇怪，人人都知道龍從雲是骨董字畫的大收藏家，怎麼我一件骨董也沒有看見？」

「王小姐，骨董是他的命根兒，他過去受的損失太多，他已經帶走了。」古美雲說。

「他真是一位有心人！」她向古美雲似笑非笑地說。

「這也是吃一次虧，學一次乖。」古美雲也笑著回答。

臨行時那女的笑著對古美雲說：

「二爺，希望您能告訴他爹，就說我們來拜訪過他。」

「這我倒可以轉告。」古美雲回答：「請恕我怠慢。」

她走了兩步突然又回過頭來問古美雲：

「二爺，金谷園那麼紙醉金迷，那麼熱鬧，又有那麼多人侍候您，您不住金谷園，怎麼住進冷冷清清的翰林第？」

「王小姐，我熱鬧了一輩子，現在人老了，倒想清淨一下。」古美雲笑著回答，又反問一句：「王小姐，這有什麼不對嗎？」

她望了古美雲一眼，沒有回答，一笑而去。龍子跟在她的背後，走了幾步，又回頭望了古美雲和卜天鵬一眼，親切地笑笑。

「這到底是怎麼回事兒？」卜天鵬一臉惶惑地望著古美雲說：「那女人究竟是什麼身分？」

「這是黃鼠狼向雞拜年，」古美雲說：「我早就懷疑那女人的身分，現在我敢肯定她是日本人。」

「雲姑奶奶，那您怎麼稱她王小姐呢？」卜天鵬問。

「王蘭英是他的中國化名，我早就認識她了。」古美雲說：「我想周而福和楊通的下水，她一定是穿針引線人。」

「她也認識他們？」

「她是有名的交際花夜來香，她怎麼會不認識他們？」古美雲冷笑：「我還是他們介紹認識的呢。」

「她既然想利用二東家，怎麼不早下手？」

「天行不是周而福、楊通那樣的人，她清楚得很，怎麼敢輕舉妄動？現在她手下有龍子這張牌，所以立刻打出來了。」

「放馬後砲有什麼用？」

「她這是投石問路，她知道天行、天放兩兄弟都是留日生，她何嘗不想一石二鳥？」

「那這女人真不簡單。」

「日本特務厲害得很，她一口的京片子，您知不知道她是日本人？」

「雲姑奶奶，我是一點兒也看不出來，現在我還不相信她是日本人？」卜天鵬說：「您會不會給她做說客？」

「我又不是吃草長大的，她想利用我，連門兒都沒有。」古美雲說。

「那就好！以後我們可得小心她找碴兒。」

「我看龍子今天也成了她的傀儡！這孩子倒是滿可愛的。」古美雲說：「如果不是兩人一道，我想他會和我們說真話？」

「他不像別的日軍那樣凶神惡煞。」

「我看我得寫封信告訴天行一聲，只說龍子已經來過，其他的不提。」

天行當然不知道這種情形，他和家人到達九江時，北平還沒有淪陷。到達九江後，他們全家先到臥龍山祭拜老太太的墳墓。

老太太的墳上早已長滿青草，那年新植的柏樹也長得青蔥翠綠。蝶仙見墓如見人，一面磕頭還一面流淚。天行想起柳敬中祭弔時講的話和現在的時局一對照，也感慨地對蝶仙說：

「蝶仙姐，婆婆真是有福之人！現在她不必受驚吃苦了。」

「庚子那年她老人家帶梅影、文珍、香君和我一道到九江來，這次卻只有我孤伶伶的一個人，她老人家又長眠地下，想來真教人難過！」蝶仙抹抹眼淚說。

大家都知道她向來不哭哭啼啼，現在卻在老太太墳前落淚，也不免感傷，龍太太對她說：

「娘要是地下有知，也沒有白疼妳一場。」

只有周素真神情木然，離開北平後她心裏更不愉快。

祭拜過老太太的墳墓之後，他們就一道上牯嶺。一來是山下太熱；二來是紹天、紹人、紹文、杏芳和周素真他們都沒有去過，讓他們見識見識；三則是天放正在牯嶺，有很多事兒要和他商量。

天放就住在頤園，梁師傅帶著一個廚子，一個下人在頤園照顧，當天晚上他們就見到天放。天放的消息很靈通，他告訴大家說日本華北駐屯軍司令官香月清司是他士校的同期同學，是激進的少壯軍人。現在這批軍人聲勢很大，左右日本政策，「九一八」事變也是他們發動的，從朝鮮、東北調到平津戰場的五個師團都是激進的少壯軍人，他們都認為三個月可以滅亡中國。

「這樣說來戰爭是要擴大了？」龍從雲關心地問，他不希望戰爭擴大，他放不下北平那個家，離開北平以後更加想念。

「即使日本人拿下平津，他們也不會就此罷手。所以蘆溝橋槍聲一響，我就打電報要你們趕快離開，不然一家人出不來。」天放說。

「我們這一家人出來後又怎麼辦？」龍從雲有些焦急：「俗話說坐吃山空，在這個節骨眼兒上有誰買骨董字畫？」

「要想過以往的那種日子是不可能了，不過船到橋頭自然直，現在先休息一陣子再說，只要九江這個家能保得住，那還餓不著我們。」天放說：「先在山上遊歷一下，也好讓下一代知道我們的山河多麼可愛？空口教人愛國是沒有多大效果的。」

隨後天行告訴他古美雲帶了五十兩黃金來，請他代她捐給政府，天放聽了又感動又高興地說。

「現在我們最需要的是飛機，這些金子我代她捐給政府買飛機好了。」

「雲姑要你用無名氏的名義捐出去。」天行說。

「那為什麼？」天放奇怪地問。

「她不要沽名釣譽。」天行說。

「雲姑真是位奇女子！」天放說：「她的義行真不知道要愧煞多少鬚眉丈夫！」

「當年八國聯軍攻佔天津時她向北京逃，這次日本人攻打北平她不逃，我們倒先逃出來了，真不知道這一分手以後還能不能見到她？」龍太太說。

「這倒難說了？」天放向母親苦笑，他想這場戰爭已不可能避免，只要打下去，一定有很多人家破人亡，豈止他們和古美雲不能見面？但他不想講出來，免得大家感傷。

頤園原先很清靜，現在他們一家人來到就很熱鬧了。左鄰右舍的外國人都是生面孔，現在正是避暑旺季，不但冠蓋雲集，外國人也比從前多了幾倍。他們是真正來避暑，享受一季的清涼，無憂無慮，和龍家的人心情完全不同。倒是紹地、紹人、紹文、杏芳他們幾個沒有來過頤園的年輕人對廬山有一種新鮮感，聽不到蘆溝橋的砲聲，看不到日軍耀武揚威，自然也少了那份悲憤。

天放沒有時間陪伴他們遊山玩水，他是山上和海會寺兩地跑，海會寺在山南五老峰下，那邊正在加緊調訓軍事幹部，在那邊他也有職務。他和蝶仙雖然會少離多，但他也不能陪她和兒子紹文，第二天他就趕到海會寺去了。

天行和蝶仙還記得庚子年在山上生活的情形，那時他們都青春年少，過著詩樣的生活，雖然文珍有心事，可是他們不識愁滋味，蝶仙更是十分快樂。最後雖然因為梁忠和隔壁那家英國人的廚子上海小癟三鬧得不愉快而提前下山，但是他們還是懷念那段日子。

他們問梁忠現在隔壁住的是那一國人？梁忠說是美國人。天行感慨地說：

「真是三十年河東，三十年河西，英國人的房子又轉到美國人手裏了。」

蝶仙問天放在山上的生活情形，梁忠說：

「大少爺忙得很，在海會寺的時候多，在山上的時候少，上山來不是開會，就是接洽公事，不是像別人一樣歇伏，就是住在這兒，有時晚上還得看公事。他好像是一部機器，不停地轉，很少休息。」

「他這樣下去，身體會弄壞的。」蝶仙望著天行說。

「那有什麼辦法？現在又在這個節骨眼兒上，他更停不下來。」天行說。

蝶仙雖然關心天放的健康，但她不能要他放棄職責。她知道他遲遲結婚，最後選上了自己，這是一大原因。她固然希望像別的夫妻一樣朝夕廝守，享受畫眉之樂，但一看到天行和周素真兩人雖然天天在一塊，可是卻形同陌路；再想到文珍、香君和梅影的情形，她又頗為自慰。何況還有兒子紹文常伴身邊？這孩子十分聰明可愛，又很孝順懂事，她也就很滿足了。

他們上山來住了一個星期，一切都已經習慣，吃的東西雖然比山下貴了將近一倍，但他們還感受不到什麼壓力，因為這一切都由梁忠料理。山上的魚更少，但龍從風還特別派人送鮮魚、鮮蛋上來，下人半夜上山，清早就到，所以他們雖然住在山上，也能吃到長江裏的鮮魚。

龍天祿聽說天行住在山上，他特別帶了郝薔華來看他。天行對他這番盛意十分感動。因為他不比別人，他既不能走路上山，又要抽大菸。山上是沒有人敢抽大菸的，他怎麼能來？他看天行既感動又耽心的樣子，輕輕對他說：

「你放心，我帶了三天糧食來，我要陪你玩三天。」

「那種東西你怎麼能帶？上山是要檢查的？」天行說。

「我手無縛雞之力，又不帶武器，不是危險人物，警察不會特別注意，何況我還帶了一個保鏢？」他指指郝薔華一笑：「警察怎麼好意思搜她？」

「你這太危險了！」天行替他們捏一把冷汗：「萬一搜出來了那怎麼辦？」

「兄弟，為了來看看你，陪你玩玩，就是把我抓到大校場槍斃，我也心甘情願。」龍天祿毫不在乎地說。

天行想起上次送祖母的靈柩回來安葬，他在墳前捱打，臨行前夕去探望他，他們兩人盛情接待，還高興地唱了一段回令給他聽，他回北平時，天祿又偷偷上船話別，看到父親來了又偷偷地從人叢中溜走的種種情形，現在又冒險上山來看他，他不禁流下淚來。

龍太太和蝶仙都不認識龍天祿和郝薔華，天行特別介紹一番，又讓他們和晚輩相識，蝶仙又特別介紹周素真和他們認識。

地下室還有一個房間空著，梁忠安排他們兩人在那兒住宿休息。梁忠也埋怨他說：

「少爺，你也真不知道天高地厚！你怎麼能趕上山來？萬一出了紕漏，那怎麼得了？」

「梁忠，你不知道我和天行有緣？我們龍家的人，只有他不睬我，還把我當個堂哥。士為知己者死，今天我趕來看他，縱然犯了天條，我也認了。」

梁忠也只好搖頭。郝薔華笑著對梁忠說：

「梁師傅，人活著就是為了一個情字，一個義字。我也曾勸他不要上山，但他硬是要來，還拉我來墊背，我也只好認了。」

梁忠一直奇怪郝薔華怎麼對他這樣死心塌地？現在聽她這樣一說，才恍然大悟，自然起了幾分敬意，連忙向她道歉：

「郝老闆，恕我剛才失言。不是我賣老，我希望少爺以後振作起來，向他這兩位堂兄弟學學。浪子回頭金不換，現在國家正需要人才，少爺還是大有可為的。」

「梁忠，謝謝你的金言。你是看著我長大的，我弄到今天這種地步，我自己也很慚愧，我是想慢慢振作起來。」龍天祿說。

「少爺，只要你振作起來，我梁忠臉上也有光彩。」梁忠也高興起來。

午飯後，龍天祿又吞了兩粒菸泡，便約天行出去遊玩，天行覺得他們盛情難卻，便要蝶仙帶著紹文，他帶著杏芳，他們六個人一道出去。紹地、紹人兩兄弟上午出去玩了，龍從雲夫婦和周素真已經玩過了，不想再去。

蝶仙和郝薔華倒很相投。郝薔華不但一口京片子，也見過不少世面，人情世故都很練達，和蝶仙很談得來，不像和周素真那樣無話可講。

杏芳愈來愈懂事，她也漸漸明白上一代人的情形，他對天行很同情、很尊敬，也很孝順。天行也因為她婚後一個人生活，對她也很關心，把她當女兒看待，所以他們兩人感情很好。

天行顧慮堂兄的體力，在黃龍寺的大寶樹下休息喝茶，不打算再到別的地方，仙人洞預備明天再去。

黃龍寺的老住持悟性還在，只是比以前顯得更加瘦小，彷彿一陣風都可以把他吹走，不知道他是怎樣能夠活到現在？而且精神還好，莫非他是真的得道了？

郝薔華沒有上過廬山，她對山上的風景讚不絕口，對這兩棵寶樹更嘖嘖稱奇。她笑著對天行說：

「二爺，我真是託您的福，我跟他這麼些年，他從來沒有說過要上廬山，這次一聽說您在山上，他就拉我來墊背了。」

天行和蝶仙都被她說得一笑。龍天祿也笑著說：

「要不是天行在廬山，縣太爺用八人轎子請我我也不上來，現在妳該知道不虛此行了吧？」

「能到這種神仙住的地方來一趟，真是死也值得！」郝薔華說：「在山上認識了大奶奶，更是三生有幸。」

「人與人之間真是一個緣字，也許我們有緣？」蝶仙笑說。她覺得她和周素真相處這麼多年，中間彷彿還隔著一點什麼？反而不如她這麼一見如故。

「大奶奶像化雨的春風一樣，我想任何人都願意和您親近。」郝薔華說。

「蝶仙姐不但是我們家的甘草，也是我們家的靈魂。」天行說：「自婆婆過世之後，要是沒有她，我在家裏也待不住。」

「說真格的，老夫人過世之後，我們家就沒有從前熱鬧有趣了。」蝶仙向龍天祿和郝薔華說：「我真怕這一打仗，我們以後連這種日子也過不成？」

「所以我才急著趕上山來，」龍天祿說：「我真怕日本人又像『一二八』一樣，在上海打起來，那九江也不安穩了，說不定你們那天又要走了？」

「這很可能，」天行說：「要是日本人再打上海，那就會沿江直上。」

「我不像你，我知道我是走不成的。」龍天祿黯然地說：「所以我要趁這個機會和你聚聚。」

天行看看他骨瘦如柴，一身青灰色長衫，手拿摺扇，彷彿要羽化登仙似的。天行知道他不能吃苦，是走不成的。看著他又自然想起阮雪冰來，阮雪冰已經作古了，他也經不起折騰，因此也想好好地陪他三天。

山上太陽下山得早，下午三、四點鐘就見不到太陽，坐在大樹底下更有些寒意。天行怕他菸癮發作，怕他著涼，提議回去。他打了一個呵欠站了起來。

好在黃龍寺離頤園不算遠，郝薔華挽著他讓他和天行邊走邊說。在清潔的林陰黃沙路上漫步也是一種享受，樹上的黃鶯穿梭般地飛來飛去，知了悠悠地鳴叫，此情此景，也只廬山才有。

「我真辜負了廬山，以前就不曾來過。」龍天祿說。

「如果你沒有這個嗜好，我真願意陪你在山上久住。」郝薔華說。

「妳以前怎麼也沒有想到？」蝶仙問她。

「大少奶奶，我是偷來的鑼鼓打不得，」蔣薔華向蝶仙悽然苦笑：「想到了也不敢提，這次要不是叨您們的光，我也不敢來？我知道二少爺是不會攆我的。」

天行望了她一眼，看她秀髮未燙，自然垂直，只在後頸用絲帶紮了一下；脂粉未施，面色白淨；一身半截袖子的月白色香雲紗旗袍，十分淡雅，一副楚楚可憐的樣子，更加同情。

他們一回到頤園，龍從雲迎面就說：

「北平丟了！」

他們都一怔，過了一會兒天行才說：

「不知道雲姑他們怎樣了？」

「等明天報紙來了再看。」龍從雲說。

他們在山上靠收音機聽到最新的消息。南京、上海的報紙空運到九江也要第二天中午才能看到。收音機的新聞比較簡單，不像報紙那麼詳細。

他們焦急地期待報紙，天行不但關心古美雲，也關心香君，文珍有司徒威的庇護，必要時她一定會和楊通他們躲進洋行裏，安全自然沒有問題，香君沒有洋人庇護，那就難說了。

杏芳更關心母親家人的安全，她後悔沒有要香君一道出來。

周素真本來是不想出來的，現在北平丟了，她又暗自慶幸出來了，卻有些耽心父親、母親。但她一想到父親對於留在北平好像很有信心，好像他並不怕日本人？他還怪天行不會掌握機會，往外面逃是自找苦吃，罵天行是書獃子。她也覺得父親的看法很對。

第二天吃午飯時報紙來了，大家圍著看。第一版的頭條新聞就是北平淪陷，守軍撤退到保定的消息。寫日軍從永定門入城到天安門廣場的情形相當詳細，還說日軍出了安民佈告，北平成立了治安維持會，蝶仙看到會長是周而福，幾乎驚叫起來。天行卻不感到意外。周素真還暗自高興，她知道父母的安全沒有問題，父親還是照樣做官，可見父親有先見之明。

大家對周而福當漢奸很不齒，可是當著周素真的面又不好罵他。他們還不知道楊通也下了水，因為楊通不是頭號人物，報紙沒有登出來。第三天天放趕上山來開會，才說出楊通也當了漢奸，因為政府已經獲得維持會的全部漢奸名單。紹人聽天放說出那些人的姓名之後，終於沈不住氣說：

「原先我還以為爹是親日派？想不到外公才是漢奸！」

「你胡說八道些什麼？你怎麼可以罵外公？」周素真馬上制止紹人。

「報紙上也是這麼登的，我並沒有說錯！」紹人倔強地說。

「你是他的外孫，這話不該你說！」周素真又說。

龍太太心裏本不愉快，聽她這樣說便冷峻地插嘴：

「他是沒有說錯，大義和私情是兩回事兒，教子女不能不明大義！」

周素真聽龍太太這麼說便不敢吭聲，頭一低跑回自己的房間。龍太太生氣地說：

「真是米湯裏洗澡，糊裏糊塗！」

大家心裏都不愉快，龍天祿和郝薔華更沒有想到會遇上這種事兒？他們對周而福、楊通的情形都不大清楚，又不敢問。原先他們想陪天行好好玩三天，現在只好提前下山了。

天行送他們到牯嶺，龍天祿向他探問周而福、楊通兩人的情形，天行原原本本地說給他聽，龍天祿聽完之後望著他說：

「兄弟，真想不到你還有這麼一本難念的經？」

「他們兩人可把我害慘了！」天行歎口氣說。

「這樣說來我比你還幸運，最少我還有薔華這位紅紛知己長相廝守。」龍天祿指指身邊的郝薔華說。「我覺得我捱爹那幾扁擔也很值得。」

「我是婆婆的乖孫子，我想捱那幾扁擔也不可得！」天行自嘲地說。

郝薔華望著天行同情地一笑。

天行把他們送到牯嶺街上，雇到兩乘轎子，才和他們分手。龍天祿對他說：

「希望你能再在山下老屋多住些日子，亂世人不如太平狗，我們這一分手，以後要想見面恐怕就難了！」

「下山後我一定會先看你們。」天行向他們揚揚手說。

天行回到頤園，龍太太迎面問他：

「你把他們送走了？」

天行點點頭，龍太太又說：

「我們龍家怎麼會有這麼個大煙缸子?還養了一個戲子?」

天行知道母親討厭抽大菸的，也不喜歡唱戲的，不好解釋，便不作聲。蝶仙卻忍不住說：

「娘，您先別誤會，郝薔華是個好女人，我們家的卜師傅原先不也是唱戲的?」

「她真的很好嗎?」龍太太笑問。

「她很善良，也通情達理。」蝶仙說。

「那天祿不是害了她?」

「娘，這種事兒就難說得很!」蝶仙也向龍太太一笑：「我看他們兩人倒情投意合，心甘情願的。」

「不知道他們是緣是孽?」龍太太說。

「娘，緣也罷，孽也罷，通氣兒就好。」天行說。

龍太太憐愛地看了他一眼，便不再作聲。

天放告訴天行說，國際關係研究所負責研究當前國際情勢，尤其是日本國情，需要一些學者專家，貢獻心力，問他願不願應聘?天行問他要不要上班?妨不妨礙教書?他說不必固定上班，照樣可以教書，只注重研究成果，不拘形式，和教授同樣待遇。天行想想還校復校還有一大段時間，遷到什麼地方也不知道?平津已經淪陷了，華北戰事正在進行，日本又向上海集結海陸空軍，海軍陸戰隊正做示威演習，上海保衛戰又有一觸即發之勢，便決定接受這份工作。貢獻自己的心力，待遇不計，只要生活不受拘束。

第二天日軍一萬多人，向上海保安隊進攻，淞滬戰爭爆發。八月十四，日本海軍航空隊分批轟炸杭州、廣德機場，政府在廬山發表自衛抗日聲明，痛斥日本侵略。

廬山已經成為全國神經中樞，發號施令的地方。政府決心抗戰到底，日本人在華北、上海同時加緊猛攻，飛機大批出動，南京、嘉興等地連續遭到轟炸，戰爭像燎原的野火，不可收拾。

天放更忙。天行也天天跑圖書館，圖書館離頤園不遠，規模不小，書報雜誌很多。紹人因為在上海一家報紙發表了一篇〈宛平勞軍記〉和幾篇散文，被聘為特約通訊員，用筆名寫些報導文章、隨筆小記，題為《廬山人語》，文藝性和新聞性兼顧，與一般記者的純新聞報導不同，很受歡迎。因此他在山上認識了不少京滬兩地的名記者、文化人。他很少在家。紹地也多半在圖書館閱讀軍事書籍、雜誌。紹文比較小，蝶仙督促他在家裏溫習功課，杏芳也隨時指導他。

他們在山上比較高興的事是接到紹天自英國的來信，說他的學業順利，一年後可以回國，杏芳尤其高興。

龍從雲多半在家裏看上海、南京兩地的報紙，知道淞滬戰事十分激烈，寸土必爭，日軍已增援三十餘萬人，我軍亦先後投入八十五個師的兵力，傷亡十分慘重。本來在日軍陸海空的聯合攻擊之下，死守淞滬是很不利的，但為鼓舞士氣民心，一新國際視聽，不得不堅強抵抗。有些從四川、雲南、貴州調來的部隊，行軍數千里，一上戰場即遭到日軍猛烈砲火攻擊，飛機轟炸，但人人爭先，沒有一個後退。有一篇戰地特寫說，吳淞蘊藻濱陣地有一個連死傷得只剩下四個士兵，仍堅守陣地，等待增援，直到援軍到達，這四個士兵才抬著連長的屍體後退休息。由於死傷太重，每天都要增援一兩師人上去，這些部隊又沒有雨衣，下雨天士兵撐著油紙雨傘作戰；很多部隊士兵連鞋子都沒有，都是赤腳草鞋，腳底往往被鐵絲網刺破，他們還是咬著牙挺下去。

天放曾率領一個五人小組，到淞滬前線視察慰問，他親眼目擊這些情形，不禁落淚。而日軍士兵不但武器精，重機槍多、大砲多，還有艦艇支援，飛機掩護。士兵以餅乾做乾糧，人人都有很好的雨衣，短統皮靴。我們的士兵是一身粗布灰軍服、一桿步槍，輕機槍都很少，人人帶著一袋炒米做乾糧，有些士兵紙傘破了，全身淋得透濕，草鞋爛了，光著腳蹲在戰壕裏，直到戰死為止。就這樣先後陣亡了三十萬人。

後來另一支日軍由杭州灣北岸登陸，攻擊淞滬後方，淞滬守軍才全線撤退。外國人認為不能支持一週的淞滬戰爭卻打了十幾週，而四行倉庫還有八百壯士憑著堅固的房屋繼續抵抗，誓死不退。其間倫敦《泰晤士報》有一篇社論經國內各大報譯載，其中有一段說：

這次兩軍作戰，華軍傷亡固極慘重，但十週的英勇抵抗，已足造成中國堪稱軍事國家的榮譽。須知華軍大都訓練猶未充足，武裝亦未齊備，並因無力裝備雨衣，猶攜帶雨傘作戰，但外人認為不能支持一週的陣地，而他們竟堅守至十週之久，這就將使中國各地發生極大的精神影響。本報對這次在上海作戰的中國軍隊的英勇智謀，表示最大敬意。

# 第六十五章　紹武重創絕後嗣　天祿義演為傷兵

由於山上入秋之後頗有寒意，中外人士都已紛紛下山。龍從雲一家人也在九月上旬淞滬戰爭正烈時就下山回到九江老家暫住。他們一進市區就發現街上到了一些難民和不少傷兵，兩家醫院住了不少重傷官兵，士兵都成排地睡在水泥地上，官長才能睡在行軍床上。這些重傷官兵中有天放介紹去南京投考軍校的龍天祿的獨子龍紹武，他已經當了中尉排長，他是在吳淞蘊藻濱陣地負傷輾轉運來九江的。輕傷的官兵在安慶、蕪湖一帶醫院治療。

龍家人得到這個消息都趕來探視，他躺在牆角一個行軍床上，因為醫院的病房地上睡得滿滿的，幾乎沒有插足的餘地，外人不經特別准許不能進病房去，而這些受傷官兵在九江都無親無故，只有龍紹武要醫院通知家屬前來，護士長看他們人多，不准一起進去，大家急著問傷在什麼地方？嚴不嚴重？護士長查看病歷說：

「他傷了兩處，一處是小腹貫穿……」

「還有一處呢？」大家又急著問。

護士長吞吞吐吐，欲言又止，反問一句：

「他結婚了沒有？」

大家都搖搖頭，護士長才說：

「他不能結婚了！」

大家都啊了一聲，龍紹武的母親卻哭了出來，又哭又叫：

「老天爺，日本鬼子絕了我的後了！」

「請讓我進去看看？」龍天祿對護士長說。

「你是他的什麼人？」護士長問。

「我是他的父親。」

「好，我帶你進去，其他的人就不必去了。」護士長說著就領先走向病房。龍天祿提著水果點心跟了進去。

護士長走到龍紹武的破舊行軍床邊，對閉著眼睛的龍紹武說：

「龍排長，你父親來看你了！」

龍紹武突然睜開眼睛，幾年不見，一看父親骨瘦如柴，不禁眼圈兒一紅，滾出兩顆淚來。龍天祿看兒子面如黃蠟，兩眼紅絲，鬍鬚未刮，也悲從中來，哽咽著對兒子說：

「讓我看看你的傷口好不好？」

「不必看了。」龍紹武搖搖頭。

「爹不是外人，看看沒有什麼關係。」龍天祿說，同時輕輕揭開覆蓋著他下身的床單。

龍紹武的下身赤裸，左下腹部貼著紗布，用綳帶綁著，綁帶還有血跡，因為醫藥器材缺乏，傷兵太多，不能丟掉。生殖器從基部整個斷掉，睪丸也打掉一個，已經縫合起來，上面塗了紅藥水、貼了紗布。龍天祿隨即把床單蓋好，罵了一句：「該死的東洋鬼子！」又接著問他是怎麼受傷的？龍紹武說：

「我從壕溝裏跳出來衝鋒時，東洋人一陣機槍掃過來，我就倒下了，人也暈了過去……這個仇我非報不可！」

「你好好地養傷，報仇的事以後再談。」龍天祿說。

隨後他又問到家人的情形，龍天祿簡單地告訴他。護士長要他少說話，同時催龍天祿走。龍天祿望望躺在地上的那些傷兵，有斷腿斷手的，有被砲彈破片削掉半邊臉的，牙齒露在外面，十分猙獰可怕，他們卻哼都不哼一聲。

龍天祿出來時，大家搶著問到底傷得怎樣？他搖搖頭歎口氣說：

「沒有希望，我真的斷了根了！」

他的元配哭了起來，又哭又罵：

「殺千刀的日本鬼子！一定不得好報！」

蝶仙一面勸慰她，一面扶著她走出醫院。

龍從風年紀大了，沒有讓他去醫院。他已經退休，將事業家務交給長子天然接管。他本來痛恨天祿不成器，這時也不得不將他叫到面前細問，天祿照實告訴他，他不禁傷心落淚。隨後又對天祿說：

「你只有這麼一個兒子，以後就斷了香煙……」

「爹，盡忠就不能盡孝，他既然報效國家，兒子也有一分榮幸，還敢有什麼後望？」龍天祿說：「他能留住一條性命，就算是祖上有德了。」

龍從風聽他這麼說，愣了一會，又上下打量他一眼，輕輕地問：

「你和郝薔華那個戲子，還有沒有生育的希望？」

「爹，恕兒子不孝，兒子已經是打春的蘿蔔立秋的瓜了，沒有什麼希望。」龍天祿搖搖頭說。

龍從風看他那骨瘦如柴，面色青灰的樣子，又有些生氣，用手指著他說：

「其實你又沒有七老八十，你的身子是給大菸槍掏空了，你知不知道？」

龍天祿不敢吭聲，龍從風向他揮揮手說：

「你走吧！免得我看了生氣！」

龍天祿灰頭灰臉地走開，臉上掛著兩顆晶瑩的淚珠。

龍從風隨即吩咐媳婦每天燉隻雞或弄點豬肝、雞蛋給兒子送過去，讓他補補身體。

天行看龍天祿垂頭喪氣地走了，心裏十分同情，便跟了過去。三步兩步就趕上他。他看天行趕了過來，流著眼淚說：

「兄弟，我真是豬八戒照鏡子，兩面都不是人。」

天行看看街上人多，輕輕對他說：

「回去再說。」

兩人來到天祿的住處，郝薔華迎了出來，她看天祿的臉色不對，便輕輕地問天行：

「二爺，紹武是不是傷得很重？」

天行不好怎麼說，只是點點頭。郝薔華又問。

「有沒有危險？」

龍天祿卻搶著說：

「人是死不了，就是斷了後代根！」

郝薔華一愣，天行也不便解釋，龍天祿又說：

「我也想不到會傷得那麼古怪？爹還問妳能不能生呢！」

「你怎麼回答？」郝薔華問。

「我說我是打春的蘿蔔立秋的瓜，不中用了，爹聽了生氣，把我轟了出來！」龍天祿說。

「要是我能生個一男半女，老太爺也就不會生氣，是我連累了你。」

「這不能怪妳。爹罵我是給菸槍掏空了，沒有錯。」龍天祿安慰她，又回頭對天行說：「兄弟，我真活殘了！我成了一個廢物，爹看了我就會生氣，我真想做件有意義的事兒給大家看看。」

「那很好！」天行立刻鼓勵他。「你想做什麼？我一定助你一臂之力。」

「現在醫院的傷兵那麼多，後面還會不斷地來，我想發動幾場義演，慰勞傷兵，也盡我一點兒心力？」龍天祿說。

「你這樣子能上臺嗎？」天行懷疑地說。

「拼了命我也要和薔華唱幾天，把全部收入，捐給傷兵，你說好不好？」

天行自然贊同，但是唱戲這件事兒他卻幫不了什麼忙，龍天祿明白他的意思，便對他說：

「你不但能幫忙，而且能幫我的大忙。」

「那怎麼個幫法？」天行問。

「爹不但反對我抽大菸，也反對我票戲，更不許我在九江登臺。只要你能說服爹，拉著他來捧捧場，那我死也甘心！」

「那我臉上也有點兒光彩。」郝薔華說。

「只要你要能夠和戲院、班子說好，我一定盡力而為。」天行說。

「二爺，我跟著他一直抬不起頭來。」郝薔華說：「這次我本來也想去看看他的公子，但又怕遇著他太太和老太爺，我是偷來的鑼鼓，只好自己識相一點兒，躲著藏著。」

「希望你們的義演能夠成功，改變大伯對你們的看法。」天行說。

「二爺，這還要託您的福。」郝薔華說。

「這是你們的義舉，如果你們能去請巫縣長出面主持，那就更沒有問題。」

「你這倒是個好主意，」龍天祿慘然一笑：「這種兩面光的事兒巫仁一定肯幹，我會照你的意思辦。」

天行隨即勸他注意保重身體，紹武的傷也不必煩心。他卻自責地說：

「我慚愧的是過去一向沒有好好地照顧他，想不到他很爭氣，他比我行。」

「他不但替你爭了一口氣，也替國家爭了一口氣。」天行說著就走了出來。

天行一路想著，他們這麼多堂兄弟，每人都有好幾位兒女，天祿的大哥天然有紹君、紹臣兩個兒子。叔父有三個兒子，老大天任有紹忠一個兒子、紹貞、紹華兩個女兒，老二天祥也有紹禮、紹義兩個兒子和一個女兒紹芬，老三天德有兩個兒子紹雄、紹杰和兩個女兒紹珍、紹玲。惟獨他只有一個兒子紹武，現在又傷了要害，斷了香煙，實在很殘酷，這是日本人造成的悲劇。

他下山了好幾天，大家住在一塊，又十分熱鬧，那些姪兒、姪女都很可愛，有的剛高中畢業，因為戰爭關係，沒有去外地升學，有的正在本地唸高中，蝶仙特別歡喜紹芬、紹玲兩個姪女兒，她們正讀高三，聰明、活潑、伶俐，人也標緻。紹華、紹珍也很討人歡喜，不過大一、兩歲，但顯得成熟端莊，不像紹芬、紹玲那麼活潑、天真，這又使她想起當年那段花樣年華無憂無慮的日子。老家的房屋也很大，熱鬧而不擁擠，住家環境又好，門前有個大荷花池，過一條馬路就是風光明媚、湖水澄清的甘棠湖，要是戰爭不再打下去，她覺得住在老家也很好。杏芳和她也有同感，她和那幾位小姑年齡差不多，處得更好。她們六個人總愛早晚帶著紹文和天行在柳堤漫步。使天行的心情輕鬆不少，暫時忘掉戰爭的煩惱。紹地、紹人和堂兄弟們到處跑，成天不在他們身邊。紹人還訪問了堂兄紹武和不少受傷的士兵，寫了一篇文章在報上發表。

上海失守的消息比北平淪陷更使他們震驚，長江這條大動脈上下息息相關，而且這是在政府宣佈全面抗戰之後，兵力損傷太大，上海一失，政府又宣佈遷都重慶，九江也好像失去了保障。

難民、傷兵來得更多，江邊的輪船已經停了不少，從下游扯滿風帆向九江來的帆船一條接著一條，一眼望不盡，像螞蟻搬家似的。天行、蝶仙、杏芳和紹芬、紹玲幾姊妹看見這種情形，有些目瞪口獃。蝶仙說：

「這是在北平看不到的。」

「以前我們也沒有見過這麼多的船。」紹芬說。

「要是日本人打到了南京，船會來得更多。」天行說。

船是長江這條大動脈的唯一交通工具，除了招商局的輪船之外還有太古、怡和、三北，許多家公司的輪船，更有英國、法國、美國、日本許多國家的兵艦，在長江上下來來往往，帆船更不計其數。如果上海、南京下游一帶的帆船都逃上來，九江這一個地方是怎樣也容納不了。

天行忽然想起龍天祿為傷兵義演的事，不知道進行的情形如何？他對蝶仙說要去看看天祿，因為一過大中路就到了他住的地方。蝶仙杏芳都沒有去過，連紹芬她們幾姊妹也沒有去過，因為龍從風不准她們去，蝶仙杏芳都說要去看看，紹芬她們幾姊妹妳望望我，我望望妳，不敢說要去。天行對她們說：

「今天跟我們一道去看看無妨，其實那位郝阿姨心地很不錯。」

「大公公總是說：『婊子無情，戲子無義。』不許我們和她來往。」紹芬說。

「這也不能一概而論，強盜窩裏也有好人。」天行向她解說。

「就是說嘛！大公公要是像您一樣開通就好了。」紹芬嘟著小嘴說。「您們到底是北平來的。」

「紹芬，其實我們在北平也很保守，不像海派人物。」蝶仙向她笑道：「北平和上海不同，九江也得風氣之先，只是我們龍家還是老規矩。」

「所以天祿伯在我們家裏抬不起頭來，郝阿姨也不准進門。」紹玲說。

「抽大菸當然不是好事兒，這也難怪大公公。」天行對紹芬、紹玲兩姐妹說。

「聽說他們兩位戲都唱得好？可是我們就沒聽過。」紹芬說。

「他們正計畫為傷兵義演，到時候我帶妳們去看。」天行對她們說。

她們聽了也很高興，平時她們只能聽聽留聲機，放放百代公司的唱片，她們幾姊妹都很喜歡聽，看戲的機會卻不多。

他們還沒有走到龍天祿的門口，在小巷子裏就聽見他們兩人吊嗓，正唱坐宮，她們幾姊妹都眉飛色舞起來，杏芳笑著說：

「唱得還真不賴！想不到九江也有這種角兒？」

「妳不知道天祿伯花了多少時間和金錢才票到這種程度？」天行回頭對她說。

龍天祿和郝薔華沒有想到他們一下來了這麼多人？十分高興。因為姪女兒從來不到她這兒來，只有梁忠和下人才來傳傳話，他們兩人都有些受寵若驚，連忙招呼大家入座，介紹琴師，琴師是長江戲院最近從上海請來的一個戲班子的高手，這個班子在大舞臺唱過，因為戰事的關係，才應邀到九江來，是歷年來最好的班子。琴師聽龍天行、蝶仙是從北平來的，也另眼相看。

天行問龍天祿義演籌備好了沒有？他說一切都準備好了，正在印海報，馬上就要公演，巫仁擔任義演的主任委員，戲院、班子全力支持，三天義賣收入全部慰勞傷兵，任何人都不取分文。隨後他反問天行：

「我登臺的事兒你和爹講過沒有？」

「原先我怕你發動不起來，所以一直沒有講。現在既然萬事俱備，我回去就和大伯講好了。」天行說。

「你有把握嗎？」

「大伯來不來看？我沒有把握。你們登臺的事兒，包在我身上好了。」

「那我一定賣命演好這三天戲！」龍天祿高興地說。

「你能撐得下來嗎？」天行耽心他的體力。

「上臺前多抽兩口兒，大概沒有問題。」

「這幾天我用高麗蔘燉雞給他吃，讓他先補補元氣。」郝薔華說。

「天祿伯，我們沒有看過您的戲，您可要送我們幾張戲票呀？」紹芬說。

「戲票我雖然不管，但我一定會預購幾張送妳們。」天祿說：「不過頭兩天沒有好位子、第三天四、五排的位子我可以預定下來。」

「你自己唱戲還要買票?」紹芬奇怪地說。

「這是義演，我不是唱營業戲，我應該以身作則，不能破壞大家的約定。」

原來他們有個規定，任何演員都不准送票，必須自掏腰包。巫仁很有一套，十排以前的高價票，他都要商會分攤，想買也買不到，這樣收入就可以穩定下來。商會也一口答應，因為這次的班子好，又加上龍天祿、郝薔華兩位難得一露的名票、名伶擔綱，好此道的人還怕買不到票，貴兩、三倍的票子也不愁沒有人要了。

紹芬聽天祿說要自己買票，就不好意思。天行說由他請客。出力的出力，出錢的出錢，這才叫做共襄盛舉。

「我們既不能出力，又沒有錢，那不是看白戲了?」紹芬笑說。

「妳們現在還小，以後出力的機會多。」天行對她們幾姊妹說。

因為他們人多，不想打擾他們吊嗓，隨即告辭出來。

「要是天祿伯只票戲，不抽大菸，那倒也不是什麼壞事兒，大公公也不會那麼氣他。」紹華說。

「總算他這次做了一件正經事兒。」紹芬說。

天行回家後便將龍天祿、郝薔華義演的事兒向龍從風說明。龍從風聽完後從鼻子裏哼了一聲說：

「我看他是借個題兒過戲癮？那是什麼義演？」

「這次完全是慰勞傷兵，巫縣長親自出馬敦請，他們兩位才答應登臺的。」天行故意抬高他們兩人的身價。

「就算是縣長親自出馬，請他們義演，也下不為例。我怕人家說我龍家出了一個戲子。」龍從風說。

「大伯，俗話說：『三年出個狀元，十年出個戲子。』可見唱戲並不容易。天祿哥要是在北平，那早就名滿京華了。」

「我不要他走這些旁門左道，我只希望他好好地做人，正正經經地做事，不丟祖先的臉就行。」龍從風說。

「大伯，他們義演三天，我請您去看一場好不好？」天行說。

「你別拐著彎兒想我去捧他的場？我生了他這個兒子已經臉上無光，我還會去丟人現眼？」

天行覺他這幾句話又有祖母的幾分幽默感，而且一語破的，不禁好笑，因此笑著說：

「大伯，天祿哥這次義演可是捧他的兒子紹武的場，您怎麼不捧捧您的兒子呢？」

「他的兒子是個好兒子，應該捧；我的兒子可不是個好兒子，怎麼能捧？」龍從風鏗鏗鏘鏘地說，隨後又指指紹君、紹臣、紹智、紹忠、紹勇、紹雄、紹人、紹文、紹華、紹芬、紹玲、紹珍他們：「他們這些人都是他的姪兒、姪女，我要是去捧他的場，那不就上樑不正下樑歪了？」

天行聽他這樣說便不好再作聲，龍從風又對他說：

「我們龍家到我這四、五代人以來，我知道不但沒有出過亂臣賊子，也沒有出過敗家子；到你這一代，卻出了天祿這個敗家子，我正慚愧我教子無方。」龍從風一面說，又指著紹字輩的男男女女：「現在他們這些人，都開始受西洋人的影響，補藥也吃，毒藥也吃，天祿還不過是吃了英國人、日本人販賣的鴉片，還是中國頭腦。將來他們這些人吃些什麼？我還不敢說。要是喝了洋人的迷魂湯，那會連自己姓什麼都不知道了！」

「大伯說得是。」天行和龍從風從來沒有深談過，現在忽然聽他說出這番話來，不禁肅然起敬。

「你們兩兄弟是留日的，幸好都不是親日派。」龍從風又望著天行說：「如果你們兩兄弟都吃裏扒外，那紹武的血不是白流了？」

「大伯說得有理，我也怕子孫不肖。」天行望望紹地、紹人說。

「你的老大紹天在英國怎樣？」龍從風又問。

「他在英國學的是紡織，是工業技術，沒有問題。」天行回答：「這也是三叔的希望。所以我才讓他去英國。」

「學西洋人的長處我也贊成。」龍從風說：「就怕吃了人家的毒藥還不知道。我們紗廠的那個李有財，你還記不記得？」

天行突然想了起來，連忙說：

「記得，是不是那位割了舌頭的布商？」

「就是他！」龍從風點點頭。「他就是個犧牲品。」

「他還在紗廠？」天行問。

龍從風點點頭。天行便對紹地、紹人說：

「你們兩兄弟可以去看看他。」

他們兩兄弟不知道李有財割舌頭的故事，紹人更不相信，搖搖頭說：

「那有這種事兒？」

「是真是假？你不妨去看看，當記者自然不能捕風捉影。」

天行也沒有想到他請大伯去看天祿的義演會引起大伯這麼多有感而發的話？他原先以為大伯只是一位普通士紳，一位舊式家長，真想不到他雖保守，但思想知識並不陳舊。他治家、做人、做事很有原則，嚴守分寸，事後他悄悄地對蝶仙說：

「我對大伯差點兒看走了眼？」

「這麼個大家庭沒有大伯這樣的人還真不行。」蝶仙說：「我看天祿哥的戲我們也不要明目張膽地去看，免得犯忌。」

天行同意她的看法，而且不再談他們公演的事兒。

天行那天在醫院沒有看到紹武，他一方面關心他的傷勢，一方面也想探聽劉聯軍的下落，他便單獨來醫院看他。

紹武的傷勢已經好多了，能坐起來。她母親天天給他弄些補品送給他吃，復元較快。護士長也不再禁止他談話，天行問他知不知道劉聯軍的情形？他說他們是一道增援吳淞的，他負傷之後由弟兄們搶救下來，就不知道劉聯軍的生死了。

「當初要不是祖母和我母親一念之仁，劉聯軍就不會來到人間，想不到他還能為國家出力？」

「受訓時他的術科就很好，肉搏戰他決不會吃虧。」紹武說：「拼刺刀一兩個人還不是他的對手。」

「拼刺刀是最後的手段了，我們的火力不如日本人，這就吃了大虧。」

「一點不錯！有的部隊一拉上去，不到幾個小時，就被日本鬼子的飛機、迫擊砲、重機槍，一陣轟炸、砲擊、掃射，陣地全毀，打得七零八落，犧牲慘重，有的連是整連犧牲了。」

「你這一連打得怎樣？」

「我們撐了五天，最後也只剩下十來個人，子彈打光了，我才跳出戰壕和敵人拼，還是被他們掃射倒了。要不是增援部隊及時趕到，我也沒有命。」

「我們是以血肉和日本鬼子拼，我們這個病房的弟兄都是九死一生。」旁邊一位躺在地上的士兵操著湖南口音說，他鋸了一條左腿。

「你們是不是一個部隊的？」天行問他。

「我們是一個師，不過我不是這位長官連上的。」

「你的部隊打垮了，上海也丟了，你傷癒之後有什麼打算？」天行又問紹武。

「我手腳沒有殘廢，傷癒之後我還是要回部隊，我要報仇。」

隨後天行告訴他天祿義演募款慰勞他們的事，他聽了也很高興，不過他耽心地說：

「恐怕爹的身體撐不下去？」

「他說他拼了命也要唱下去。」

「公公對他一直不大原諒，不知道現在怎樣？」紹武關心地問。

「大伯希望龍家的子孫人人爭氣成材，你爹有了那個嗜好他覺得教子無方，臉上無光。」

「當年我投考軍校，也是想為他爭點面子。」

天行忽然覺得他生性十分淳厚，不禁拍拍他說：

「原先我只以為你有志氣，想不到你還有這個孝心！」

「爹是文弱書生，他雖然抽了大菸，還是安分守己，不是個十惡不赦的人，我們做子女的也不能牆倒眾人推，二叔，您說是不是？」紹武望著他說。

「一點兒也不錯！」天行又拍拍他：「你真是他的好兒子，我們龍家的好子孫！」

「這都談不上，」紹武搖搖頭說：「二叔，您過獎了，我只是盡我自己的本分。」

「人人能像你這樣那就好了！」天行雙手撫著他的兩肩說。同時囑咐他好好地養傷，心裏十分安慰地走了出來。

蝶仙知道他去看紹武，探聽劉聯軍的消息。他一回來她就問他有沒有劉聯軍的消息？他搖搖頭說：

「雖然沒有劉聯軍的消息，我倒有個意外的發現？」

蝶仙問他有什麼發現？他便將紹武的淳厚、孝心，說給她聽。蝶仙聽了也高興地說：

「歷來忠臣出自孝子，那有忤逆不孝的人會替國家盡職盡忠的？」

「以前我們對九江老家這邊的情形不太瞭解，下一代的人認都不認識。這次住在老家，對下一代人可要多留意？」天行說。

「北平、九江隔得太遠了，平時我們又很少來往，要不是這次逃難，那真會大水沖倒龍王廟，自家人不認識自家人了。」

紹芬從景德瓷莊那邊拿回幾張戲票和一份海報，是天然交給她的。天然為了招待他們，每天都認購了幾張十排以前五塊錢一張的票子，這是很高的票價。北平的名角兒也只賣一塊大洋一張票，巫仁把票價訂得這麼高，是義賣性質，同時他也看準了這次上海來的班子是第一流的，再加上龍天祿、郝薔華，自然更有號召力，連最後一排也訂價兩塊。

海報上用大紅字印著：

聯合義演《四郎探母》

潯陽散人薔華女士

敦請名票名伶

海報上還刊登了他們兩人的劇照，詳細分析介紹他們的劇藝，以及這齣戲的全體演員名單與所飾演的角色，陣容十分堅強，確是前所未見。

兩人的戲裝扮相都出乎意外的好。郝薔華的鐵鏡公主雍容華貴，龍天祿的四郎臉上雖然瘦些，但他身裁好，不高不矮，穿起坐宮的戲裝那份神韻，就與一般伶人不同，瀟灑而有儒將風。

「真想不到，天祿伯那個鴉片缸子，有這麼好的扮相！」紹芬指著海報說。

「俗話說：『人要衣粧、佛要金粧。』」蝶仙說：「唱戲也是一樣，人一上粧就大不相同了。」

「他為什麼要用潯陽散人，不用本名？」紹華說。

「這和寫文章一樣，很多人都用筆名，不用本名。」天行說。

「我看他是怕大公公罵他，不敢用本名？」紹芬說。

「妳說的也有道理。」天行向紹芬點點頭。

「郝阿姨這份華貴的氣派，也很難得。」紹華說。

「他們兩位眞是志同道合，以後妳們可要另眼相看？」蝶仙笑著對她們幾姐妹說。

第一天的戲票天行讓父親、母親和周素真帶著紹地、紹人和紹禮、紹義兩姪兒去看，第二天的票子讓兄弟們帶著別的姪兒去看，天行和蝶仙準備第三天帶著杏芳、紹文和幾位姪女兒一道去看。

龍從雲夫婦第一天看了戲回來十分高興，龍太太笑著對蝶仙說：

「真想不到！他們兩人的玩藝兒還真不賴！」

「薔華本來是科班出身，底子好，本錢足；天祿哥是讀書人，又有天分，票了這麼多年，自然不是吳下阿蒙，春申京班肯給他們抬轎子，這不是簡單的事兒。」天行說。

「他抽大菸、票戲，也不知道花了多少雪花銀子？」龍太太搖頭一笑。

「娘，票戲窮人是票不起的，他這次的義演可是一樁有意義的事兒，也算沒有白票了。」天行說。

「你交了阮雪冰那麼個朋友，對天祿也好像有點兒袒護？我真不知道你怎麼和他們這種人臭味兒相投？」龍太太奇怪地望著天行說。

「娘，孔老夫子說：『三人行必有我師焉。』他們兩位都是多才多藝，比我行。我看我們這些國粹，大概到我們這一代人就為止了？以後不會有天祿哥這種人，恐怕會慢慢失傳的。」天行說。

「你真是看《三國》落眼淚，替古人耽憂！」龍太太說。

「娘，我不是替古人著憂，我是替後人耽憂。」天行說：「這次戰爭之後，一定會有大變，究竟變成什麼樣子？我不是劉伯溫，不敢預言，但可以斷定：未來的中國不是現在的中國，以後絕對不可能過我們現在這種生活了。」

「你倒想得遠？」龍太太望望兒子說。

「娘，我也是吃飽了飯撐著難過，才會常常想起這些閒事兒，別人都忙著眼面前的事兒，誰也不會想到十年、二十年以後的問題的。」

「天祿票戲未必有你這種想法？」

「前人種樹，後人乘涼，他想不想沒有關係，只要他能這樣捧著豬頭進廟門就行，以後我們龍家恐怕再也沒有他這種子弟了？」

「少了一個鴉片紅子那不很好？」

「少一個鴉片紅子固然很好，少他這樣一位票友也很可惜。」

「他要是聽到你這一番話，那他會使出吃奶的力氣來唱了？」

「我是要去捧捧他的場。」天行點頭笑道：「說不定我比一粒菸泡還有效？」

他和蝶仙她們是最後一天去，戲碼未變，還是座無虛席。他們從觀眾的談話中，知道他們兩人的義演十分成功。

《四郎深母》前還有一齣老旦開臺戲《徐母罵曹》，老旦唱得也很好。接著上全本《四郎探母》，四郎一出場，就贏得一個滿堂彩。龍天祿的臺風很好，眼神十足，臺步、身段，中規中矩，不像一般票友羊毛。唸定場詩「金井鎖梧桐，長歎聲隨一陣風……」中氣十足，又贏得不少掌聲。以後的西皮慢板「楊延輝坐宮院自思自歎……」不溫不火，恰到好處。直到轉二六唱到「血戰」二字，聲音突然提高，速度加快，以後一大段唱腔如行雲流水，酣暢之至。鐵鏡公主一上場也是一個滿堂彩，郝薔華舉手投足，都是名角風範。嗓音寬亮圓潤。「芍藥開、牡丹放、花紅一片……」唱得十分甜美；四猜的西皮倒板、慢板，唱得極有韻味；搖板「莫不是你思骨肉意馬心猿」，她把「故土」改成骨肉，更近情理，唱得也好。天行十分欣賞她改動的這兩個字，他輕輕地對紹芬她們說：

「你們不要只是聽人家唱，更要注意詞兒合不合理？百代公司的唱片是「故土」，郝阿姨把它改成「骨肉」，這就大有學問了。」

「郝阿姨未必有這麼大的學問，可能是天祿伯代她改的？」紹華說。她對文學很有修養，她也知道天祿有這種能耐。

「不管他們兩人是誰改的？這一改就提高了戲的文學藝術價值。妳天祿伯和郝阿姨真是珠聯璧合。」

以後的出關、見娘，沒有鐵鏡公主的戲，四郎也換了春申京班的當家鬚生金繼譚。龍天祿也可以乘機節省體力。直到回令，他們兩人又再出場。公主的西皮快板，和四郎的西皮散板，比那次他們兩人在家裏清唱給天行聽的更好，因為在臺上有動作表情，而且他們的嗓子這一陣子吊得更好了。

本來一般戲班子唱《四郎探母》唱到回令戲就完了，可是這次卻加了一場四郎與六郎裏應外合，大敗太后、四郎重回宋營，與家人團聚，為國效命的戲。天行覺得有些意外，便和蝶仙他們一起到後臺，想問問天祿，想不到他已經倒在後臺，像個死人，比那次在老太太的墳前捱他父親幾扁擔更厲害，郝薔華臉上的化粧還沒有洗掉，雙手托著他急得跺腳。一看天行過來像得到救星似的，天行連忙把他抱出後臺和郝薔華、蝶仙三人一道把他送進醫院。叫姪女兒她們先回去，不要聲張。

到了醫院醫生給他打了一針強心針，他才慢慢甦醒過來，還是氣息奄奄。醫生只說讓他休息，沒有進一步治療，一方面醫院擠滿了傷兵，沒有床位、一方面他不能離開鴉片，在醫院裏絕對不准吸，所以又立刻把他弄回家，回到家裏天行才問郝薔華：

「這倒底是怎麼回事兒？」

「他一走進後臺，人就像隻洩了氣的皮球似的，整個兒癱下去了！這一陣子他實在太累，他體子虛弱，好勝心強，這一下可把他拖垮了！」

他連忙燒大菸給他吸，可是他口都張不開，那有力吸？郝薔華連忙把他的嘴撬開，塞了兩粒菸泡到他嘴裏，又用茶把菸泡灌了下去，這才稍稍鬆口氣。

「你們這次義演很成功，妳把『故土』改成『骨肉』改得很好。」天行對郝薔華說。

「這是他主張改的。」郝薔華指指躺在床上的龍天祿說。

「那《四郎探母》回令後面的一場戲也是他加的了？」天行又問。

她點點頭，又慢慢地說：

「本來《四郎探母》是齣天衣無縫的好戲，不應該畫蛇添足。可是他說現在正和日本人打仗，國家應該放在第一位，兒女私情放在第二位，所以他才加了一場戲，免得觀眾公私不分、是非不明。」

天行連連點頭。

因為時間太晚，郝薔華要他們兩人回去。天行看龍天祿奄奄一息的樣子很不放心，讓蝶仙一人回去也不放心，只好囑咐郝薔華小心照顧，自己準備明天上午再過來。

「他真是拼了命演這三天戲！」一出門天行便對蝶仙說。

「大伯說他的身子給大菸槍掏空了，這三天不知道他抽了多少？我看他的元氣已經抽光了，恐怕好不起來？」蝶仙說。

他們兩人同樣耽心，但是都不敢向家人吐露實情，更不敢讓龍從風知道。

龍從風雖然沒有去看他們義演，但聽到不少好評，尤其是《四郎探母》加的那一場戲觀眾認為很有意義，自然都傳到他的耳裏。

第二天上午一吃過早飯，天行就趕來看天祿。郝薔華滿面愁雲，天祿躺在床上仍然奄奄一息，他走過去握著天祿的手，天祿的眼睛突然微微張開，臉上有絲絲笑意，嘴裏發出嗡嗡的聲音：

「兄弟……我一無是處，丟了祖先的臉……最後總算做對了一件事……。」

說完以後眼睛慢慢閉上，再也沒有睜開。天行探探他的脈膊，不再跳動，手也冰涼。天行抬起頭來含著眼淚對郝薔華說。

「天祿哥走了！」

「昨兒下半夜我就知道他不行了，」郝蕾華也含著眼淚說：「我知道他是在等你來，所以才拖到現在。」

「妳放心，天祿哥的後事我會料理。我耽心的是妳以後……」天行欲言又止，不知怎樣說下去才好？

「二爺您請放心，我不會拖累您們龍家。我想春申京班會讓我搭班，我還是走我的老路。」郝蕾華沈靜地說。

「不管妳走那條路？我會把妳當嫂子看待。」

「二爺，承您看得起，我早已感激在心。我和天祿露水夫妻一場，完全是為了情義二字。他這些年來的開銷，都是我過去的私蓄，我沒有用府上一文錢，他也不敢向家裏要。不知者以為我跟上他是找到了一個金飯碗，其實是我倒貼。」

天行完全不知道這些內情，激動地說：

「妳怎麼不早跟我講？」

「二爺，講出來多沒有意思？」她淡然一笑。「我又不想敲府上的竹槓。」

「我真糊塗！」天行自責地說：「怎麼一點兒也察覺不出來？」

「二爺，您是一碗飯長大的，不在江湖怎知江湖事？」

「怎麼天祿哥也不對我講？」他望了天祿一眼說。

「他是個愛面子的人，打腫了臉充胖子。您們府上的人都看不起他，他還好意思向您說是我倒貼他？」她向他苦笑。

「這真太委屈妳了！」天行望著她說，又看了天祿一眼：「也委屈了他。」

「現在我們這段露水姻緣到了盡頭，以後誰都不必委屈了。」

天行怔怔地望著她，忽然覺得她像古美雲一樣令人敬愛，他覺得他們龍家虧待了她。他匆匆離開，回家來就找龍從風，把天祿過世的事告訴他。他聽說之後並不震驚，只是兩行老淚像泉水般地湧了出來。他隨即把大兒子天然、二兒子天健叫了過來，告訴他們這件事。他們兩兄弟一怔，也不自覺地流下了眼淚。龍從風又對他們說：

「天祿的喪事你們好好地給我辦，讓他風光一番；郝薔華雖然沒有進過我們龍家的門，也不能虧待她。」

天祿去世的消息全家人都知道了，又是惋惜，又是悲歎，他的元配也黯然落淚。蝶仙立刻帶著紹華、紹芬她們四姐妹過來慰問郝薔華，她看見蝶仙才放聲哭了出來。蝶仙從天行那兒知道他們兩人的內情，對她又敬愛又同情，也陪著她流眼淚。

「大奶奶，我們都是女人，您該知道女人的心？我是像蠶兒一樣作繭自縛，我為的只是一片真情，一個知音，除了甘棠湖這一湖清水，此外我什麼都不圖。」

「我完全明白，我們女人就是這麼癡心。」蝶仙抹抹眼淚說。

天然、天健兩兄弟隨後趕來，向郝薔華說明要把天祿的遺體搬回去，好好給他辦理喪事，也希望她能一道回去，她向他們兩兄弟悽然一笑說：

「大爺、二爺，我名不正、言不順，還是不進府上的大門好，出殯時我會送他一陣。」

他們兩兄弟也不好勉強，便打發下人把天祿的遺體搬出去，遺體一出門，她便放聲大哭起來。

蝶仙和姪女們留下來安慰她。

天祿的義演熱潮未退，他突然去世更轟動起來，本地一家四開的《江州日報》用整版的篇幅報導，也刊出了三天義演的收入兩萬九千多塊全部慰勞了傷兵的消息。

出殯的這天，巫縣長親自來祭弔、執紼，《江州日報》還出了一版特刊，戲迷來送殯的不少，場面比老太太出殯時還熱鬧。

郝薔華戴了孝送殯，沒有送到臥龍山，因為她覺得自己名不正、言不順，送到郊外她就轉身回來，蝶仙始終陪著她。

天祿的兒子紹武，傷勢雖未全癒，他還是請假出院，披麻帶孝把父親送到祖墳山。

龍從風也一直送到祖墳山看著兒子下葬，他想起當年在母親墳前用扁擔打天祿的情形，更是老淚縱橫。

辦完天祿的喪事之後，龍從風拿了一千塊錢交給天行，請他和蝶仙送給郝薔華。他對他們兩人說：

「她是一個好女人，她委屈了這麼些年，一直沒有進我們龍家的門。現在天祿走了，他們這段露水姻緣也完了，我這個做長輩的也不能不表示一點兒心意。」

「大伯，她不是一個見錢眼開的女人，萬一她不接受呢？」天行說。

「原先我是看低了她。」龍從風抱歉地說：「她能接受最好，萬一不肯接受，隨她處置好了，錢既然出了我的手，你們就不要帶回來。」

他們兩人只好帶著錢來看郝薔華。郝薔華看他們來了很高興，她鬢邊插了一朵白絨球，一身素淨。他們兩人說明來意，她淡然一笑說：

「老太爺明白我不是一個無義的戲子就好了，錢我不能收。」

「大伯說，錢既然出了他的手，就不要我們帶回去。」蝶仙說。

「無論如何，錢我是不能收。」郝薔華堅決地說，隨後她望望牆上掛著的龍天祿的楊四郎戲裝照片，用手一指：「他是為義演累死的，你們把這筆錢慰勞傷兵好了，那他死也值得。」

「就是要捐給傷兵，也要由妳捐才對。」天行說。

「二爺，你們捐和我捐不都是一樣？只要能送到傷兵手上就好了。」她說。

天行便不再堅持，他心裏有了主意，準備用她的名義捐出去，再把收據交給她。

隨後她告訴他們說，春申京班接了漢口一家戲院的包銀，邀她助陣，答應她和當家鬚生金繼譚掛雙頭牌，等長江戲院的合約一滿，她就會和春申京班一道到漢口去。

他們兩人聽了既高興又感傷。蝶仙對她說：

「我們兩人相處的時間雖然不長，可是我覺得我們倒很相投，我看我們這一家人也會到漢口去，如果妳不見棄的話，我們以後以姊妹相稱好不好？」

「大奶奶，我的身份怎麼能和您相配？」她悽然一笑：「那我豈不是太高攀了？」

「我們不要拘這些俗套，就這樣一言為定好了。」蝶仙爽利地說。

她問蝶仙的年庚？蝶仙告訴她，她比蝶仙小，便高興地叫了一聲：「蝶仙姐。」

天行正怕她以後成了斷線的風箏，想不到蝶仙及時拉住了她，而且以姐妹相稱，他也十分高興。

天行為了把這筆錢捐出去，他先告辭，要蝶仙陪她談談。

天行捐了錢之後回來，接到古美雲的來信，這封信在路上走了快兩個月。古美雲的信上說：

北平現在是蘿蔔頭和你岳父、姑爹的天下。我現在是深居簡出，我和卜師傅會照顧你們這個家。

龍子由王蘭英小姐陪著來過，龍子和我想的差不多，他似有難言之隱？王小姐的醉翁之意我不說你也該明白了。

我希望有生之年還能見到你，但我不急，我很有耐性。

問候二哥、二嫂和蝶仙他們。

又，文珍、香君都平安，她們常來看我，也很關心你，望你們保重。

天行把這封信拿給父母看，龍太太看過之後問他：

「王蘭英是誰？」

「八成是個日本特務，雲姑早就懷疑她，現在終於露出狐狸尾巴了。」天行說。

「美雲是怎麼認識她的？」龍太太又問。

「是岳父和姑爹介紹的。」

「難怪他們下水了！」龍太太生氣地說：「原來他們早有勾搭！」

「我看她到我們家裏是黃鼠狼向雞拜年！」龍從雲說。

「日本人很會耍這一套，我們不上當，她也是枉費心機。」天行說。

# 第六十六章　石頭城千古浩劫
## 長江底萬載沈冤

十二月十三日，南京又失守了！

日軍一進城就開始大屠殺、縱火、姦淫、劫掠。

消息傳到九江，人心立刻浮動起來，天行更是感慨萬千。日軍進入北平，沒有大屠殺、縱火、姦淫，已屬萬幸。龍子大概也記住美子的話，沒有亂殺人？可是美子的姪兒太郎呢？美子的信上只說她和龍子都派遣到中國來了，沒有說是什麼地方？古美雲的信已經證實龍子是參加了蘆溝橋的侵略戰爭，到了北平，而且到了他的家。她信上沒有提到太郎，大概太郎和龍子不是在一個戰場？如果他和龍子一道進入北平，是會和龍子一道去他家的。

他以前兩次去美子家裏都見過太郎。第一次去時他還不會走路，美子的嫂嫂抱在手上，十分可愛。第二次去他家時，他已經成人，但沒有龍子高大，是一個典型的矮矮墩墩的日本人。他既然來到中國，就不會不參加戰爭，如果不在華北戰場，那就是在淞滬戰場了，這次南京大屠殺可能也少不了他？

天行猜想的不錯。川端太郎是第一批進攻淞滬的日軍，他是中士軍曹。是和他姪兒紹武正面作戰的日軍。他們的裝備好，火力強，損失很少。他親眼看見中國的軍隊增援了好幾批，前仆後繼。但他手上的重機槍還是無情地吐出火舌。他看到中國軍人一個個倒下，心裏有說不出的高興和驕傲。因為他的長官告訴他這次到上海來是「膺懲暴支」。

他在吳淞打了兩個多月，他在日記上記的是八十七天，十一月五日中國軍隊才全線撤退。隨後他們就一路向南京進攻，沿途沒有遭到什麼猛烈抵抗。原先他們以為在南京也會遭到像淞滬那樣堅強的抵抗，想不到十二月十二日他們圍攻南京時，中國軍隊突然撤退，城外的部隊向東方突圍，城內的部隊向長江方面後退。他們於十三日蜂湧入城，除了在光華門遭到中國騎兵隊衝擊外，如入無人之境。

一進城他們便開始屠殺，不論是沒有退走的軍人或是老百姓。是軍人他們就開槍打，是老百姓他們就用刺刀刺，或用軍刀砍。他的長官向井敏明少尉和野田毅少尉還比賽「百人斬」。第一天向井敏明少尉用軍刀砍殺了一百零五個中國人，野田毅少尉砍殺了一百零六個。晚上吃飯時兩人談起這個戰果，哈哈大笑起來。向井敏明少尉意猶未足，舉起軍刀對野田毅少尉說：「今天斬的不算，明天我們再比，看誰能斬到一百五十個？」

第二天一吃過早飯兩人就出去比賽，太郎他們跟在後面，向井敏明少尉和野田毅少尉都是訓練有素的軍官，軍刀又快，兩人手法乾淨利落，軍刀一揮，中國人的頭就像滾瓜一樣地在地上亂滾，血從頸腔裏噴出兩、三尺遠，他們看了哈哈大笑。有時鮮紅的血噴在他們的黃軍服上，他們也哈哈大笑，認為這是英雄標記。

用軍刀橫斬了幾十個中國人，他們覺得太容易，不大過癮，向井敏明少尉忽然提議：

「橫斬不算，我們比比看，誰能用刀從頭上直劈下去，一刀劈到底？」

野田毅少尉不甘示弱，立刻同意。反正手無寸鐵的中國老百姓和繳了械的軍人正多，他們都像待宰的羔羊，毫無反抗力量，愈哭愈叫他們斬得愈起勁。可是從頭上直劈到底，不像橫的一揮就人頭落地那麼容易。向井敏明照準一個光頭的老百姓一刀直劈下去，只劈到胸部，軍刀還陷在身體裏抽不出來，他用馬靴一蹬，才把那人踢倒，抽出軍刀。野田毅少尉的力氣比較大，他一刀也只劈到一個軍人的腰部。他羞窘地說：

「我們的軍刀不行，以後還要改進！」

隨後他們還是橫斬，但是斬到一百人以後，軍刀鈍了，連同昨天已經斬了兩百多人，他們覺得愈來愈不順手，勉強斬滿一百五十個人，他們兩人才結束比賽。

太郎他們不是袖手旁觀，他們也用刺刀刺殺，這是實際訓練，是向井敏明少尉和野田毅少尉事先規定的。他們也刺死了很多人，只是沒有計算，不像向井敏明少尉和野田毅少尉事後還要清點無頭屍體，計算成績。也因此他們兩人都被封為片桐部隊的勇士。他們這次的「百人斬」比賽還拍了兩張照片作紀念；一張是向井敏明對著一個跪在地上的中國人舉刀欲砍的樣子，後面站著欣賞的士兵滿臉笑嘻嘻；一張是野田毅提著一個剛被斬掉的中國人頭，滿臉自得的樣子。

清涼山、雞鳴寺的幾千中國軍隊，來不及退出南京，他們先用砲轟擊，接著用重機槍掃射，然後用催淚瓦斯逼他們繳械投降，繳械之後，卻要那些軍人一群一群地用自己身上揹著的圓鍬挖坑，挖了很大的坑，然後他們的隊長一聲令下，用機槍掃射，這些繳械的軍人像推倒的骨牌一樣，統統死在川端太郎他們的噠噠的機槍聲下，一個也沒有倖免。有一個士兵的機槍突然卡住了，子彈射不出去，他向坑裏扔了一顆手榴彈，炸得血肉橫飛，他們卻哈哈大笑。

退到長江邊上的中國軍人有兩、三萬人，他們過不了江，又群龍無首，到處流竄，除了被他們俘虜的全部殺戮之外，有些化粧藏匿在安全地帶的，都被他們以優待俘虜的謊言騙了出來，用煤油淋燒，活活燒死。

十四日那天下午，川端太郎這一隊還奉命在水西門驅逐一萬名俘虜到長江邊的沙灘上，用機槍掃射。一萬人不是一下子可以殺死的。川端太郎因為扣板機太久，手指都磨破了。有些僥倖沒有射死的，他們便反剪著俘虜雙手活埋，只留頭部在外，大家還在俘虜頭上撒尿，這「遊戲」也是向井敏明少尉和野田毅少尉想出來的。最後再在俘虜頭上澆上蜂蜜，好讓螞蟻活活把俘虜吃掉。

他們十五日才開始強姦婦女，別的部隊早在十三日進城時就開始強姦。由於年輕的婦女已經被別的部隊姦污殺害，到處都有婦女的屍體，有的頭被砍掉，有的下體被刺刀刺得稀爛，他們找到的多是四、五十歲的中老年婦女，有人脫下皮靴把找到的婦女下體打腫，直到流血，再輪流強姦。

有一次他們二、三十個人在一家大房子的閣樓上找到三個年輕的女人，拖了出來，逼著她們的丈夫、親人，看著他們輪姦。事後他們把大門一關，反扣起來，放把火把房子一燒，房子裏聲聲慘叫，他們卻在外面鼓掌大笑。最後還向火中扔了幾枚手榴彈，轟轟幾聲巨響，他們才高唱著日本歌，揚長而去。

他們發現有很多婦女躲進了外國人的住宅區，房子裏又容納不下那麼多人，很多女人都蹲在院子裏圍牆腳下，天氣已經相當冷，那些女人又冷又怕，一聽到牆外日軍的咔察咔察的皮靴聲，他們就渾身發抖，牙齒叩得咯咯響，他們進不了門，就從圍牆上翻過來，再打開門，讓同伴進來，像狗一樣就地輪姦，外國人也奈何他們不得。有一位少女被他們五個人輪姦後，恰巧有一個老和尚經過，他們逮住他，要他姦淫那位奄奄一息的少女，老和尚口口聲聲阿彌陀佛，死也不肯，他們便扯下老和尚的褲子，割掉他的生殖器，讓他活活痛死。又有一次，他們強姦了一位中年婦女，再逼她的二十來歲的兒子姦淫她，兒子不從，他們便將兒子和母親的衣服剝光，讓他們在寒風中發抖，又用皮鞭把兒子打得死去活來，母親跪在地上磕頭哀求，他們卻嘻嘻哈哈大笑。

他們還在南京大肆劫掠，金銀財寶，骨董字畫都被他們搶光了。有一天他們聽說一個大糞池裏藏了金子，他們便押了三、四十個老百姓去掏，老百姓不肯下去，他們開槍打死了十幾個。天氣很冷，糞池又臭，老百姓還是不肯下去，都跪在糞池邊哀求，他們又打死了幾個，把其他的人硬推下去，他們卻坐在避風的地方等候。第二天天一亮，他們才發現那些老百姓全凍死在糞池裏。他們罵著「八格野鹿」，悻悻而去。

十三日那天日軍進城時，有些守軍部隊已在十二日傍晚撤到江邊，但是江邊沒有船，他們過不了滾滾的長江，有的人抱了一塊木頭，有的人抱著椅子、板凳就往冰冷的江裏跳，希望能渡到對岸。可是很多人都像下湯圓一樣，一下去就沈了，很多人在急流中載沈載浮了一陣，也不見了。當初江面盡是人頭，後來只看見黃色的滾滾的江水。

劉聯軍的部隊總算在上海沒有全軍覆沒，撤退後一路收編散兵遊勇，補充實力，他這一連還有七十幾個士兵，他本來預備再死守南京，後來突然奉命撤退，事先毫無撤退準備，許多部隊都向江邊亂竄，各自逃生。他的營長劉連生，帶著營附蕭佐人、醫官湯約翰、傳令兵王大年四人找了幾塊大木板，用木條橫釘起來，當作木筏，他們四人勉強擠上去，劉聯軍個兒大，不好再往上面擠，江邊有一隻三層的躉船，上面已經擠滿了人，但是船被鐵鍊鎖住，不能開，大家七手八腳在砍鐵鍊，鐵鍊終於砍斷，躉船離了碼頭。他看機會難得，一個箭步衝了過去，船已離開碼頭一丈多遠，他看準船尾的鐵欄杆，奮不顧身一躍而上，兩手剛好抓住欄杆，他用平時玩單槓引體向上的方法爬上了躉船。他回頭一看，很多人也像他一樣往躉船上跳，但沒有一個抓到鐵欄杆，都噗通噗通掉進冰冷又波浪滾滾的江裏，鼓起了幾個泡泡就不見了。他慶幸自己撿回一條性命。這已是十三日下午三、四點鐘，日軍已快到下關了。

劉連生他們四人坐的那隻小木筏，比躉船先離開岸邊，他們四人用手向江中間划，划到江心時已近黃昏。這時突然有一隻日本砲艇從下游開上來，用機槍向江面抱著門板、木板的人掃射。醫官湯約翰起先還配合劉連生、蕭佐人、王大年三人用手划，但他一看見日本砲艇就用手在胸口畫十字，嘴裏喃喃祈禱，父啊父的，想不到砲艇上突然噠噠噠地向他們掃來一排機槍，子彈一下從他的前胸貫穿背脊，他彈了一下就掉進江裏不見了。他們三人也負了輕傷，便伏在木板上裝死，不敢再動。

躉船的目標很大，已經流到江心，日本砲艇向躉船發砲轟擊，把躉船轟成兩段，著火燃燒，最初是驚呼慘叫，後來又聽見高呼「打倒日本帝國主義」之聲響徹雲霄，終於喊聲漸漸嘶啞，躉船帶著紅色的火燄沈進滾滾洪流、冰冷的江底，江面浮著一層洶湧的泡沫，船上的兩千多官兵全部冤沈江底。劉聯軍也從這個世界消失，他母親劉嬤嬤在北平不知道，天行他們在九江也不知道。

天行從不斷自南京方面湧到九江的劫後餘生者的口中，以及日文和外國記者報導的資料中統計，日軍進入南京後，最少屠殺了三十五萬人，姦淫案件有兩萬件以上，洗劫商店一萬兩千戶以上，焚毀市內房屋三分之一。這是中國有史以來的空前浩劫。他還在《朝日新聞》上看到該報記者的報導：

> 無論上海、南京、蘇州、杭州……等地，日軍官兵紀律之壞，無以復加。遇到女人，不論老幼，任意姦淫，強姦之後再加以殘殺，逢到壯丁，更是一律殺害，種種殘酷行為，全無人道。每到一處城鎮，任意劫掠，搶了東西之外，還要焚燒房屋，種種暴行，上行下效，根本無法約束……

他和天放談起這些事來十分痛心。他真沒有想到日本人會這樣野蠻殘酷？這和加藤中人、川端美子、金日昇他們三人完全不同。

「你還不瞭解日本軍國主義的教育。」天放說。「尤其是軍人教育。」

「他們難道專門教軍人殺人、姦淫、擄掠？」天行反問。

「他們灌輸軍人武士道精神，效忠天皇，同時歪曲事實，不讓士兵瞭解真象，他們把侵略中國說是『膺懲暴支』，無理變成有理，這就很容易造成暴行。同時軍中絕不講理，長官對士兵也很粗暴，動輒打罵，這樣的士兵稍一放縱，就會無所不為。再加上島國小民，思想偏激，夜郎自大，所以日本人是個很危險的民族，這次南京大屠殺、姦淫、擄掠，就充分暴露出來。」

天行覺得哥哥的看法廣泛而深入，他深深瞭解的加藤中人、川端美子以及金日昇都是漢學家，深受中國文化薰陶，是日本人好的一面，不是明治維新以後偏狹的國粹派。「花以櫻花為首，人以武士為高，」這兩句話果真使日本人瘋狂起來。過去加藤和他所憂心的事，現在竟一一證實了！

由於時局惡化，龍家舉行了一個家族會議，龍從風、龍從雲、龍從雨老一輩的三兄弟和天字輩，紹字輩的兄弟姐妹都參加了。龍從雨首先提出紗廠問題，他預料日本人來後不可能繼續經營，也不甘心讓日本人把機器搬走或破壞；自己折遷到後方去設廠，首先是運輸問題，現在水路船隻和鐵路火車都打公差，運兵運糧，私人雇不到船也上不了車；其次是設廠地點、原料供應、紡織工人……這些都是問題。所以他主張捐獻給政府，政府需要這些設備，製造被服，供應軍需。

天放覺得他的看法很對，但是這是他大半生的心血，也是家族財產，他不敢擅作主張。老家這邊的產業是龍從風、從雨兩兄弟經營，龍從雲也很少過問，他也不便表示意見，最後都問龍從風。龍從風因為兒子天祿去世不久，孫兒紹武又傷得很絕，心情十分不好，再加上自己年紀最大，有些心灰意懶，他把這件事完全交給龍從雨：

「紗廠是老三一手經營的，雖然不能和上海棉紗大王相比，但一釘一鉚都是他的心血，一切由他決定好了。」

龍從雨聽他這樣說，便對天放說：

「大哥既然讓我決定，我想國難當頭，覆巢之下無完卵，如其好給敵人，不如捐給國家，你趕快向政府接洽一下，機器能早點搬走最好。」

「三叔，那你個人打算怎樣？」天放問他。

「我到後方去又不能給政府做事，別的生意我又不在行，坐吃山空也不是辦法，你大伯年紀大了，家裏的事兒還用得著我來照顧照顧。」龍從雨說。

「家裏的事兒用不著你，你和孩子們能出去的盡量出去，我年紀大了，家裏的事兒還是由我來撐。」龍從風說。

「大哥，家裏的事兒也不必管了，你也跟我們一道出去。」龍從雲說。

「也不能說不管，」龍從風說：「我們都走光了，你的那些骨董字畫呢？誰來管？還有這邊瓷莊的生意，鄉下的田地，沒有一、兩個人也不行。」

一提起骨董字畫，龍從雲這才耽心起來，現在是不能再搬走了，沒有人照顧可也不行，他又不能留下來，實在很傷腦筋。

最後大家作了一個初步決定：龍從風和大兒子天然留下來照顧老家，龍從雲的骨董字畫必要時運到廬山頤園收藏，龍從風帶著紹君、粱忠上山避避鋒頭，照顧照顧。龍天健帶著走不動的家小到洲上佃戶親戚家暫時避一下，鋒頭過了再進城來。其他能走的盡量走，尤其是女孩子和求學的子姪。

龍紹武的傷已經痊癒，天放決定帶他到武漢去歸隊另作安置，現在軍政重心都在武漢，海會寺的教育訓練工作即將結束，他要去珞珈山，要天行帶著一家人去武漢。紹華、紹芬、紹珍、紹玲四姊妹是年輕的女孩子，天行要她們跟著他先走。紹貞最近結了婚跟婆家行動。紹雄、紹杰、紹忠、紹禮、紹義他們幾位年輕的堂兄弟有的還差一個學期高中畢業，等畢業以後再去不遲，萬一情況緊急，男孩子年輕力壯，走也比較容易。如果水路不行還可以坐湘贛鐵路的火車轉赴武漢。

捐獻紗廠機器的事天放很快就接洽妥當，由軍方後勤單位負責接收轉運到大後方去，成立新被服廠，紡織工人願意去的也可以去，軍方還要借重龍從雨的管理長才，將來一旦戰爭勝利，政府會發還機器，或另作補償。

去武漢的船票已經很不好買，上下九江的輪船十之八、九都打公差，他們透過人事關係才買到陰曆除夕的票子。

天行不知道郝薔華有沒有買到票？十分關心，特別來探問一下。郝薔華告訴他戲院早已替春申京班訂購了去漢口的團體票，她有一張，天行才鬆了一口氣。

「你們到武漢準備住在什麼地方？」她問。

「現在還沒有決定。」天行回答。

「那以後我怎麼找您？」

「我會到戲院找妳，這比較容易。」

「您們這麼一大家人逃難，可也真不容易。」她望望他說：「不像我一肩扛一口這麼簡單。」

「如果天祿哥沒有過世，這個苦頭他是吃不消的。」天行望望牆上的照片說。

「他死得其時，也算是有福的人了。」郝薔華說。

「我祖母當年去世時，我的柳老師就說過她是有福之人的話。」天行說：「現在想來，我們這些後死者真不知是怎樣的下場？」

「這次南京大屠殺，真使我聽了身上起雞皮疙瘩，」她愁眉苦臉地說：「尤其是我們女人，最怕那些禽獸！」

「妳也聽到什麼消息？」

「最近有一位剃光了頭，化粧成男人逃出來的年輕小姐說，日本鬼子在南京把很多年輕女人綑在床上，換班蹧踏，還不准哭叫，一哭叫就一刺刀刺死，這樣死的女人很多，這那是人幹的事兒？」

「這位小姐現在什麼地方？」天行問：「我想見見她。」

「她是春申京班花旦的親戚，她不願意見人，尤其不願意見男人！」

「那是什麼緣故？」

「他一見了男人就怕！」

「這真是一旦被蛇咬，十年怕井繩。那她也要跟你們一道去漢口了？」

「她是驚弓之鳥，不去怎麼行？」她望望他說：「你不知道我們女人生來就膽小，她現在睡覺都不安神，常常做惡夢，半夜驚叫起來。」

「只有她一個人逃出來？」天行問。

她點點頭，天行又問：

「她的家人呢？」

「一家五口，除了她，統統給鬼子殺了！」她歎了一口氣說：「二爺，這真不知道是什麼劫數？」

「這是日本人欠我們的血債。」天行說。

「這筆債不知道討不討得回來？」她惶惑地望著他說。

天行沒有作聲，他不知道怎麼說好？當年滿人入關、揚州十日、嘉定三屠，我們推翻滿清之後，並沒有討還筆血債，反而給愛新覺羅王室優待，現在大家早已把揚州十日、嘉定三屠的慘劇忘光了。這次日本人在南京欠的血債比揚州十日、嘉定三屠更多，大概十年二十年以後又會忘了。中國人就是這樣的：捱了別人的打，當時號啕一陣，指天誓日要報仇，過不了幾天，又把打他的人當作好朋友，表示自己不念舊惡，不記前嫌的泱泱大度。

「我們不談討債的事兒好了。」過了一會兒他向她說：「我想知道妳那天走？」

「臘月初十。」她很快回答：「漢口那邊戲院定在臘月十五開羅。」

「那也很快了，妳三天的打泡戲定了沒有？」天行問她。

「定了，第一天是《新四郎探母》。」她說。

「什麼《新四郎探母》？天行不解地望著她。

「就是我和他義演的《四郎探母》。她指指牆上天祿的戲照說：「最後他加的那一場戲是老本子上沒有的，所以我稱它《新四郎探母》，這樣紀念他也有點兒意義。」

「妳想得很週到。」天行點點頭：「可惜我還在九江，不能捧妳的場。」

「日後您到了漢口，您和蝶仙姐一定要和我聯繫，免得我大海裏撈針。」

「這妳放心，今後不管我們到什麼地方，一定會和妳保持聯絡。天祿哥雖然過世了，我們還是把妳當嫂子看待。」

她感動得眼圈兒一紅，哽咽地說：

「二爺，我真沒想到，您這麼抬舉我？」

「我這麼多堂兄弟，要算天祿哥和我的感情最好，我覺得他是個性情中人。」

「我也是看重他這一點，所以我才像蠶兒一樣作繭自縛。」他悽然一笑：「我原以為會和他在甘棠湖邊終老，想不到還是要重作馮婦，這大概是我命該如此？」

「妳已經犧牲很大，妳這麼好的玩藝兒老是藏著也很可惜。」

「不瞞您說，這些年來我的私房錢已經貼光了，長江戲院過去有幾次請我登臺，我都婉謝了，為的是怕失了老太爺的面子，使天祿更抬不起頭來。」

「離開了九江以後，妳就沒有這些顧忌了。」

「說真格的，我真有些捨不得離開貴寶地。門口是湖，抬頭就看見廬山，我從北到南，從東到西，也跑過不少碼頭，就是沒有見到這麼好的明山秀水。吃的、用的、人情風俗，水陸空交通，那就不必說了。」

「本來我也有意回到老家，在湖邊蓋棟房子終老的打算，可是現在日本人正在奪我們的錦繡河山，這就全成泡影了。」

說到這兒兩人都面面相覷，再也說不下去，天行只好告辭。

天放突然帶著傷癒的紹武坐軍機到武漢去了，把一家人交給天行照顧。紗廠的機器、龍從雨等人，他已經洽妥後勤單位準備接收，到時候他們會來處理。

郝薔華臨行前夕，天行、蝶仙請她和金繼譚到五福樓吃飯，紹文和紹華、紹芬、紹珍、紹玲四姊妹同去，她們四人也是要先跟天行去武漢的。

他們之所以請金繼譚，是因為他是春中京班的當家鬚生，以後和郝薔華合作的時間多，有暗中關照的意思。金繼譚還不到三十歲，正是巔峰時期，他知道天行、蝶仙的來歷和家世，十分識相，不但對他們兩人客氣，對郝薔華也口口聲聲「郝大姐」。天行對他上次助天祿義演，屈居二路角色，也表示謝意。

「他是前輩，唱得比我好。」金繼譚說：「可惜身體不好，不然他一登臺我真沒有飯吃。」

「金老闆太謙虛了！舍兄只是一個票友，怎麼能和你們科班出身的相比？」

「其實票友下海的也不少，玩藝兒自成一家，言菊朋言老闆就是一位。」金繼譚說。

「言菊朋的戲我們聽得很多，《讓徐州》、《臥龍吊孝》、《烏盆記》、《除三害》，尤其耐聽。」天行說。

「前輩真是行家，以後到了漢口還請多多指教。」金繼譚拱拱手說。

「以後薔華和您同臺，還請您多多關照。」蝶仙對他說。

「郝大姐走紅的時候我還沒有出科，我能給她跨刀是她的抬舉。」他望望郝薔華說。

「我已經好幾年不登臺，有些荒疏了。」郝薔華也謙虛的說。

「金老闆，你們幸好及時離開了上海，不然你們這個班子恐怕出不來？」天行說。

「這真是運氣！本來南京有一家戲院要我們去唱，條件沒有談攏，我們就接了長江戲院的定金，不然這次一定死在南京。」金繼譚說。

一提到南京，大家臉上都有幾分驚悸。天行問他南京有沒有親友？他高興地說沒有，北平倒是很多。隨後他們又談起北平的情形，彼此都覺得更親近。天行問他知不知道卜天鵬這個人？

「聽我師父說過，當年他還是武生中第一把交椅，現在還沒有一位趕得上他。」金繼譚說：「可惜我一直沒有見過這位前輩。」

「他倒嗓後一直在我家裏，現在我北平的家就交給他看管。」天行說。

「我們吃開口飯的就怕倒嗓，那叫做祖師爺不賞飯吃。卜老前輩倒嗓後有這樣的好下場，可真不容易。」金繼譚說。

「您們平時吃東西要特別小心。」天行說：「今兒晚上的菜可沒有一樣是辣的。我不備酒，我想您也不會介意？」

金繼譚說了謝謝愛護，他們就邊吃邊談。金繼譚、郝薔華都特別歡喜九江的砂鍋豆腐魚頭，認為這是別的地方吃不到的。這頓飯不算是酒席，是隨意小吃，卻吃得十分愉快，盡歡而散。

龍從風知道郝薔華要走，特別拿了十塊大洋請天行、蝶仙代他選些禮物送給她。天行說已經請她吃過飯，不久還要在漢口見面，不必送了。龍從風說：

「那是你們的交情。上次我送她的錢她沒有接受，這次我送她一點兒禮物，她總不好拒絕？」

「那就送她一套瓷器好了，不必另外買。」天行說。

「瓷器是要送，但那是我們家的東西。你們另外替我選一兩件好衣料、買幾盒胭脂水粉送她，一來合乎她的需要，二來也盡我一點兒心意。現在我總覺得我虧欠了她一點兒什麼？……我是虧欠不得人的！」

第二天上午，他們先到瓷莊提瓷器，隨後又買衣料、點心，剛好把錢用完，蝶仙不禁一笑說：

「我看大伯是包公面孔，菩薩心腸。要是這些禮物送不出去，他這一輩子也不會安心的，那我們寧可把它撂進長江，再撒個謊，也不能帶回去。」

天行聽了心裏也好笑。他想祖母是愛面子的人，寧可吃悶虧，也不願意撕破臉。大伯又不願意虧欠別人。送了一千塊錢給郝薔華，郝薔華不收，他自己也不要，只好捐給傷兵。這還過意不去，又要他們兩人買禮物送她。如果真的送不出去，那也只好撂進長江撒個謊了！他姑爹楊通可不是這樣，那年為了想利用哥哥，討好祖母，寧可花一大筆錢請桌滿漢全席，祖母要他捐款賑濟水災難民，他卻金蟬脫殼，後來一個子兒也沒有拿出來。他岳父也滑頭得很，姑爹販毒被衙門抓住小辮子，拿錢請他打通關節，他從中揩油，滿漢全席他也具名，可是一個子兒也沒有出。只有祖母、父親、他們自己受的是硬傷，可是還啞子吃黃連，有苦說不出。現在大伯對郝薔華又覺得虧欠了什麼？其實這在別人看來是周瑜打黃蓋的事兒，他卻誠心誠意送錢送禮，因此他也不禁感慨地對蝶仙說：

「大伯是我們龍家的人，我們龍家的人就是這個毛病。」

「龍家的人都是火燒烏龜殼，肚裏痛！」蝶仙也好笑。她是最瞭解老太太和天行的。現在又發現大伯也是這個樣子。

天放更令她好氣又好笑。當年他在北平走紅的時候，她沒有得到一點兒好處；現在官兒愈做愈小，更是四兩棉花別「談」，但他還是一股勁兒傻幹；他們一直會少離多，他彷彿一點兒也不在意。要不是跟著這個大家，又有天行照顧，她帶著紹文還真難以自處。當年要不是老太太逼著他成家，他到現在可能還是個老光桿兒？

他們把禮物直接送到船上，送到郝薔華的頭等房艙。郝薔華看到他們十分高興，一看到他們手上的禮物又埋怨說：

「你們怎麼還要買東西，這怎麼好意思？」

「這是老太爺要我們買來送妳的。」蝶仙笑著說：「上次妳沒有收錢，他一直過意不去。」

「老太爺也真是的！」郝薔華搖頭一笑：「原先我以為他是鐵石心腸，不通情理，現在怎麼又通氣兒了？」

「原先他不瞭解妳，所以讓妳受了委屈。現在水落石出，妳又離開九江，他自然心裏不安了。」蝶仙說。

「蝶仙姐，我要是不接受呢？」她笑著反問。

「那我也只好摺進長江，說妳收下了。」蝶仙也笑著說，「不然我交不了差。」

「那我只好收下了！」她笑著接過禮物，放在床頭，又回轉身來對蝶仙說：「蝶仙姐，請您代我謝謝老太爺。我和天祿雖是露水夫妻，日後老太爺要是去漢口，我還是會把他當公公一般接待。」

「大伯雖然不打算逃難，有妳這句話兒他也會高興好半天。」天行說。

金繼譚看見他們，連忙過來話別，他們相約再見，船也汽笛長鳴，開始起碇了。

冬天水淺，輪船離開碼頭便向西上駛，江邊停滿了木船，都是從南京方面慢慢湧上來的。停留了一段期間，又繼續向武漢去，有的正在揚帆西行。

上海、南京失守之後，九江人口一下子增加了好幾倍。有錢的人分由水路、陸路繼續向漢口、南昌逃，沒有錢的逃一段算一段，停留在九江過年的都是經濟情況不好，希望戰爭早點結束，再回家去。日軍在南京停滯不進，馬當已經封鎖，日本艦艇一下子不能上來，也使他們稍稍安心。

天行知道這是日本人的詭計，誘我談和，不達滅亡中國目的，不會輕易罷手。他還是按照計畫在大年三十帶著家人和四位姪女兒上船，姪兒們有的高中還未畢業，過了年以後再看情形決定。行前一天，他打了電報告訴天放船名、船期，他也知道紹武給他們在漢口借到了房子。

在船上過年這是他們平生第一遭，不但沒有家中那種排場，那麼多菜、頭等艙位也少，只有龍從雲夫婦住了一間，其他的人都住統艙，擠在一塊，大家都不習慣，由於一票難求，大家都不敢發出怨言。

可是船上的臭蟲特別多，他們一坐下去臭蟲就紛紛從木板縫裏爬了出來，向他們進攻，紹芬首先被咬了一口驚叫起來，揭開床墊一看，臭蟲像小坦克車一樣都爬了出來，她大驚失色。其他的人也揭開床墊看看，也是一樣，幾個女孩子都愁眉苦臉起來，哭笑不得。

「這怎麼能睡？只好站到漢口了！」紹芬嘟著嘴說。

「這就是逃難，以後恐怕連這種輪船也坐不成了。」天行對她說。

「妳們現在就要有吃苦的準備，從今以後就不再是大小姐了。」蝶仙笑著對她們說。

「原先我還以為漢口很好玩呢！想不到一出門就餵臭蟲？」紹玲笑著說。

「妳想得倒很美，只怕以後想哭都沒有眼淚？」紹珍對她說。

「今天是大年三十，妳別說得那麼可怕好不好？」紹芬說。

「那妳就說幾句吉利話兒吧？」紹珍對她說。

「今天不像過年，在這個大統艙裏我可一句吉利話兒也說不出來。」紹芬不禁失笑。

他們在船上受了一天一夜的罪，不但吃不好，每人身上都咬了不少疱，甚至臉上也咬得紅腫了。蝶仙帶了萬金油，她親自替那幾位姪女兒頸上、臉上擦擦。

船靠碼頭後，紹武帶了一個叫做王大年的勤務兵上船來接，他們十分高興。

碼頭上萬頭鑽動，一片人海，江邊一字排開的全是船，輪船、帆船，多得無法統計，江中間還停了不少輪船，還有飄著片片白帆的木船。他們上岸時擠都擠不開，漢口的碼頭腳伕又如狼似虎，要不是紹武和勤務兵都是一身老虎皮，他們這麼多行李女孩子真照顧不來。

武漢的人口比平時多了好幾倍，除了難民之外，最多的就是流亡學生。因為華北戰爭失利，淪陷的地方很多，再加上長江下游的大都市上海、南京相繼失守，這一帶的大中學生，再加上北平、天津、保定、青島、濟南、徐州、開封等大都市以及華北五省和江、浙、皖等地的大中學生都先後湧到了武漢這個戰時軍政中心，他們是全國學生的菁英。

天行帶著家人、行李正準備上馬車時，突然有余純純、劉安娜、白蘋、李烈、史寧五位男女學生喊著叫著擠了過來，天行沒有想到會在這兒碰到他們，十分驚喜，人多談話不便，馬車又急著要走，天行問他們到那兒去？他們說有事過江到武昌去。

「那你們明天到我住的地方來談談。」天行對他們說。

紹人連忙寫下地址交給他們，他們兩兄弟和這五個學生也都認識，杏芳也認識余純純、劉安娜兩人。

「黃凍梅老師也來了。」余純純突然對天行說。

「他在那兒？」天行連忙問。

「住在華中旅社……」她的話還沒有講完，馬車就得得地跑了。

街上盡是人潮，人聲、車聲起伏，車伕吆喝著，馬鞭在空中啪啪地響，馬蹄敲在街道上發出得、得……的聲響，和過年的霹靂啪啪的鞭砲聲交織起來，更加嘈雜。

紹武把他們帶到一棟獨門獨院的二層樓洋房門口停下來，和勤務兵把東西一件件搬進去。房屋雖然不大，但設備很好，勉強夠住。紹武告訴他們這是天放的朋友臨時借住的，油、鹽、柴、米等日用品他已經準備好了。

「你想得真周到。」龍太太誇獎他一句。

「二婆婆、大叔知道您們會來，所以先借好了房子，接到了二叔的電報之後，又要我及時過江來準備吃用的東西，不然這個年關怎麼過？」紹武說。

他們剛才就看見不少難民蜷縮在街頭，看看別人，想想自己，深自慶幸。

天行想到那麼多難民和流亡學生都集中在武漢，這是一個很大的問題，問他政府有沒有什麼妥善的辦法解決？他說：

「難民的事情我不知道，對流亡學生倒有很周全的訓練計畫，要使他們成為抗戰的重要幹部。」

天行問他是什麼計畫？他說軍事委員會決定成立戰時工作幹部訓練團，分為軍事、政訓兩大類，還有女生大隊，編制、訓練和軍校大同小異，招訓的對象是留學生、大學生、中學生，畢業後按學歷敘階，分發到軍中服役和社會各階層服務，馬上就要開始招生，他已奉派為學生隊的區隊長。

天行覺得這是一個很好的計畫，抗戰需要人才，青年人也熱血沸騰，應該多給他們報國的機會。紹武又說：

「八路的漢口辦事處也在祕密招收抗日大學學生，不但不要考試，還發路費，派人護送到延安去。」

天行知道佘震天他們早幾年就到了延安，他們會抓住這個大好機會，而且這個招牌打得也很響亮，大學的名義很能抓住青年的心理。他知道佘震天自己沒有唸大學，他是瞧不起大學生的，連梁勉人他都不看在眼裏。這大概是他熟讀《三國演義》、《水滸傳》、《紅樓夢》、「貓該死」，活學活用的傑作吧？

# 第六十七章 灑熱血壯士赴死
## 棄脂粉木蘭從軍

輪船統艙的成群臭蟲咬了他們一夜，吸了不少血，使他們人人睏倦，上岸後睡了一夜的好覺，從來沒有睡得這麼香甜。第二天早晨一睜開眼睛，卻是一片銀色的世界，原來昨夜下了一整夜大雪，現在外面還下著鵝毛般的雪片，瀟瀟灑灑地飄了下來，落在屋頂上，落在光禿禿的梧桐樹上，落得平平整整沒有一絲痕跡的銀色大地上。

天行在樓上隔著玻璃窗眺望武昌的黃鶴樓、蛇山，寬闊的江面，和停在江心的輪船，都是靜靜的，街上沒有一個行人，空中沒有一隻飛鳥，他突然想起柳宗元的一首詩：

千山鳥飛絕，萬徑人蹤滅；
孤舟蓑笠翁，獨釣寒江雪。

這雖是腥風血雨的戰時，幾百萬人口的武漢，但這清晨的雪景和少見的這種寧靜，與柳宗元的這首詩，相去不遠，要是在平時，說不定真有「孤舟簑笠翁，獨釣寒江雪」呢？

他望見黃鶴樓，也望見鸚鵡洲，他又想起崔顥的律詩〈黃鶴樓〉來：

昔人已乘黃鶴去，此地空餘黃鶴樓；
黃鶴一去不復返，白雲千載空悠悠。
晴川歷歷漢陽樹，芳草萋萋鸚鵡洲；
日暮鄉關何處是？煙波江上使人愁。

這不是草長鶯飛的季節，看不見鸚鵡洲的萋萋芳草，鸚鵡洲上也是一片皚皚白雪。他的感受也和崔顥不同，他望著滾滾的長江、武昌黃鶴樓和遍地白雪，想起南京大屠殺，彷彿天地同仇。他也成了一首七律。

萬里長江日夜流，神州無處不含羞；
莫愁湖畔埋紅粉，雞鳴寺內斬人頭。
櫻花開到江南岸，武士強登鐘鼓樓；
三十萬人成白骨，悠悠天地亦同仇。

他隨即用鋼筆寫在隨身攜帶的小記事本上，加了一個〈望黃鶴樓哀金陵〉的題目。

他的姪女們起來看見這一片粉粧玉琢的世界，高興地歡呼起來，連說：「好美！好美！」還拉著蝶仙、杏芳到窗口來看，她們兩人看了也讚不絕口。他也不願掃她們的興。他突然想起那年天放回家過年，他和卜天鵬押著他去華清池洗澡出來，天正大雪，和現在情景差不多，他一時高興，竟唱起〈走雪山〉來。他說給蝶仙聽，蝶仙以前沒聽他說過，她聽了以後也高興地一笑：

「虧你還記得他這筆陳年濫帳？」

「那時我們都還年輕，所以也有那份雅興。」天行也笑著說。

「我真懷念那段日子。」蝶仙癡癡地望著遠方說。

「想不到大伯也很有趣兒！」紹芬笑著說。

「人年輕時都很有趣兒，年紀大了，又遇上國難當頭，笑都笑不出來，自然無趣了。」天行對她們說。

「妳們不知道我們年輕時過的那段日子，比妳們更有趣兒。」蝶仙說。

「那人還是不要長大的好，以後我們不是更無趣了？」紹芬說。

「妳們遇上這個打頭風，現在就逃難，還不知道是個什麼結局？恐怕以後是更艱難了！」蝶仙憐愛的拍拍她說。

她隨即忙著去弄早飯。她們幾姊妹也忙著梳洗。

早飯後不久，余純純、劉安娜、白蘋、李烈、史寧就冒著大雪結伴而來。天行問他們吃過飯沒有？他們說吃過。問他們住在那兒？他們說住在難民臨時收容所。

「你們來漢口多久了？」天行又問。

「還不到十天。」余純純回答說。

「你們是什麼時候離開北平的？」蝶仙問。

「一個月前。」劉安娜回答。

「你們是一道出來的，還是在漢口才碰上的？」天行問。

「我們三人是一道出來的，」余純純指指她們三位女生，又指指他們兩位男生說：「他們兩位是昨天才碰上的。」

「那你們在路上吃了不少苦了？」杏芳說。

「可不是？」劉安娜說：「吃苦不說，一路耽驚受怕，能夠逃到漢口就算不錯了！」

「妳們逃出來時北平的情形怎樣？」蝶仙問。

「學校都停課了，很多東西都買不到，價錢又貴，最討厭的是見了日本人一定要鞠躬行禮，不然會捱耳光、吃火腿，我們都窩在家裏，不敢出去。」白蘋說。

「維持會呢？難道他們不能給老百姓解決一點兒問題？」蝶仙說。

「那些狗腿子見了日本人都是一副奴才相，只聽日本人的支使，要錢要糧，才不顧老百姓的死活。」李烈說。

「周而福曾經被人下過毒，算他命大，沒有毒死。」史寧說：「但是也嚇得不敢再幹了。」

周素真聽了起先吃了一驚，隨後鬆了一口氣，關心地問：

「是什麼人吃了熊心豹子膽，敢下毒？」

「聽說是金谷園的一個叫做小玉的女人下的毒。」李烈說。

天行、蝶仙都微微一怔，相互望了一眼。蝶仙連忙問：

「那個叫小玉的女人後來怎樣了？」

「聽說關進日本憲兵隊了。」李烈回答。

蝶仙不禁一驚。這幾位學生都不知道他們和周而福、小玉的關係，李烈又接著說下去：

「漢奸狗腿子都不得人心，楊通被人活活打死。」

「兇手抓到了沒有？」蝶仙又一驚，連忙問。

李烈搖搖頭說：

「據說兇手高得很，不但沒有留下任何線索，還佈了許多疑陣，讓日本人和狗腿子白忙了一陣。」

蝶仙在暗自猜想，打死楊通的會不會是卜天鵬？當年他為天行、文珍的事兒打過楊通，這是他親口告訴她的。那次只是給楊通一個教訓，這次如果他再打楊通，絕不敢再留活口，讓日本憲兵抓他。她愈想愈有可能，只是不便作聲。

天行一直沒有講話，他對岳父和姑爹這兩個人絕無好感。如果李烈所說是實，那是他們自作自受。但他有些懷疑，怎麼會沒有見報？是不是日本人封鎖消息？或是這真是偶發的事件？與任何方面都沒有關聯？他不想探究，而問他們有何打算？史寧、白蘋有些舉棋不定，李烈、余純純、劉安娜三人決定從軍報國。

「你們以後就在我這兒吃飯好了，難民收容所要是不好住，在我這兒和他們幾兄弟姊妹擠擠也可以。」天行對他們說。

他們看看他家裏這麼多人，不好意思，吃過午飯就走了，余純純帶天行去看黃湅梅。

黃湅梅見了天行很高興，他帶著太太住在旅館裏候船到重慶，他接了中大的聘書，他們的大學遷到昆明成立聯大，路太遠，他不想去。

「我也準備去重慶，不過恐怕目前還走不了。」天行說。

黃湅梅問是什麼原因？他向黃湅梅解釋，黃湅梅問他：

「你不打算教書了？」

「我去重慶還是教書，目前是過渡時期，教書和我的研究工作並不衝突。」

「那下學期你也去中大好了？」黃湅梅說。

「他們要是聘我我一定去，因為我還帶了幾個姪女兒，也要安排她們唸書。」

隨後他們又談到時局，黃湅梅說：

「只要長期打下去，一定會把日本人拖垮，千萬不能中途投降！」

「現在我們是單獨抗日，三兩年內很可能會有轉機。」天行說。

「我也是這樣想。」黃凍梅點點頭。「我認為日本少壯軍人會發瘋，他們在南京這樣胡作非為，實在目無《國際公法》！」

「他們打敗俄國以後，目空一切。那時我正在日本，我親眼看見他們那種狂歡情形。」

「希望我們能夠記取這次南京大屠殺的教訓。日本人實在太殘酷，太沒有人性！」

「家兄對日本軍人瞭解比我深，他說他們平時的教育就抹殺人性。」

「這和義大利法西斯黑衫黨、德國納粹軍人的教育一樣。」黃凍梅說：「不過以民族性來講，義大利人崇尚自由，墨索里尼雖然首創法西斯，未必能成功；但是德國人和日本人卻像機器，他們這種軍人教育，確實危險可怕。」

「我看日後的世界大劫就會出在這上面，如果他們不能毀滅別人，就會毀滅自己。」

「我預料他們都會發瘋。」黃凍梅十分自信地說：「他們一發瘋，我們就不會單獨抗戰了。」

他們兩人半年不見，無所不談，談得十分愉快，天行請他們兩夫婦到他住處去吃頓飯，黃凍梅知道他們人多，又是借人家的房子住，初一才到漢口，吃的用的都不會順手，還不如他在旅館吃住方便，便婉謝了。

「本來我應該去向伯父、伯母拜個年，現在我們都是逃難，不比平時，恕我失禮。」黃凍梅說。

天行問他那天走？他說從漢口到重慶，只有民生公司的船，船少人多，最少還要等一個星期，坐木船費時太久，也不怎麼安全。

天行和余純純一道告辭出來，他怕余純純沒有錢用，給了她十塊錢，她起初不肯接受，他說：

「現在不比在家裏，妳一個人在外面，人是英雄錢是膽，以後萬一有什麼困難，可以隨時來找我，我會盡力替你解決。」

她這才收下，感動得流下淚來。他估計她可以維持一個月的生活。

外面的雪已經停了，街上來往的人又很多，馬車在雪上輾過，壓出一條條深深的雪印，馬蹄濺起一朵朵雪花，馬鞭在空中啪啪地響著。

他在街角發現幾張郝薔華登臺的舊海報，這才想起她來，但新年不開鑼，他不能去戲院找她，便直接回去。

蝶仙對那幾位學生談到周而福和楊通的事，一直沒有機會和天行交換意見，又不便和周素真談，龍從雲夫婦也是悶在心裏。她看見天行回來便悄悄問他：

「您學生上午談的那兩件事兒，不知道是不是可靠？」

「如果說不可靠，他們又言之鑿鑿；如果說可靠，我們又沒有看到新聞。我也正在納悶。」

天行說。

「這可能是因為您岳父並沒有送掉性命？封鎖了新聞，免得徒亂人心。」

「那姑爹死了又怎麼解釋？」

「他本來是個生意人，又沒有您岳父那種地位，既不是用槍打的，又不是用刀殺的，看來像個普通人命案子，自然不會挑起來臭。」

「您的話當然也有理，不過我不想問他們的死活。幸好我的學生還不知道他們是我的親戚。」

「我也不是關心他們，我是耽心小玉！」

「小玉很聰明。如果真有這回事兒，也和我們這邊扯不上什麼關係，她也很可能逢凶化吉。」

「如果和我們這邊沒有關係，那和雲姑就有關係了？」

「雲姑更不是等閒之輩，如果和她有關係，她也會有金蟬脫殼之計。」

「那您的意思是說，我不必替古人耽憂了？」

「我們只當沒有這回事兒，要是寫信的話，一個字兒也不能提，不然會給她們惹上麻煩。」他又輕輕地對她說：「還有，請您特別叮嚀那位糊塗神，千萬不可以寫信回家提起這兩件事兒。」

「您自己不會對素真講？」她聽了好笑，反問他一句。

「我不願對牛彈琴！」

吃晚飯時，天放趕過江來，探望家人。龍從雲夫婦也不問他怎麼現在才來？因為他們早就習慣了他是公事第一，家庭第二的習性。在這種時候他還能借到這棟小洋房安家，他們已經喜出望外了。

他一回來首先就一個個地問姪兒、姪女們有什麼打算?紹地說要從軍，紹人說要從事新聞工作，紹芬也說要從軍。其餘的打算繼續升學。

然後他又問紹人。

「你幹新聞工作有門路嗎?」

「武漢新聞界我也有朋友，過一兩天我再去看看他們。」紹人回答。

「我聽說你已經是什麼作家了?」一天放望著他說：「你幹新聞工作我不反對，但是文化界相當複雜，尤其是現在，掛羊頭賣狗肉的人不少，你自己可要認識清楚?」

紹人心裏不以為然，但他很少同天放接觸，不敢分辯。

隨後他又對紹地說：

「現在國家最需要青年人從軍，不然這個仗打不下去。不過我也要提醒你：可別存做官的念頭!抗戰是拚命，不是做官。紹武負傷的情形，你該知道?」

紹地點點頭。他又望望紹芬說：

「妳也想從軍?是不是為了好玩?」

「不是。」她笑著搖搖頭。

「我先提醒妳!只要妳從了軍，照樣要上前線。這可不是捉咪貓，軍令如山，違令者斬!一把眼淚一把鼻涕可沒有用處。」

紹芬聽了想笑，又不敢笑。只說：

「二伯有兩個女生也要從軍，她們敢去，我也敢去。」

天放望望天行，天行向他說明經過情形。他又對紹地、紹芬說：

「你們還有兩天時間考慮。真想從軍，你們就過江找紹武帶你們報名，要是怕死，就不必去。如果中途要打退堂鼓，即使你們不怕別人笑你們是懦夫，我也丟不起這個人。」

紹芬望了紹地一眼，看他十分堅決的樣子，自己也不敢退縮。

「我還要告訴你們一個不幸的消息。」天放忽然沈重地說。

大家一愣，不知道是什麼事情？蝶仙更耽心小玉、卜天鵬、古美雲，又不敢作聲。龍太太對他說：

「是什麼不幸的消息？你就快說吧！」

「劉聯軍在南京撤退時死了！」

大家像觸了電似的大大地一震。龍太太又問：

「是怎麼死的？」

天放便將經過情形說給大家聽，大家聲聲歎息。龍太太又說：

「你是怎麼知道得這麼清楚？」

「他的營長劉連生、營附蕭佐人，帶著醫官和傳令兵，利用木板做的筏子逃生，他擠不上去，他們看見他最後躍上躉船，後來躉船被日本砲艇打沈了，他也沈到江底。」

「那他們四人逃出來了？」

「只逃出兩個。」

原來醫官死後，他們三人在小木筏上受了傷，一直裝死，直到天黑，日本砲艇去南京上游河面巡弋，他們才用雙手奮力划到北岸，想不到浦口已被日軍佔領，他們便鑽進蘆葦叢中暫時躲藏，遇到一個日軍哨兵巡邏，他們乘機把那個哨兵制服，逼他帶路繞過日軍陣地，為了防他使詐，又逼他說出口令，那個日軍哨兵會說簡單的中國話，起初他不肯說，他們用他的刺刀抵住他，他才說出「亡國奴」三個字，三人一氣，傳令兵王大年就用刺刀一下把哨兵刺死，他們一直向北奔跑，才逃出虎口，直到天明，已逃了幾十里路，才到一個農家討了幾個生地瓜充饑。他們的傷勢雖輕，但已疲憊不堪。而日本飛機又沿著津浦線南端幾個小站轟炸掃射。沿途像他們這樣的散兵遊勇還不少，但比從上海撤退下來的散兵遊勇要狼狽得多。他們三人身上的棉軍服一直未乾，寒風吹在身上更是刺骨，又冷又餓，走到一個小站，發現這個站已經炸得七零八落，死了不少老百姓和散兵。他們發現有幾個散兵的棉軍服是新的乾的，而且很完整，他們致死的原因是頭部被機槍打中或是炸彈破片炸中，有兩個散兵被炸彈破片削掉了大半個腦袋，頭像兩個爛西瓜，血腥味令人作嘔。但他們三人冷得發抖，傳令兵王大年把他們沾滿了血跡的新軍服剝下來，替劉連生、蕭佐人穿在身上，又把他們的濕軍服蓋在死屍上。

天黑以後，他們才走到另一個小車站，這裏的散兵遊勇更多，還有一個部隊相當完整，顯然他們不是用枕木、門板、零零星星逃過江來的，最少他們也是坐著木船過來的，應該是最先撤出的部隊。可是這個部隊卻很糟，他們不但不照顧後面這些九死一生的散兵，反而以大吃小，先繳他們身上的手榴彈、手槍、不論官兵，一律收編為自己部隊的士兵。劉連生、蕭佐人、王大年三人不肯當他們的士兵，他們繳下了他們的手槍、手榴彈，還用槍托打了三人一頓，立刻引起其他散兵遊勇的公憤，一聲呼嘯，大家馬上集合起來，一下子集合了上千人，他們有些人身上還有手榴彈，立刻推劉連生當領導人，準備和他們一拚。站上還有不少難民，一時大亂，那個部隊長看情勢不妙，連忙派一位中校和劉連生談判，湊巧他們兩人是同期同學，當下約定不能再以大吃小，不能再欺侮後來的官兵。那位中校完全答應，因為他們還有護送那位在南京先棄城逃走的大將軍的任務，萬一衝突起來，便不可收拾。

站上停了一列空無一人的三等列車，每個車門都有全副武裝的士兵把守，誰也進不了車廂。隨後有一排人護送那位身穿黃馬褲呢軍裝，足穿長統黑馬靴，領章上三顆金星閃閃的愛唱高調和反調的將軍上車，其他武裝齊全的官兵也分別走進別的車廂，車廂並沒有坐滿，還可以容納不少人。

站上的散兵都想往車頂上爬，可是也不准上去。有些人便往車底下鑽。劉連生、蕭佐人、王大年也往車底下鑽，他們看見有些官兵已經坐上車廂下面車輪與車輪之間的一塊幾寸寬的鋼板上，抓著車廂邊垂直下來的鋼邊，他們三人也照樣坐了上去。

突然車子開動了，那些上不了車的難民在哭叫，散兵在咒罵，朝地上吐口水，隨後又聽到手榴彈在鐵軌上轟的一聲，但沒有炸到火車，火車「吃空吃空」地向鳳陽飛奔。

北方平原的夜晚本來寒風刺骨，火車開得又快，風更像刀片一樣在臉上刮過，身子像在冰窖裏，兩隻食指和拇指完全麻木，他們生怕一下栽了下去，那就身首異處，血肉糢糊了。他們很後悔當初不甘心被收編為士兵，不然就坐在車廂裏面，不是坐在這種鬼地方了！而且最糟的是又疲倦得眼睛都睜不開，要是一打瞌睡就完了！心裏希望火車停下來，火車卻比脫韁的野馬跑得更快。突然前面有人掉了下來，鐵輪很快從他身上輾過去，這比劉聯軍死在江裏更慘！

「不要打瞌睡，兩手抓緊！」劉連生大聲對蕭佐人、王大年喊叫。

他們兩人嗯了一聲，不久蕭佐人就像別人一樣掉下去了！鐵輪一樣地從他身上輾過去。王大年驚叫一聲，自己也差點掉下去。

劉連生想哭，可是哭不出來，眼睛是乾的，沒有眼淚。他也不知道自己什麼時候掉下去？他想起醫官湯約翰一看見日本砲艇兩手就停止划水，在胸口畫著十字祈禱，最先打死的就是他。他不信基督教，可是他一家人都是佛教徒，這時他也不得不唸起「南無阿彌陀佛……救苦救難觀世音菩薩」來。

一分鐘像一個世紀那麼長，他不知道過了多少世紀？他忽然覺得火車慢了下來，終於發出刺得兩耳發麻的煞車聲。他想一下跳下去，趕快離開這座地獄，可是兩腿動都不會動一下，原來兩腿早已凍僵了！王大年先滾下去，他幫助劉連生下來。在昏黃的燈光下，劉連生發現原來他們坐著的鋼板上，沒有一個人，看看地上除了王大年和他之外也沒有別人，他想那上百人都在中途

「下車」了，和蕭營附一樣！他們兩人太疲倦，一躺在地上就睡著了。

他們突然被車頭的尖叫聲驚醒，睜開眼睛一看，原來那列三等車不見了，停在車站的是藍皮的頭等車廂，第二節車廂的門口窗口還紮了花，是一節富麗堂皇的花車，車門口還站了兩個衛兵，其他的車廂都坐滿了原先那個部隊的官兵。劉連生看見那位大將軍龍行虎步地跨進花車，後面跟了好幾位侍衛隨從，站長恭恭敬敬地把他送到花車門口。劉連生幾天前還聽過他訓話，他高舉雙拳說要與南京共存亡，南京未丟，他卻先溜了。

車頭又尖叫一聲，「吃空、吃空、吃空」地離開了月臺，嗚嗚嗚地飛馳而去。他們像兩隻陰溝裏的灰老鼠，慢慢爬了起來，他抬頭一看，才知道這是鳳陽車站。

他們兩人餓得肚子咕咕叫，兩眼昏花。劉連生記得身上有幾塊大頭，他伸手到口袋裏摸摸，卻空空如也。原來那幾塊大頭是放在他那身濕棉軍服的口袋裏的，王大年替他換上從死屍上剝下來的乾棉軍服時，忘記把大頭拿出來。他心一慌，腿子更軟了。

「你身上有沒有錢？」他問王大年。

「報告營長，我一個子兒也沒有。」王大年有氣無力地回答。

「那我們只好討飯了！」他喪氣地說。

王大年沒有吭聲。

他們實在餓得發慌，只好一步步向街上移去。他們碰到一家人吃飯，聞到飯香，口水都流了出來，王大年想進去討，他卻不讓他進去，在門外徘徊了一會，兩人還是低著頭走開。他們失魂落魄地在街上晃來晃去，又碰上一家饅頭店在蒸饃，饃剛起鍋，熱氣香氣直往他們鼻子裏鑽，王大年忍不住，走到門口去討，老闆娘拿了兩個剛起鍋的饃遞給他，王大年分了一個給劉連生，他一伸出手眼淚就滾了出來。那女人對他說：

「老鄉，進來吃吧，吃飽了再帶兩個饃走。」

他們連聲多謝，就站在蒸籠旁邊大口大口地吃，好像那一蒸籠大饃都不夠他們吃似的。他們連吃了六個大饃，那女人好心地對他們說：

「老鄉，你們不能再吃，小心撐壞了！」

他們這才停止吃。劉連生向那女人說出他們的遭遇，那女人聽了也流眼淚，又給了他們一人五個饃，他們連聲多謝地離開。現在他們一身暖和有力了，迎著寒風也不覺得怎麼冷。

他們又走回車站，想找個搭車的機會離開鳳陽。他要王大年向車站打聽，王大年說下午有一列貨車從南邊載運前方撤退的軍人和難民要在這兒停靠，他像聽到福音，便在月臺等候，不敢離開。下午果然有一列貨車從南開來，這原來是裝豬、裝牛的車，現在裝滿了軍人和難民，連幾節鐵皮車廂的頂上也擠滿了人，但他們不能放棄這個機會，車子一開動，他們就衝上去雙手抓住車門的鐵扶手，一人站一邊，一隻腳踹在踏板上，再也容不下第二隻腳了，他們就這樣吊到蚌埠。

到了蚌埠他們又餓得發慌，原來在鳳陽那位好心的老闆娘送給他們的五個饃他們用舊報紙包裹著夾在脅下，搶上火車雙手一張抓住車門鐵扶手時，那五個饃統統掉到月臺下了，當時王大年回頭望著那五個饃十分心痛，想下去撿，站在他上面的那個軍人罵他：

「你這個豬！你要饃不要命？」

王大年向他感激地笑笑，望望劉連生又對那位軍人說：「同志，我和營長實在餓怕了！」

那位軍人卻正眼也不看劉連生，劉連生打量他一眼，頂多是個上士班長，看那神氣也很像班長模樣。憑他帶兵的經驗，他能一眼看出誰是新兵？誰是尉官？誰是校官？他自己穿著從散兵死屍上剝下來的棉軍服，沒有階級，對方一定把他看成上等兵，也不管他什麼營長不營長，他也懶得計較。

火車開得很快，風很大，像尖針一樣穿過棉軍服，刺進身體，有時車身一震，上面的人一擠，他們兩隻腳懸空，手又凍僵了，十分危險，王大年不得不喊叫，但誰也不理他，劉連生生怕別人乘機把他們擠下去。他渡江時曾看見一隻小木船的船舷上攀了不少軍人的手，不得上去，船身傾斜，船上的軍人為了自救，用腳猛踩那些攀著船舷的手，使那些身在水中的人一個個被洪流沖走。俗話說：『夫妻本是同林鳥，大難到來各自飛。』在這種生死關頭，各人為了保住自己的性命，也就不顧別人的死活了！幸好他們沒有被別人擠下車，劉連生又踏上了一隻腳，卻不慎踩到別人腳上，那人用手肘拐了他一下，險些把他拐下火車，他連忙道歉，猛陪不是，風很大，對方也把他的話當作耳邊風。

好不容易熬到蚌埠，他們連忙跳下車，可是整個身體凍僵了，手腳不靈，他們不是跳下，是像兩截樹幹一樣倒在月臺上，半天才爬起來，月臺上有個軍人連忙趕過來扶起劉連生。

這位軍人是他們師部的軍需上尉林天福。他逃出時本來提了一小鐵箱軍餉三千大洋，逃到江邊時，他一看沒有船，臨時找到一塊木板，他只好把那箱大洋摺進江裏，抱住木板逃過江來。他身上原來有五塊大洋，現在只剩三塊多了。他請劉連生、王大年在車站麵攤上吃了兩盌大滷麵，劉連生告訴他自己的遭遇，他送了劉連生一塊大洋。他要在蚌埠找朋友，劉連生要帶王大年繼續趕往武漢，又回到月臺上來等車。原來那列車已經開走了。

晚上，從北方開來了一列三等車，疏散軍人難民到徐州。這次他們兩人總算擠進了車廂，一坐下他們就靠著硬木椅呼呼大睡了，睡得像死豬一樣。

外面開始下雪，車廂裏的人都在沈睡，像一列死亡列車。車到徐州，他們才被吵雜的人聲吵醒。劉連生睜眼一看，大地一片雪白，雪光有些耀眼，月臺上有一鍋鍋的綠豆稀飯，還有熱氣，他們連忙下車，去吃了幾盌招待他們的綠豆稀飯，又在月臺等車到鄭州，再轉車去漢口。

不久，有一列專運傷兵的火車到站，這列車開往鄭州。有不少傷兵在這兒上車，他們頭上、手上、腳上都纏著綳帶，重傷的抬著上車，輕傷的自己上車。他們兩人頭上未纏綳帶，身上也看不出傷，這樣是上不了車的。劉連生猛然想起每件新棉軍服左襟裏面都有急救包，他帶著王大年連忙跑進廁所，兩人解開衣襟一看，果然縫了一個，他扯出來打開，要王大年替他把紗布綳帶纏在頭上，他也替王大年纏好，兩人再到月臺，在混亂中混進了車廂。

這些傷兵都是華北戰場下來的，只有他們兩人是從南京撤退的，渡江時腿上負了輕傷，卻一直沒有治療。

不久，有兩位醫官兩位護理進車廂來替傷兵換藥，換到一位重傷患，醫官摸摸他的鼻子，又低頭看看，然後對護理說：

「死了。」

隨即繼續替別的傷兵換藥。輪到王大年時，護理人員來替他折開頭上的繃帶，王大年搖搖頭說：

「傷不在頭上，傷在腿上。」

醫官和護理看他棉上衣上有血跡，他頭上又纏了繃帶，卻說傷不在頭上，有些莫名其妙。王大年把棉褲一褪，解開大腿上的綁腿布，大腿外側露出一塊已經發炎的肉，醫官馬上罵他：

「你真是神經病！大腿傷了你怎麼把繃帶纏在頭上？你是那個單位的？」

「我是從南京渡江下來的，我不把繃帶纏在頭上我怎麼上得了車？」王大年理直氣壯地回答。隨即說出自己的遭遇。又指著劉連生說：「這是我的營長，情形和我一樣。」

醫官聽了就不再罵他，又吩咐護理同時替劉連生洗傷口、上藥。他們還向醫官要了一些消炎片，醫官要護理給了他們一人一包，就轉到別的車廂去了。

車到鄭州，外面也是白茫茫的一片，氣候十分寒冷，呵氣如雲，耳朵、鼻子、手指凍得發痛。路軌縱橫交錯，他們不知道平漢線在那兒搭車？經人指點，走過天橋，看到一列開往漢口的火車，但車廂裏面和車門口都擠得水洩不通，只有車皮頂上還有空隙。這一路來他們也只有車頂沒有坐過，既然還有地方可坐，最少比坐在車廂下面的鋼板上和吊在車門口略勝一籌，劉連生連忙攀了上去。王大年跟著上去。

車子很快地開了。開出車站之後，一眼望去，一片雪白，雪花還是漫天飄下來，好在雪不像雨，不會打濕棉衣，天氣又冷，不會溶化，只是車子開得愈快風愈大，也冷得徹骨。車頂上有軍人，有流亡學生，大多是年輕人，上了年紀的人上不了車頂，大家都背風坐著，彼此自然靠緊，這樣可以相互取暖，避免一下子凍僵。到了漯河車站，車子停了下來，劉連生看見有人下車，連忙下來，可是也有人一湧而上，這次他總算搶到車門口一個立腳之地，王大年遲了一步，沒有搶到位置，劉連生要他買了幾個饃再爬上車頂。

劉連生擠在車廂門口不知道車頂上的情形。一夜過去，車頂上卻凍死了好幾個人，凍得像冰棒一樣。原來這幾個人都睡著了，沒有保持清醒，清早到了站，才被人發現，把屍體拖下來，放在月臺上，其中有軍人，也有流亡學生。劉連生慶幸自己在車門口搶到一個位置，王大年在車頂上沒有凍死。

到了漢口大智門車站，劉連生連忙下車打聽自己部隊的辦事處，沒有打聽到，卻打聽到了天放的消息，天放是他的老師、老長官，他便帶著王大年過江去投奔天放。天放安排劉連生當學生隊的中隊長，給王大年補了勤務兵缺。

他們聽他講完這段故事之後怔了半天，龍太太歎口氣說：

「要是早知道劉聯軍會有這樣悲慘的下場，當年我真不該勸劉嬤嬤把他留下來，那時打掉反而好些。」

「娘，那一條躉船上就有兩千多個劉聯軍，都是人生父母養的。湯醫官、蕭營附、劉營長，都是好家庭出身，紹武更不用談了。」天放說。

「日本鬼子要侵略我們，那有什麼辦法？」龍從雲說：「如果青年人不打仗、不犧牲，那只有做亡奴國了！」

「爹說得對，」天放說。「現在我們中國人除了和日本人打到底以外，已經無路可走了！」

天行隨後和天放談到紹文和姪女兒的教育問題，紹文還可以在漢口就讀，姪女兒上大學非到重慶、昆明不可，因為大學都已經遷到大後方去了。天放希望天行必要時帶著家人先去重慶，他不到十分危急時不會離開武漢。

第二天大清早天放就過江到武昌去了。天行這才問紹地是不是真要從軍？紹地態度十分堅決，周素真卻急著阻止說：

「你也不是沒有聽見大伯講劉聯軍和劉營長的故事，你怎麼還要去船頭上跑馬？你找個別的工作不行？」

「娘，我們三兄弟總該有個把人當兵？」紹地對母親說：「政府抽壯丁也是三抽一、五抽二，我們怎能光靠別人打仗，自己逃難？」

「我們龍家也有你大伯和紹武在當軍人，這也就夠了。」周素真說。「你又何必去逞英雄？」

「娘，這不是逞英雄，這是責任。」紹武說。

「你這孩子，就是不知天高地厚！天塌下來有長子頂，你急個什麼勁兒？」

「他不是三歲的孩子，你讓他自己決定好了。」龍太太對周素真說，她對周而福的為人不以為然，聽媳婦說這種話也不欣賞。

周素真看婆婆的臉色和語氣都不對勁兒，便不敢再作聲。龍太太又對紹地說：

「論情，我也不願意你去當兵；論理，我就不便阻止你。這種重大事兒還是你自己多多考慮好了。」

「我在北平時就有這種打算，我已經考慮很久了。」紹地說。

「紹芬，妳呢？」天行又問姪女兒。

「紹地哥從軍，我也要從軍。」紹芬回答。

「妳不能跟著別人走，妳要自己決定。」天行對她說。

「從前有花木蘭從軍，現在又男女平等，既然有女生隊，當然不止我一個人去考，就怕我考不取？」

「妳應該先寫封信告訴妳父親，看他同不同意？」

「等我考取了再寫不遲，要是考不取，先寫了信，那不是白丟人？」

大家覺得她的話也有道理，也只好隨她。

報名那天，他們去找紹武作陪，紹武還帶他們識別地形地物，參觀試場，考試時他們就直接去了。

不但紹華、紹珍、紹玲幾姊妹都希望紹芬考不取，蝶仙更希望她考不取，她很喜歡紹芬，不願紹芬離開，也不願意紹芬去吃那種苦。天行和龍從雲夫婦也是一樣。他們龍家向來沒有人當兵，天放才開先例。想不到紹芬居然要當女兵，這更是破題兒第一遭，他們總以為女孩子不宜和男人一樣，加之又未得到她父母的同意，內心便多了一重負擔。他們也知道紹芬有些任性，不讓她去試試她不會死心，考不取她就不能怨誰了。

沒想到她居然考取了！

放榜那天，她和紹地看榜回來，十分高興，大家就覺得情形不對，紹華笑著問她：

「妳真的考上了？」

「孫山考第一名，我是第二名。」她也笑著回答。

「妳還有臉講？」紹珍白了她一眼。

「她是很有面子的。」紹地說：「女生取了四百多名，她在一百名以內。」

「她還差一學期高中畢業，要不是紹武哥的面子，名都報不上，她怎麼考得過人家？」紹珍有些奇怪。

「我也不知道她是怎麼考的？」紹地笑著說：「像余純純、劉安娜，她們兩人都是大學生，還落在她的後面呢。」

「她們兩人也考取了？」天行問：「還有李烈他們呢？」

「李烈榜上有名，不知道白蘋、史寧考了沒有？」紹地說。

不久，余純純、劉安娜、李烈三人也一道來向天行報告喜訊，天行也替他們高興，決定先請他們幾人上館子吃晚飯，飯後再帶他們看郝薔華的《木蘭從軍》，他們聽了更高興。

天行不見白蘋、史寧兩人，心中有些掛念，不禁笑問他們：

「白蘋、史寧兩人怎麼沒有來？」

他們三人相互看了一眼，余純純這才回答：

「老師，我差點兒忘了，他們兩人去抗大了，要我代為問候老師。」

天行想起史寧、白蘋兩人平時都很沈默，課外書看得很多，史寧的家庭環境不好，白蘋卻是個富家小姐，他半天都沒有作聲。

他看看余純純、劉安娜、李烈三人，都出身良好家庭，十分純潔天真，卻毅然從軍，不怕吃苦犧牲，紹地、紹芬也很難得，特地請他們上黃鶴樓大餐廳吃了一頓豐盛的晚餐。李烈笑著對天行說：

「老師，我離開北平以後就不知肉味了。」

「你們明天起就到我家來吃住，也多不了你們三個人，反正很快就要入伍，何必窩在難民所裏？」天行說。

紹芬、紹地也希望他們搬過來，和他們兄弟姐妹住幾天，然後一道去武昌報到。他們便不再客氣了。

飯後他們一同到武漢大戲院。天行是帶他們看《木蘭從軍》，一方面是給她們三個女孩子鼓勵一下，一方面是來看郝薔華。武漢大戲院的戲臺、設備，都比九江長江戲院好，座位也多。今天有三齣戲，開臺是老旦戲《徐母罵曹》，其次是靠把老生戲《定軍山》大軸是郝薔華的《木蘭從軍》，海報把她的藝名薔華和戲碼的字體印得很大，這齣戲除了唱功以外還要有很好的武功底子。看情形她在漢口已經唱紅了，他看過《徐母罵曹》之後，就去後臺看郝薔華。她剛剛來到，還未脫下大衣，她看見他十分高興，連忙問：

「蝶仙姐怎麼沒有來？」

天行解釋了一下，她又接著說：

「明兒我替你們洗塵，同時給他們幾位年輕人打打氣。」

天行叫她不要客氣，她說一定要請，而且決定中午在「黃鶴樓餐廳」，她也住在黃鶴樓大旅社，兩家老闆都是一個人。她把她的電話告訴他，他也把電話住址告訴她。

金繼譚已經紮靠完畢，準備出場，沒時間招呼他，他知道郝薔華要化粧，後臺的地方又不大，他隨即退了出來，金繼譚正在臺上唱西皮二六：

「在黃羅寶帳領將令，氣壞老將黃漢升，某昔年鎮守長沙郡……」

余純純、劉安娜、李烈他們都是老北平，也都是戲迷，看的名角兒多，演員只要一出臺亮相，一開口，他們就知道好壞，他們對《徐母罵曹》的老旦和金繼譚的評價都不錯。花木蘭一出場，就獲得不少掌聲，可以看出觀眾對她的捧場。女扮男裝時，顯得十分英俊，器宇軒昂，唱、做、唸、打，都是名角兒的風範。天行原先以為她只擅長青衣花衫，想不到她的身手也十分矯健，完全不像平時那麼楚楚可憐。他想她演這齣戲可能也是為了激勵士氣民心？

散場後天行告訴余純純三人，郝薔華明天中午請他們吃飯的事，要他們準時到。

「老師，那怎麼敢當？」余純純、劉安娜同聲說。

「今天她這齣戲也可以說是為妳們三位現代花木蘭唱的，明天請妳們吃飯當然也是鼓勵的意思。」天行說。

他叫了馬車送他們三人回收容所，再和紹芬、紹地一道回去。

第二天上午十一點，郝薔華專程來看龍從雲夫婦和蝶仙，異地重逢，格外親切，她叫龍從雲夫婦二叔、二嬸，龍從雲夫婦也十分高興。

余純純他們提著簡單的行李過來，他們決定在龍家暫住幾天。天行介紹她們和郝薔華認識，郝薔華誇獎了她們一番。又笑著對余純純、劉安娜、紹芬三人說：

「妳們三位真是現代花木蘭！」

「郝老闆過獎。昨夜看了您的花木蘭女扮男裝，身手那麼矯捷，十分敬佩，想不到您在臺下完全是個閨門旦？」余純純說。

「我很少唱《木蘭從軍》，我的本行是青衣，昨夜完全是為了現代花木蘭唱的，妳們不笑我獻醜就好了。」郝薔華說。

「妳今兒晚上是什麼戲碼？」蝶仙問。

「《生死恨》。」她說。

「這倒是正宗青衣戲，而且很有國家民族意識。」天行說。

「現在是戰時，不是忠孝節義的戲我不唱。」她說。

「那賣座會不會受影響？」蝶仙問。

「我貼出的戲碼我會特別賣力唱，像《生死恨》這齣戲可以連唱三天再換戲碼。行家看戲不是看熱鬧、看新鮮，他們是看門道。」郝薔華望望蝶仙和大家說：「您們都是老北平，我說的對不對？」

「好戲百看不厭。」龍從雲說。他看過她和天祿唱的《四郎探母》之後，覺得她的玩意兒不錯，因而也起了好感。

「二叔、二嬸如果不見棄，以後每天請您們去看看，我會按時叫人送幾張票來。」

「不要太破費。」龍太太對她說。「有空我們會去捧場。」

「二嬸，這談不上破費。您們現在在漢口閒著也是閒著。」郝薔華望了大家一眼說：「這樣好了，票子我每天照送，誰有空兒誰就去看好了。」

隨後她叫了幾輛馬車，把大家請到黃鶴樓餐廳。

由於人口增加了很多，生意自然比平時更好，餐廳也是一種戰時的特殊繁榮行業，座無虛席，郝薔華是常客，平時也在這兒吃飯，她訂的房間也很寬敞，茶房侍候更是周到，春中京班全體人員都住在旅館部，飲食也由餐廳包辦，大部分班底都是按月計算，十塊大洋一月，比較經濟，她和金繼譚少數幾個人是隨自己的意思愛吃什麼就吃什麼，以餐計算，月底結帳，包括請客在內。

「妳在這兒的開支也不小吧?」龍太太關心地問郝薔華。

「我住旅館的開支由戲院老闆付，算是特別優待，其他自理，大概兩、三百大洋也差不多了。」

紹芬和余純純、劉安娜暗暗咋舌，如果連住旅館也算，那不是更多了?

郝薔華特別照顧他們幾位從軍的年輕人，勸他們多吃菜。她知道軍隊生活很苦，二等兵才幾塊大洋一月，軍官也只拿八成餉。

「你們當學生是不是和二等兵一樣的待遇?」她問紹地。

「據紹武哥說完全一樣。」紹地回答。

「那妳們買胭脂水粉的錢都沒有了?」她笑著對紹芬她們說。

「當女兵跟我們男人一樣，每天一身汗臭，怎麼能擦胭脂水粉?」紹地望望紹芬她們說：「我看她們以後要以淚洗面了!」

「你也別太小看我們?」紹芬不服氣地說：「花木蘭是不是比你們男人還行?」

「妳先別嘴硬，三個月的入伍教育妳能熬過來，不掉一滴眼淚，我就服妳。」紹地望著紹芬說。她還不足十八歲，真是個黃毛丫頭。

「你別嚇唬她了，」蝶仙對紹地說：「你是哥哥，你應該好好照顧她。」

「我看不到三個月，我們就要開歡迎會了。」紹珍說。

「妳歡迎誰?」紹芬問她。

「歡迎妳回來當大小姐呀！」紹珍回答。

「妳別門縫裏瞧人，我們騎著驢子看唱本，走著瞧吧？」紹芬白了她一眼說。

別人看著她們鬥嘴，都很好笑。蝶仙拍拍紹芬說：

「我們女人的體力是比不過男人的，妳不要逞強，要是真的吃不消，就回來升學好了。」

「大媽，您放心，我不會給她看扁的。」紹芬笑著說。

蝶仙看著她搖頭一笑。蝶仙愛她聰明，也愛她那一點任性，只是憐惜她太年輕了！想起自己和梅影、文珍、香君這些人，在她這種年齡，真是風不吹，雨不打，像溫室中的花兒一樣，現在紹芬和余純純、劉安娜卻要去當女兵了，這真是從何說起？

「妳真有志氣！下次唱《梁紅玉》時，一定請妳們三位來看。」郝薔華也拍拍她說。

余純純、劉安娜更是感謝她這番盛情，也怕辜負她的期望，又不知怎麼說好？只是對她點頭微笑。

他們五個人沒有趕上看郝薔華的《梁紅玉》，就一道過江去入伍了。紹人也找到《武漢日報》的記者工作，專跑文教新聞。

紹地、李烈按志願編入軍事大隊，他們的中隊長就是劉運生。紹芬、余純純、劉安娜編入女生大隊，區隊長就是龍紹武，他當女生大隊的區隊長，是不是因他受傷的關係？像古美雲用太監小貴兒一樣，那就不得而知了。她們三人卻是他暗中關照編入他這個區隊，因為他知道這批擔任隊職的青年軍官都受過最嚴格的德式軍事教育，又幾乎都是淞滬南京戰場下來的，平時要求士兵十分嚴格，他耽心對女生也會像對男生一樣嚴格，那她們會吃不消，要是中途打退堂鼓，她們就很沒有面子，尤其是紹芬，他也知道她有些好強好勝，但是年紀太輕，萬一撐不下去，那就進退兩難了。

他們入伍沒有幾天，突然傳來臺兒莊大捷，消滅日軍三萬多人，全國人心振奮，武漢三鎮更是鞭砲喧天，青年學生、軍警大遊行，紹地、紹芬、余純純、劉安娜、李烈他們五人也全副武裝參加，他們的隊伍走在最前面。〈犧牲已到最後關頭〉、〈大刀向鬼子們的頭上砍去〉、〈槍在我們的肩膀〉、〈八百壯士〉……這些歌聲響徹雲霄。每一條街、每一條巷都聽到：

中國不會亡，
中國不會亡，
你看那民族英雄謝團長；
中國不會亡，
中國不會亡，
你看那八百壯士
孤軍奮守東戰場。
四方都是砲火，
四方都是豺狼，

寧願死，不退讓，
寧願死，不投降。
我們的國旗在重圍中
飄盪，飄盪！
八百壯士一條心，
十萬強敵不敢當，
我們的行動偉烈，
我們的氣節豪壯。
同胞們，起來！
同胞們，起來！
拿八百壯士做榜樣。
中國不會亡！
中國不會亡！
中國不會亡！
中國不會亡！
不會亡！
不會亡！不會亡！

# 第六十八章 山口行間施詭計 佳人聚首吐心聲

在臺兒莊戰役中，龍子幸而未死，但也負了重傷，撤運到北平療傷。

美子得到通知，便趕到北平來探視。龍子得到很好的治療、照顧，傷勢已經好轉。美子趕到時，他已經沒有生命危險。他告訴美子是胸部受傷，幸好沒有打到心臟。美子坐在鋼絲床邊，噓寒問暖，也問他有沒有太郎的消息？

「他佔領南京後曾寫信給我。」龍子回答。

「聽說皇軍在南京殺了不少人？還蹧踏婦女？他信上有沒有講？」美子問。

「他提到『百人斬』，但沒有詳細說明，他好像很得意的樣子。」龍子說。

「太郎真不懂事，他一定也參加了屠殺。」

「要是長官要他殺人，他當然不敢不殺。」龍子說：「媽，人一上了戰場，就和野獸差不多了。」

「可是南京不是戰場，聽說中國軍隊倉惶撤退，沒有多大抵抗，留下來的都是老百姓和放下武器的軍人，這就不應該屠殺了！蹧踏婦女是更不應該，誰沒有姐妹妻女？」

「媽，您對我說這些話沒有用，」龍子搖搖頭：「我不是司令官。」

「我希望你不要做那些壞事。」美子說。

「媽，我除了打仗以外，到現在還沒有做過一件壞事。」

「這才是我的好兒子！」她拍拍他，又輕輕問：「你有沒有你父親的消息？」

「我到北平時他已經回九江老家了，現在不知道在什麼地方？山口淑子曾經想要他們兩兄弟回來。」

「山口淑子是誰？她怎麼想要你父親回來？」

「她是軍部的人，她的中國名字是王蘭英，她一直在華北工作，她想利用他們。」

「那她不是白費心機？」美子望著他臉上說。

「她再也沒有找過我，不知道她還找過古美雲沒有？」

「對了，你上次來信說見到她，但沒有說明她對你怎樣？」

「有山口淑子一道，我們講話都不方便。不過我看得出來，她沒有把我當作敵人。」

「那就好，」美子欣慰地一笑：「我打算去看看她。」

「您在她那兒也許可以知道父親的消息？」

「她非常愛護你父親，他們的情感勝過親姑姪。我想她也會和我說真話。」

「要不要我陪您去？」

「你的傷還沒有好，我自己去。我還想會會你父親的表妹和丫頭。」

龍子不清楚文珍、香君和天行的關係，美子沒有和他談過，因此有些奇怪地問：

「您會她們幹什麼？」

「這是我的私事，和你沒有關係。」她笑著拍拍兒子說。

隨後她問龍子需要什麼？她好替他買來，他說醫院裏什麼都有，不必買。的確，醫生、護士對他們這些負傷的皇軍尊敬之至，藥品、飲食，都是最好的，和中國傷兵的情形有天壤之別。

美子一出醫院，就直接找到天行家來。劉嬤嬤看她一身和服，知道她是日本人，有點畏縮，她不會講日本話，只好用中國話問：

「您是不是找錯了人家？」

「沒有。」美子笑著指指翰林第三個字說：「這不是龍家翰林第嗎？」

劉嬤嬤聽她一口京片子，又和顏悅色，膽也壯了起來，笑著點點頭說：

「我家老爺、少爺都不在家，請問您找誰？」

「我找狀元夫人古美雲。」美子笑著回答。

劉嬤嬤又上下打量她，突然想起過去聽說天行有個日本女人，不禁高興地指著美子說：

「您是……您是……？」她「是」了半天不知道怎麼說好？

美子看她結結巴巴，手足無措的樣子，不禁好笑，輕輕地對劉嬤嬤說：

「我是美子。」

「哦，對了！您就是我家二少爺朝思暮想的美子夫人？……雲姑奶奶在後面，我叫當家的帶您去。」

劉嬤嬤隨即「喂，喂」的叫了起來，卜天鵬從後面趕了出來，美子看他身手那麼矯捷，就認定他是卜天鵬，先笑著對他說：

「想必您就是卜師傅吧？」

卜天鵬一怔，北平現在有很多日本女人，他對她們都有戒心，因為上次那個日本女人王蘭英對龍家的情形也清楚得很，莫非這是第二個王蘭英？又是來龍家做工作的，他上上下下打量美子一眼才說：

「不錯！在下就是卜天鵬。請問有何見教？」

「我是東京來的川端美子。卜師傅您別緊張。」她向卜天鵬笑笑：「我是來看看雲姑奶奶的。」

卜天鵬立刻抱拳陪笑，連聲哦哦地說：

「真對不起，恕我失禮！原來是……」

「卜師傅，不要見外，您怎麼說都可以。」她向他坦然笑說。

「我打從心底就想叫您一聲二少奶奶。」卜天鵬說。

「多謝您抬舉。」美子又向他笑笑，笑得卻有些悽涼。

「上次龍子小少爺來過之後，雲姑奶奶更一直記掛著您，我們也是一樣。」卜天鵬說著隨即帶她到後面來看古美雲。古美雲正坐在躺椅上看書，卜天鵬一走到門口就大聲對她說：

「雲姑奶奶，您看是誰來了？」

古美雲連忙起身，朝門口一望，滿面含笑地說：

「如果我沒有看錯，一定是美子了！」

美子笑著碎步跑進來，雙手握著古美雲的手，眼淚差點兒掉了下來，輕輕地說：

「雲姑奶奶，真想不到您居然認識我？」

「您和龍子的照片我看得多了，所以一落眼我就認識。」古美雲笑著招呼她坐下，劉嬤嬤正好端茶過來。

「真對不起，現在不比當年。」古美雲抱歉地說：「這麼大的房子，只有我們三個人了。招待不周，您可別見怪？」

「雲姑奶奶，您別客氣，說來我是晚輩，當年天行在日本總是提到您，我既然來了北平，就非來看您不可，您也別見外，把我當自己人就好了。」美子說。

「我一直把您當自己人。龍家自老太太起，心裏都把您當作龍家的媳婦兒，天行是更不必說了。」

「他現在在那兒？」美子急著問。

「上次他回我的信時還在老家九江。」古美雲說：「現在南京早丟了，他在什麼地方！就很難猜了？」

「當初我們兩人就很耽心會有這種不幸的事兒，現在果然應驗了。我好不容易來到北平，又連他的影兒都見不到。」美子黯然地說。

「當初要不是老太太也擔心這種事兒，你們早就成親了。」古美雲說：「天行也不會雪上加霜，受這麼多折磨！」

「這次龍子也受了重傷，不然我不會這麼快趕來。」

古美雲聽了一怔，問他有沒有危險？美子將經過情形講給她聽。

原來龍子重傷後就要求通知母親來看他。萬一死了，他也要求母親來處理後事，不要火化。所以她才迅速接到通知，坐軍機趕來。

「我應該看看他。」古美雲說

「不急。」美子說：「我倒想先看看文珍和香君。」

「這很容易，」古美雲向她笑道：「我會請卜師傅去通知她們，我想她們也很想見您。」

古美雲一面告訴卜天鵬去請文珍、香君，一面帶她參觀，先到老太太的佛堂，美子看到老太太的照片，打量了半天，古美雲向他介紹老太太的為人，她聽完之後向遺像行了九十度的鞠躬禮，也向觀音大士一鞠躬，她一家人都信佛教。

走進花園，她的眼睛一亮，這正是百花齊放的春天，桃李爭艷，牡丹盛開，尤其是牡丹開得最令她喜愛，園裏的牡丹全是複瓣，紅、紫、白、綠四種顏色的全有，花朵都很大，艷麗無比，古美雲告訴她這些牡丹是天行祖父親手種植的，已經幾十年了。

「牡丹是中國特產，花中之王，我在日本還沒有看到這麼漂亮的牡丹。」美子說。

「牡丹又稱百兩金、木芍藥，有庭園的家庭都喜歡種植。」古美雲說。

「這園子也大得可愛。」美子打量了一眼說。「我們日本家庭沒有這麼大的庭園。」

古美雲陪她在亭子裏坐著欣賞，又十分惋惜地說：

「可惜天行不在家，不能陪妳賞花，不然真是一件雅事兒。」

「我沒有這麼好的命，享不到這樣的福。」美子不禁苦笑。

「天行現在逃難在外，這一園子的花他也看不到。」古美雲說。

「我真想不透，我們軍人為什麼要有這麼大的野心？破壞了這麼美好的世界？」美子說。

「北平還算幸運，這次沒有遭到屠殺。南京可慘了，殺了幾十萬人，婦女更遭殃！」

「雲姑奶奶，我真感謝您還有這麼大的雅量，陪我在這兒賞花。」

「這不能怪您，要是日本人都像您和加藤先生一樣，中日兩國那會有戰爭？」

「可惜我和加藤老師起不了作用。現在我們日本更是槍桿兒說話，老百姓只有唯命是聽，誰也不敢吭聲。」

「龍子傷好了之後，還要不要上前線？」古美雲關心地問。

「他身不由己，我也真替他耽心。」美子說。

「您在北平住在什麼地方？」

「暫時住在旅館裏。」

「那您搬到這兒來住好了，這兒的房間很多，天行的書房也正空著，您愛住多久就住多久。」古美雲對她說。

「我倒真捨不得離開這兒。」她望望週圍一眼，笑著對古美雲說。

「那您儘管住下去好了，我一個人也有點兒寂寞。」古美雲對她說。

「住十天半個月沒有問題，太久也不行，我還有課。」美子說。

「我真希望您能長久住在這兒？」

「我也很喜歡這兒，可是事實上不可能。」

古美雲也不好再說什麼，便帶他參觀房間、中庭，走馬觀花地看看，也費了不少時間，最後才帶她看天行的書房。一切陳設未變，窗下的古箏還是用綠絲絨布套罩著，只是牆上掛劍的大釘子是空著的，那柄劍他早已送給美子作紀念。字畫也未收下，這是他特意要留下來的，彷彿他有預感美子會來似的。

「這個書房比他在東京唸書的那個書房好得太多了！」美子看了四週一眼說。

「他不在家，您就在他這個書房住著，也如同他在家陪您一樣。」古美雲笑著對她說。「而且我們兩人聊天也比較方便。」

她覺得古美雲設想的很周到。也向古美雲笑說：

「雲姑奶奶，難怪天行在東京時對您念念不忘，您真會替人著想。」

「我很瞭解天行，也瞭解你們兩人的感情。」

「那您更瞭解他和文珍、香君的感情了？」

「那和妳不同，」古美雲搖搖頭說：「他和文珍是青梅竹馬，又是表兄妹，雖有婚約，但純潔得像一張白紙；他和香君是主僕情深，雖然也有男女相悅之情，但是藏而不露，也像一張白紙；只有妳和他是千里姻緣，既是情人，又有夫妻之實，這是不同的。」

「可是我們都同樣的傷心。」

「但是您最堅強，您承受得起。要是她們兩人，都會垮掉。」

「加藤老師說天行是個君子，照您這樣說來，那是錯不了的？」

「難道您還有懷疑？」

「要是我有懷疑，我也不會付出這麼大的代價。」

「您很了不起！」古美雲拍拍她說：「連他哥哥天放也很稱贊您。」

文珍匆匆忙忙趕了進來，一看美子正和古美雲聊天，她先叫了一聲「雲姨」，隨即跑到美子面前，握著她的手，兩眼注視著她，半天說不出話來。美子除了和文珍書信未斷外，也交換過照片，自然認得出她來，她笑著對文珍說：

「妳比我想像的更好！今天能見到妳，我真不虛此行。」

文珍聽卜天鵬說過美子是來看龍子的傷，因此她先問龍子的傷勢如何？隨後又感慨地說：

「要不是龍子受傷，真不知道我們什麼時候才能見面？」

「我也想不到會以這種方式來到北平？」美子也感慨地說。

「人生真是個謎，我們都被它作弄得好苦！」文珍說。

美子想起文珍和她的那首詩中「傷情我亦與卿共」這一句詩和她這兩句話，都充滿了同病相憐的意思，知道她是一個用情很深的人，便笑著對文珍說。

「這也可以說是『失之東隅，收之桑榆』，不然我們也不會成為知己。」

「您倒想得開。」文珍望著她一笑。

「您也給了我很大的安慰，不然我也支持不下來。」美子說。

香君也趕了過來，她帶了兩件上好的衣料送給美子。一見面她就把衣料遞給美子說：

「這是我的見面禮，不成敬意。」

美子沒有想到香君一見面就送這麼好的禮物，她笑著對香君說：

「我只是想見您們兩位，真沒有想到您這麼多禮？」

「您千里迢迢到北平來，我又不像小姐一樣和您經常書信來往，初次見面，怎能失禮？」香君說。

「香君，您這樣一來，我倒反而失禮了！」文珍說。

「小姐，我說了您和我不同，您們雖然也是初次見面，可是故交、神交，您以後再送不遲。」香君說著又望望美子：「美子姐，您說是不是？」

美子看看香君不但人長得標緻，又有一顆七巧瓏玲心，說起話來使人聽了格外舒服，難怪天行那麼喜歡她？難怪他當初對自己總是若即若離？她還以為他是個木頭人？如果是她和他換了一個位置，她也不知道如何選擇了？而她們兩位又一個都不能成為眷屬，連自己也不是他的眷屬，這種打頭風也虧他受得了！

香君看美子有些失神的樣子，故意提醒她：

「美子姐，是不是我說錯了什麼話兒？」

「沒有，沒有，」美子搖頭苦笑：「倒是我有些失態了。」

「她家裏開綢緞莊，這兩件禮物，您不必在意。」古美雲笑著對美子說。

「雲姑奶奶，香君這番盛情我很感謝，不過我想的還不是這兩件禮物。」美子也笑著回答。

古美雲問她想些什麼？她才把剛才的感想說了出來。古美雲笑著對她們說：

「您們的事兒我最清楚，我說天行是情劫重重，我真不知道他是什麼命？」

「他在『來今雨軒』和我們兩人作的那首詩，他有沒有寄給您？」文珍問美子。

「什麼詩？我不知道。」美子搖搖頭說。

「是一首絕句，」香君說：「後面兩句是：『平湖秋水明如鏡，不怕風砂不染塵。』」

「這豈不是他的夫子自道？」美子望望文珍和香君說。

「詩言志，正是如此。」文珍點點頭。

「我們日本沒有他這樣的男人。」美子笑著說。

「我們中國也沒有您這樣的女人。」古美雲也笑著對美子說。

文珍請美子上館子吃飯，美子不要她破費。文珍說：

「現在不比從前，劉嬤嬤做不出什麼好口味。以前的廚子都散了，不然我不會請妳上館子，外婆家的菜比館子的還好吃。」

「我聽加藤老師說過，可惜我沒有這種口福。」美子說。

「明兒我把金谷園的廚子叫來，讓您住在這兒也享享口福。」古美雲說。

文珍、香君聽說她要住在這兒更高興，她們也要陪她住一陣子。

她們四人一道上館子小吃。古美雲、文珍、香君三人都是此中老手，古美雲更是美食家。現在北平雖然冷清了許多，館子、小吃店還是不少，只是生意清淡，勉強維持，不像從前車水馬龍，座無虛席。

北平淪陷後，她們三人都很少出門，因為不願向日軍敬禮，更怕日軍無禮，美子一身和服等於是老虎皮，可以減少不少麻煩。

古美雲帶她們去東安市場的潤明樓，這家館子的老闆和她很熟，潤明樓和東來順一樣知名。老闆看她帶了一個日本人來更是歡迎，哈著腰說：

「二爺，您好久不來啦，今天是什麼風把您吹來的?」

「李老闆，今天我請這位東京來的朋友小吃，請將你們的招牌小菜多弄幾樣上來，量不在多，給客人嚐嚐就行。」古美雲對老闆說。

老闆連忙吩咐下去，親自把她們引進一個雅緻的房間，親自奉茶，古美雲叫他不必客氣，他卻十分客氣地說：

「二爺，連您都半年多不來，我真快要喝西北風了，怎敢怠慢？」

「李老闆，現在出來不大方便，我們都窩在家裏，難怪您生意清淡了。」古美雲笑著說：「今天請這位貴客來嚐嚐貴寶號的口味，所以我們就斗膽出來了。」

「二爺，您也怕蘿蔔頭？」老闆輕輕地說。

「我又沒有三頭六臂，我怎麼不怕？」古美雲笑著回答。

老闆望了美子一眼，美子笑著對他說：

「老闆，您講您的，不要怕我。」

老闆聽她一口京片子，連忙道歉：

「對不起，恕我剛才失言。」

古美雲寬慰他，他用手摸摸後頸窩，悄悄退出。

這頓小吃也吃了十五、六樣菜，味道都特別好。美子笑著對她們說：

「這是我這一生最大的口福。天行在東京時我做日本最好的菜天婦羅和壽喜燒給他吃，現在一嚐到您們這種口味，才知道我那種天婦羅、壽喜燒，既難登大雅，更吃不進口了。」

「您們的聰明才智用來做飛機大砲；我們的聰明才智用來修五臟廟，又睡了兩千年的大覺，所以我們落到今天這種地步。」古美雲亦莊亦諧地說。

美子不知道說什麼好？她的心情很複雜。這真是一個悲劇，她知道日本人對不起中國，南京大屠殺更不應該，而她們不但沒有把她當敵人，反而誠心誠意接待，她覺得有些內疚，古美雲說這些話又毫無惡意，完全是自嘲，她只好向古美雲苦笑。

文珍和香君都沒有見過龍子，吃過飯後，她們提議去看看他，美子對她們說：

「他是晚輩，您們不必客氣。」

「這是個悲劇，二表哥不能看他，我們就代表二表哥看看他好了。」文珍說。

她付了帳，又買了水果，由美子帶她們去醫院看龍子。

龍子看到古美雲很高興，他不認識文珍、香君，美子替他介紹，要他叫她們阿姨，他用中國話叫了她們一聲「阿姨」，文珍、香君看他真像天行，不禁百感交集，眼圈兒發紅。文珍對美子說：

「他真太像他父親了！」

「他是我唯一的安慰！」美子對文珍悽然一笑：「可是他這樣來到中國，我們母子兩人心裏都不好受。」

醫院裏都是日本傷兵，談話不大方便，她們在他床前站了一會就告辭出來。

美子請她們先回去，她要到旅館收拾東西。古美雲要陪她去，她說旅館裏不止她一個日本人，還有一個領隊，她要交代一下才能遷出來，她們就不便去了，約好晚上見面，文珍、香君決定來陪陪她。

美子一回到旅館，發現有個日本女人坐在房裏等她，那個日本女人說她是山口淑子。美子一聽她自我介紹，就知道她的身分了。

「山口小姐有何見教？」美子問她。

「您這次到北平來很好，我想借重您一下。」山口淑子說。

「我是個平民，山口小姐不要弄錯了吧？」美子說。

「我沒有弄錯，」山口淑子搖頭笑說：「您和龍天行的關係我很清楚，他們兩兄弟都是留日的，現在我們正用得著他們。」

「他們都不在北平，您怎麼用他們！」美子問。

「所以我要借重您了？」山口淑子笑道：「我想請您寫封信給龍天行，勸他回家。」

「他們兩兄弟都是愛國分子，我寫信沒有用。」美子搖搖頭說。

「您只知其一，不知其二。龍天放現在並不得意，龍天行拖著一家人逃難，日子也不好過。只要您寫信說您住在北平，就能發生作用。」

「我很快就要回東京。」美子說。

「其實您可以不必回去，您在北平的生活我負責照顧。」

「我很久沒有和龍天行聯絡，我不知道他在什麼地方？」

「我知道他們兩兄弟都在武漢，您寫好信交給我，我自然會送到他手上。」

美子想不到山口淑子這樣神通廣大？過了一會她才說：

「現在不是有不少中國人在聽用嗎？您怎麼還想利用他們？」

「周而福這些老官僚不行。」山口淑子搖搖頭說：「我們皇軍要用真有作為的中國人，成立新政府，才能達到『近衛三原則』。」

「他們兩兄弟不會受皇軍利用。」美子用力搖頭。

「我知道龍天行十分愛您，龍天放對您的印象也好，皇軍辦不到的事兒也許您能辦到。」

「要是皇軍辦不到，那我更辦不到。」

「龍天行是個重感情的人。」

「可是他更愛國，他是真正的中國讀書人，不是那些書獃子、半吊子。」

「所以我們才看重他。」

「他是個澹泊名利的人，對我們日本人又十分瞭解，他不會上鉤。他哥哥也是一樣。」

「這倒不必您操心，只要您寫信就行。」山口淑子說著就拿出旅館的信紙信封和一張信稿交給她。

美子知道事情嚴重了！她看看那張信稿：

天行：

我已經抵達北平探望龍子。龍子病重，我心如焚。他更深念父親，望能回家一行，我在府中等候，雲姑、文珍、香君很好，勿念。園中牡丹盛開，順告。

美子四月十五日於北平

美子看了信稿，更覺得山口淑子真的厲害，她笑著問山口：

「您怎麼知道他園中牡丹盛開？」

「上次我陪龍子去他家，發現他園中有很多牡丹。現在正是牡丹盛開時節，難道他園中的牡丹不開？」山口淑子笑問。

美子不能不心折，可是她說：

「信我不能這樣寫。」

「您要怎樣寫？」

「我不能撒謊，我要說實話。與我無關的我不說。」

「那您寫給我看看？」

美子坐下來，拿起桌上早已準備好了的筆墨在信紙上直書：

天行：

龍子重傷，我來北平探視，現已無礙。我在府上小住，定期返回東京。順祝

平安

美子　四月十五日於北平

山口淑子看了搖搖頭說：

「您為什麼要寫成重傷，現已無礙？」

「這是事實，我說了我不能撒謊。」美子回答。

「您在信中應該再加一句：望能回家一行。」山口淑子命令似的說。

「為什麼要加這一句？」美子反問她。

「不加這一句我又何必勞動您寫這封信？」山口叔子向美子似笑非笑地說：「難道您不希望他回來和您團聚嗎？」

「這是我們的私事。」美子說。

「在我看來這是亦公亦私、公私兩便，對您只有好處沒有壞處。」山口叔子目不轉睛地望著美子說。

「對他可沒有好處。」

「他要是回來，在新政府裏我們會重用他，您也可以團圓，成為正式夫妻，對他怎麼沒有好處？」

「他不會為了我出賣他的國家。」

「您這樣相信他？」山口淑子向她冷笑：「我還沒有遇見一個不愛做大官，不愛金錢美人的中國男人。」

「他不一樣。」美子搖搖頭。

「您既然這樣相信他，怎麼不敢加那句話？」

美子被她一激，便提起筆來想加，又突然停住，山口淑子問她：

「怎麼又變卦了？」

「要是我加上了這句話，您可得讓我隨時回東京？」

「絕無問題，我還會替您安排機位，另外還有好處。」

美子相信天行的頭腦不會這麼簡單，不會以私害公。她知道不加這句話山口淑子不會放過她，她只好照加。

山口淑子笑著把信紙取在手中，看了一眼，摺好放進皮包，拍拍美子說：

「謝謝您的合作，要是龍天行回來了，這是您的大功一件，會有重賞。如果一箭雙鵰，他們兩兄弟都回來了，您更會水漲船高。」

「要是他們一個也不回來呢？」

「您這封信也有用處。」山口淑子向美子莫測高深地一笑：「您還是隨時可以回東京，也會有好處，我說過的話算話。」

她隨即嫋嫋婷婷地走了，她那身旗袍比古美雲、文珍、香君三人的還合身，質料也更好。美子望著她的背影十分迷惑，這樣一位完全中國化的美人，誰會想到她是日本人山口淑子？

美子連忙關起房門獨自沈思，她不知道山口淑子用什麼方法把那封信送到天行手裏？又會有怎樣的後果？她想寫封信給天行，阻止他回來，但這又十分危險，因為她知道郵電檢查十分嚴密，萬一落在軍方手裏，他們會以叛國罪來懲治她。她想告訴古美雲她們，覺得也沒有什麼用，徒亂人意，最後還是決定一個人悶在心裏，希望天行能識破玄機。

還是軍方指定他們軍眷住的一家旅館，也是個聯絡站，美子告訴櫃檯她要到外面去住，帳房要她留下住址。

她提著一個小提箱再來天行家裏，古美雲安置她在天行書房裏，她自已住在老太太的房間，文珍、香君來時仍然住在她們以前住的那個房間，這樣比較方便。

文珍要過來陪美子，楊仁和彼得聽了都很高興，而且要正式在八國飯店請她，想和她套套交情。楊通死了，誰打死的？還不知道。他們以為這是私人恩怨，楊仁完全接替了父親的事業，包括和日本人建立的關係。他和彼得都知道文珍和美子是文字之交，又同病相憐，關係良好，都想下這一著棋，文珍卻給他們潑冷水：

「你們別想左了，美子是利用不上的。」

「請她一次客也是我們的禮貌，生意不成仁義在，還有什麼關係？」楊仁說。

「她可不會和你們這些臭男人吃吃喝喝，你別拉著何仙姑叫二姨。」文珍說著就走了。

她帶了一斤長白山的老蔘送美子，老蔘貴重而輕便，美子十分感激。

古美雲和文珍商量怎樣陪美子出去參觀遊歷？美子對北平嚮往了很多年，很想去看看故宮和頤和園。日軍佔領北平之後她們很少出門，更沒有出去參觀，她們不願意碰見日軍。美子是日本人，有她一道應該方便多了。

香君由店裏的伙計陪了過來。她知道美子想去參觀故宮和頤和園，也樂意作陪，她還建議美子把那兩件衣料在北平做兩件旗袍。美子看她們三人和山口淑子都穿旗袍，身材顯得那麼窈窕，曲線玲瓏，心裏早有這個意思。她不但身材好，還想做兩件旗袍留個紀念，東京沒有做旗袍的成衣店，帶回去就只能做和服了。

第二天吃過早飯，古美雲先帶美子到一家替她和金谷園的鶯鶯燕燕做旗袍的好裁縫店量身，老闆看她是日本人，又是古美雲帶來的，便親自動手。古美雲囑咐他做好一點，他一量腰身便笑著對古美雲說：

「三爺，想不到日本女人有這樣好的身材？連金谷園也沒有幾位，我一做出來包妳們看了人人滿意。」

美子聽了也很高興，笑著對老闆說：

「謝謝您的誇獎。」

老闆原先以為她不懂中國話，忽然聽見她說出了一口京片子，不禁紅著臉一笑說：

「幸好我沒有講壞話，請您多包涵。」

古美雲對老闆說三天來取，大家便笑著離開。

她們包了一部車子出西直門直奔頤和園。

頤和園又叫萬壽山，北平很多地方都有兩個名字，像正陽門又叫前門，崇文門又叫哈德門。

頤和園是萬壽山和昆明湖的總稱。總面積有四千多畝，萬壽山佔四分之一，昆明湖佔四分之三，週圍十四里。遠在八百多年前金朝的海陵王完顏亮就在這兒設了金山行宮。萬壽山當時稱為金山，昆明湖稱為金海。元朝時將金山改為甕山，金水河改為甕山泊。明朝時在山上建了圓靜寺，湖濱行宮，又將山改為好山園，水改為大湖泊，也叫西海、西湖。清朝乾隆皇帝將山改為萬壽山，水改為昆明湖，全園改稱清漪園。咸豐時英、法聯軍打進北京，將乾隆時興建的宮殿、亭臺軒閣，拆的拆，燒的燒，清漪園的菁華全毀了。慈禧將成立海軍的經費全拿來修清漪園，比以前修建得更好，她又將清漪園改為頤和園，可是庚子年八國聯軍打進北京，到了頤和園，搶的搶，炸的炸，燒的燒，連同萬園之園的圓明園，都徹底破壞了，比英法聯軍時毀得更厲害。現在能看到的只是劫後殘餘，不過瘦死的駱駝比馬大，破船也有三萬六千釘子，還是夠瞧的。

一路來她們也碰到不少日軍崗哨，因為美子是日本人，又穿了一身華麗的和服，坐在前面，器度高雅，間或有日軍詢問，美子用標準的京都腔回答，日軍也肅然起敬，還向她敬禮。

她們從正門東宮進去，前面不遠就是仁壽殿。正殿七楹，巍峨華麗，從前老佛爺在此召大臣議事。仁壽殿沒有整修，也沒有人管，還是很堅固。再往前走就是戲樓，是皇室看戲的地方，繞過戲樓就是德和園以及湖濱的宜芸館、玉蘭堂、樂壽堂等等，都是美輪美奐的建築。

長廊是最令人神往的，東起邀月門，西至石丈亭，約一千五百公尺長，兩百七十三間。它在昆明湖邊，像一條五彩繽紛的帶子，將萬壽山的景物建築都聯繫起來。其中養雲軒有一楹聯：

「天外是銀河、煙波宛轉；雲中開翠幕，山雨霏微。」

萬壽山前山是名勝菁華之處，從牌坊進排雲門，經排雲殿、德輝殿上一層高似一層，直到全山最高處的佛香閣、智慧海，這些建築都是坐北朝南、雄壯富麗、堂皇無比。佛香閣是三層的八角高樓，視野遼闊，湖光山色，一覽無遺。

她們在佛香閣休息。美子的體力最好，她一路上來，並不覺得累，她穿的是平底鞋，不像那次和天行去瑞龍山瞻仰朱舜水墓一樣穿的木屐，走起來很吃力，這次她覺得輕鬆多了。

古美雲她們三人都很佩服她，她告訴她們和天行去瑞龍山看朱舜水墓的故事，她們沒有聽天行談過，聽她說來倒很新鮮，也才知道朱舜水對日本的影響之大。

「我們日本人如果知道飲水思源，真不應該發動這場戰爭。」美子不禁感慨地說。

「要是日本人都像您一樣，我們不是和手足一般？」文珍說。

「為了天行，妳們也該把我當情敵看待，可是妳們兩位反而把我當作姐妹；為了這次戰爭，妳們也該把我當作敵人，可是妳們對我也沒有一點兒敵意。我自己想想都很奇怪，妳們怎麼會這麼寬厚？」

「我們樂於與人為善，不願與人為敵，對您更是另眼相看，引為知己。」文珍說。

「天行為我們三人忍受了那麼多感情的折磨，他沒有自私的打算，我也很奇怪！要說犧牲，他的犧牲比我們都大。」美子說。

「您真是天行的知己！」古美雲說：「您的話十分公平。」

「我希望我這次到北平來，不會替他惹上麻煩？」美子耽心地說。

「他在後方，您在北平，您和二奶奶河水不犯井水，那怎麼會？」香君說。

「我不是這個意思。」美子向香君搖頭一笑。他終於忍不住說出山口淑子逼她寫那封信的事。

文珍、香君一怔，她們想不到山口淑子那麼厲害？古美雲要他不必過分耽心，她說他們兩兄弟都是深明大義的人，這種事兒不會不慎重考慮。古美雲這樣一說，美子才放心。

她們從佛香閣向下望去，長廊以北，佛香閣兩邊，還有寫秋軒、轉輪藏、瞰碧臺、圓朗齋、重翠亭、意遲雲在、扇面殿、聽鸝館、畫中游、寶雲閣、湖山真意、山色明光一遊亭……這許多有名的建築，湖邊的石舫，更是獨具特色，山後還有五色的多寶塔、諧趣園、香岩宗印之閣。南湖還有島嶼、長堤……。

古美雲在八國聯軍進京之前曾經來遊過兩次，她向美子一一指點解釋。她說：

「這些地方三天也遊不完，從前比現在好得太多，這些名勝建築比歐洲那些建築的層次多，色彩美，最富有詩情畫意。也許歐洲人有些妒嫉，所以兩次放火燒掉。」

「歐洲人怎樣這麼野蠻？燒得實在可惜！」美子惋惜地說。「不到中國，不知道中國的偉大，可惜我不能去遊萬里長城和廬山。」

「以後您再來時，我們再陪您去。」文珍說。

「但願戰爭早日結束，不然妳們陪我也不方便。」美子說。「我想別的地方不比北平，萬一遇到危險，那就糟了！」

她們覺得美子的顧慮很有道理。這座頤和園在「七七事變」之前，真是遊人如織，川流不息，現在卻冷冷清清，少數遊客都是日本人，中國人只有她們三人，還有美子一道，不然她們也不會來。出了北平這個範圍，日本人也不敢亂跑。

美子留戀這兒的景色，不忍離去。古美雲本來想帶她遊後山的諧趣園，讓她欣賞一下那兒的荷花池、水殿、曲廊，領略一下江南風味的精巧庭園。但是時間不夠。美子對那伸入碧綠的湖中石舫倒有興趣，她曾和天行兩次坐船遊蘆之湖，她又想到石舫上坐坐，領略一下昆明湖的風光。

春秋佳日是遊頤和園最好的季節，美子正好趕上繁花似錦的春天，難怪她不想走了。

來到石舫，她們進入船艙休息。船艙是木造的，因為船身在湖上，艙裏十分乾淨，座位舒適，面對一湖碧綠，令人心曠神怡。「七七事變」以前，舫中開設茶座，供遊客休息品茗，一覽湖山勝景，現在既無茶座，中國人亦無此雅興。美子想起她和天行兩次遊蘆之湖時，她對湖邊的那座青山十分欣賞，現在坐在石舫中看萬壽山，和蘆之湖的那座山就大不一樣了！昆明湖也比蘆之湖廣大，這兒的湖山充滿了幾千年的歷史文化氣息，日本沒有，別的國家也沒有。

「我真不懂，英法聯軍、八國聯軍為什麼要把這麼好的地方破壞？」美子看看萬壽山，看看昆明湖，又惋惜地說。

「英國的白金漢宮、法國的梵爾賽宮，都比不上頤和園、圓明園。大概是他們看我們中國人有這麼好的地方，這麼悠久的歷史文化，心裏不服氣，就搶的搶，燒的燒了！」古美雲說；「單只這一處就有八百多年的歷史，他們怎麼拿得出來？可惜我們後代子孫不爭氣，不能保護大好湖山。」

「龍子來中國以前，我一再叮囑他不可亂來，幸好他聽我的話，沒有做壞事。我姪兒太郎在南京，就做了對不起中國人的事，我心裏很難過！」美子說。

「這倒不能怪您。」她們都安慰她。

「我總覺得我們欠您們的太多，這一次戰爭更無法補償。」

「可是別的日本人就和您的想法不一樣，他們認為這次發動戰爭是『膺懲暴支』，好像我們中國人犯了滔天大罪似的？」古美雲說。

「雲姑奶奶，人和禽獸不同，總該有點兒良心。我們把軍隊開到中國來打中國人，又不是中國軍隊去日本打我們，這還有什麼道理？」美子說。「明治維新，真使我們忘恩負義。」

「您這番話要是讓您們自己人聽到那就好了。」文珍說。

「我怎麼敢講？」美子向文珍苦笑：「他們聽到了會把我當叛國分子辦！」

「真是道高一尺，魔高一丈！」古美雲望著美子說。

「今天這種局面，都沒有出加藤老師所料。」美子說。

這時有一位穿西裝的男人和一位穿旗袍的女人走了過來，古美雲從那男人的西裝樣式，一眼就判斷出他是個日本人。美子也分別得出來，立刻噤若寒蟬。隨後她們又看出那穿旗袍的女人是山口淑子。他們兩人走近，山口淑子裝作巧遇似的和美子、古美雲兩人打招呼，她們兩人連忙起立，美子用日語向他們問好，山口淑子卻用中國話向古美雲問好，還說了一句：「妳們真是雅人！」便笑著走開，做出完全是巧遇的樣子。他們兩人走遠之後香君望著山口淑子的背影說：

「真看不出她是日本人！」

「本來日本人和中國人很像，我要是不穿和服，您也未必分辨得出來？」美子笑著對香君說。

「您要是穿上旗袍，那就更像蝶仙姐了！」香君說。

美子只聽天行提過蝶仙的名字，不知道她是怎樣的人？不禁好奇地探問，她們把蝶仙的模樣、性格，講給她聽，她惋惜地說：

「可惜我這次來北平沒有見到她！不然我真想和她結為姐妹。」

「蝶仙姐是個聰明可愛的人，老太太在世時，她更是個開心果兒。這些年來，二少爺要是沒有她，更會悶死、愁死。」香君說。

「今天我們要是有她一道，會更有意思。」文珍說。

美子面對著這麼好的湖光山色，自然想起天行，她一想起和他兩次遊山中湖、蘆之湖時，心中就泛起一絲絲甜蜜、美好、優雅的漣漪，她還記得她對他說過的話：

「你是那座青山，我是這一湖綠水……」

現在她才覺得蘆之湖的那座青山不能比他，因為那是一座原始的山，這座萬壽山有許多亭臺樓閣、紅牆綠瓦，掩映在濃陰之下，充滿詩情畫意和幾千年的中國文化氣息，這座山才能比他。因此她幽幽地說：

「可惜今天還少了一個人。」

# 第六十九章　兄弟密商擒奸細　日機濫炸逞凶殘

天行突然接到一通電話，對方說是剛從北平出來的，有很重要的事要當面告訴他，請他到華中旅社去一下。對方是一口的京片子，對北平的情形十分熟悉，對他家中現狀也很瞭解。他離家快一年了，自然有些想念，便匆匆趕到華中旅社。

華中旅社是一個中等旅社，他在二樓一個房間找到了那位在電話中自稱叫杜一平的人。他是一位三十多歲的人，天行一看他的衣著舉止就知道是老北平，自然像遇見鄉親一樣高興。不過他是怎麼知道自己的住址和電話號碼的，不免有些懷疑？因此他問：

「杜先生，您一到漢口怎麼就知道我的住址和電話號碼？」

「龍先生，人的名兒，樹的影兒。您龍先生的大名知道的人很多，我一打聽不就打聽出來了？」他向天行笑說。

「杜先生，請問您有什麼要事相告？」天行急著問。

「龍先生，事情是這樣的：不瞞您說，我有寡人之疾，歡喜到八大胡同逛逛，尤其是金谷園的常客，這樣自然就認識了古二爺。她聽說我要出來，就拜託我一件事兒。」

「什麼事兒？」

「龍先生，您不是有一位日本夫人川端美子嗎？」杜一平望著龍天行說。

天行微微一怔，沒有及時回答，他又笑著說：

「龍先生，這有什麼關係？我們的留日前輩，當年在日本誰沒有過一段羅曼史？何況您龍先生又是一表人才，您這段羅曼史又和別人不同，實在令人迴腸盪氣。也就是因為這樣，我才受古二爺和您那位日本夫人之託……」杜一平故意不說下去。

「美子在東京，她怎麼會託您？」天行有些奇怪。

「龍先生，人是會走的動物，她又不是一棵櫻花樹，長在東京不會動。」他笑著回答。「她現在正在北平，而且住在府上。」

「您見過她了？」天行又急著問。

「當然見過！」杜一平點點頭：「不然她怎會託我帶信？」

「信呢？」

「我打在包袱裏。您不來，我還不敢輕易打開。受人之託，忠人之事，這道理我還懂得。」

他一面說話一面解開包袱，抽出一個沒有寫收信人姓名的旅館專用信封，天行抽出信紙一看，是美子的筆蹟。他不禁發問：

「她怎麼知道我在漢口？」

「龍先生，您想想看？您的老家九江也快丟了，您還會待在九江等日本皇軍不成？古二爺又是何等人物？她們當然會想到您逃到漢口了。」

「她們現在的情形怎樣？」天行關心地問。

「她們很好！北平也早已恢復正常，府上草木不驚，我來時府上花園的牡丹正在盛開。您的表妹文珍，丫鬟香君也都在府上陪川端夫人，她們十分快活，希望您們早日回家，不要在外面受苦。」

「這一大家人，我怎麼回去？」天行故作為難地說。

「她們正是為您著想，您拖著這一大家人逃難，不但艱苦，而且危險。日本飛機到處轟炸，炸彈又不長眼睛，後方和前方一樣，甚至更加危險。」

杜一平說的不錯。日本飛機已經開始濫炸武昌，死了很多人，紹地、紹芬隊上的同學就死了好多位，死得都很慘，紹芬、余純純、劉安娜這些女孩子都駭得哭了起來，有幾位膽小的還中途打了退堂鼓。現代戰爭已經沒有什麼前方後方了。同時他知道日本飛機還要對武昌實行地毯式的轟炸，日本海軍正在溯江西進，華中派遣軍亦沿隴海路進攻，對武漢夾擊包圍，出動了八個半師團和特種部隊的兵力，希望一舉攻下武漢，解決這場戰爭。抗戰是一天比一天艱苦。他也禁不住問杜一平：

「杜先生，您既然知道這種情形，您為什麼還要逃出來？」

「龍先生，我和您的情形不同。」他笑著回答：「我兩肩扛一口，包袱一個，我姑爹在四川，他很有錢，只是人手不夠，他要我去幫忙。」

「那您還要去四川了？」

「不錯，」他點點頭：「我不會待在漢口。」

隨後他又從包袱裏拿出一個小布包，遞給天行說：

「龍先生，這裏面是十根大條子，古二爺和您的日本夫人要我交給您做全家的路費，我可不敢私吞。」

天行一愣，他想古美雲怎麼會這麼冒失交給他這一大筆錢？杜一平馬上對他說：

「龍先生，您不必多心。我在北平有家有室，古二爺過的橋比我走的路還多，她知道跑得了和尚跑不了廟，她敢託我帶來，您還不敢收下？」

「杜先生，我不是這個意思。」天行連忙改變口氣：「我有了這筆錢自然可以回去，不過沿途關卡重重，錢多了反而危險，您是識途老馬，您能不能陪我通過火線關卡？到了安全地帶您再回來？」

杜一平故意顯出為難的樣子，天行取出一根金條交給他說：

「杜先生，我不會讓您白跑一趟，這根條子做為您回來的路費，不知道夠不夠？」

「路費不成問題，只是關卡上要使些買路錢。」杜一平說。

「買路錢由我負責好了。」天行說。

「那我就捨命陪君子好了。」杜一平忽然爽快起來。「不過，您要是回去可得快一點兒，我不能在漢口久待。」

「三天行不行？」天行問他。

「那是最多了！」他考慮了一會兒說：「我已經訂好了去重慶的船票。」

「杜先生，我這一個大家，不是說走就能走的，我還得安排一下，我怕影響家兄。老實說，要不是為了美子，我真不該回去。」

「這我知道。古二爺對我說過，您不像我好尋花問柳。您是個情聖，所以日本女人才對您死心塌地。」

「情聖可不敢當，只是美子和我的情感非比尋常，我也想看看親骨肉龍子。」

「這是人情之常，我是捨得掉老婆，可捨不掉兒子。」

他們約好了會面的時間，天行便告辭出來。

天行拿著這一包金條，愈想愈不對勁。古美雲沒有一個字兒交代，美子的信上她也沒有附筆。這一包金條的來歷不明。再說她們又怎麼知道他在漢口？杜一平又怎麼那麼容易找到他的住址和電話號碼？這都是疑問。他連忙過江到武昌找天放。和他研判杜一平這個人是何方神聖？

天放聽他把前後經過情形說明之後，便說：

「杜一平這個人大有問題！現在日本人的間諜在武漢十分活躍，漢奸多得很，先把他逮住弄個水落石出再說。」

他隨即打了一個電話到漢口治安單位，通知他們有這麼回事兒，請他們立即採取行動。

「這九根金條怎麼辦？」天行問他。

「暫時保存在我這兒。如果真是雲姑的，我們就留著家用；如果是日本人收買你的黑錢，我就繳給政府。」

天行覺得這樣很好。他們又對時局交換了一下意見，認為日本人自臺兒莊戰敗之後，集結了陸、海、空軍的力量向武漢進逼，當然勢在必得。

「日本人是以戰逼和，同時扶植淪陷區傀儡組織，我們打的是消耗戰，以空間換取時間。戰爭會一直打下去，到了山岳地帶，他們就不會那麼順利，戰線愈長，對他們愈為不利，點線以外，他們就沒有辦法控制。」這是他們兩人的共同看法。

天行離開天放不久，就遇著空襲警報，他就近跑到蛇山躲避，他看見我們的驅逐機一架架的升空，爬進雲端，在高空中看起來真像一隻隻蚊子，在武漢週圍高空嚴陣以待。中國空軍除了「八一三」淞滬之戰最初幾天，給了日本航空隊慘重的打擊之外，以後就喪失了制空權，因為本身飛機太少，損失了一下子補充不起來。這批驅逐機，數量也不會多。

緊急警報不久，就聽見像老牛喘氣一般的笨重的轟炸機聲，第一批九架，成品字形飛進武昌上空，蛇山一帶的高射砲好像射不到那麼高？看來真正急人，而轟炸機上的炸彈，卻噓噓噓地投下來，在陽光中閃著銀色的亮光，落在地上卻造成陣陣腥風血雨，房屋一棟棟倒下，煙飛火起，鬼哭神嚎。

突然驅逐機從雲端俯衝而下，朝著品字形的日機射出一串串曳著銀光的槍彈，立即有三架日機冒起黑煙，在空中搖搖擺擺，在蛇山上躲警報的人都忘記危險，站起來鼓掌歡呼，又跳又叫。那九架飛機隊形大亂，三架受傷的飛機拖著一股黑煙向長江和郊區打著轉兒栽下去，蛇山上又爆出一陣陣歡呼。其他六架東逃西竄，驅逐機緊叮著不放，一串串子彈格格地朝著低飛逃逸的日機射擊，日機又一架架冒起黑煙。有一架驅逐機也受傷冒煙，駕駛員不跳傘棄機，反而將飛機朝著一架笨重的日本轟炸機直衝過去，轟然一聲，兩架飛機變成兩團火球，掉進滾滾的長江。大家又是歡呼，又是歎息，天行的眼淚不自覺的掉了下來，掉進蛇山的泥土。

天空中還有許多飛機單打獨鬥，日本四批飛機早已被驅逐機衝得七零八落，轟炸機變成了活靶子，護航的戰鬥機也自顧不暇，紛紛中彈起火，轟然一聲爆炸，或是拖著一股黑煙，落荒而逃。

警報解除之後，天行才慢慢隨著人潮擠到江邊，慢慢擠上渡輪，等他到達漢口時，碼頭上已經有報販叫賣號外，他買了一張來看，這場空戰一共擊落日機二十一架，我方驅逐機也損失五架。而這天晚上的外國通訊社報導，卻說三十六架日機，一架也沒有返回基地。

天行回到家裏，把親眼目擊的空戰情形講給大家聽，杏芳說她們在陽臺上也看到空戰，只是沒有他在蛇山看得清楚。隨後他又把杜一平的事悄悄告訴蝶仙，蝶仙一聽完就說：

「這裏面一定有鬼！」

「您看是什麼鬼？」

「一定是日本鬼子釣魚，想您回去做傀儡。」蝶仙說：「說不定還想釣上您哥哥？」

「我也是這樣想。不過信倒是美子寫的，杜一平也是北平人。」

「美子是他們的餌，他們用這個餌來下釣，倒是高招。」蝶仙說：「不過杜一平這顆棋子，下得有些冒險。」

「他們沒有辦法要雲姑做說客，自然只好退而求其次了。」

「美子這次來到北平，可惜我們不能見到她。」

「您看她望我回家一行這句話是她自己的意思還是別人的主意？」天行把美子的信交給蝶仙看。

「我看她這封信完全不是她自己的意思。」蝶仙看了一眼，斷然地說。

「何以見得？」

「第一、望能回家一行這句話是加上去的，顯然不是初意，而且她也不可能派人送信；第二、她要是自動寫信，雲姑、文珍、香君她們不會不知道，即使她們不寫，也會附筆問候；第三、雲姑更不會把十根大條子輕易交給杜一平這位我們都不認識的人；第四、她們不會知道我們在漢口，更不會知道我們的住址和電話號碼。第五、這封信是在旅館寫的，不是在我們家裏寫的。我看這裏面的鬼可大啦！」

天行聽她這一分析，恍然大悟地說：

「蝶仙姐，您真是我們家的女諸葛！我和哥哥都沒有您看得的這麼透澈。」

「您是當局者迷，我是旁觀者清，幸好您不糊塗，不然很容易上鉤。」

「日本人大概就是利用我這個弱點？」

「蒼蠅不叮沒有縫的蛋，正因為您和美子的關係，所以他們才下這著險棋。您又不想做官，不然他們怎麼會想到利用您？」

「看來人是不能有一丁點弱點的，不然就會被人利用。」

「其實這並不能算是您的弱點，兒女情長是很正常的事兒。」

「可是正常的情感，往往會被不正常的企圖利用，像項羽要在城門樓上烹劉邦的父親，逼劉邦投降，就是利用了父子親情。」

「劉邦為了和項羽爭天下，他不顧親情，可以說是一位狠人；您和劉邦的情形可不一樣。」

「怎麼不一樣？」

「一來我判斷這封信不是美子自願寫的；二來您不回去不是狠心，是為了大義，這就大不相同了。」

「可是我心裏對美子又多了一分虧欠。」

「我想美子不會怪您。她說定期回東京就是向您暗示。」

「果真如此，那她真是太體諒我了！」

「我們女人明大義的很少，我認為美子就是這些地方可愛，她不拖您下水。」

「她很嚮往北平，我希望她能多住些日子，看看名勝古蹟。杜一平說我們花園裏牡丹盛開，她正好遇上了，讓她知道櫻花之外還有牡丹。」

「您這麼一說也使我犯起鄉思病來了，牡丹花兒實在太可愛，現在真是有家歸不得！」

「大嫂子，什麼有家歸不得？我看明明是有人樂不思蜀，害得我們在外面做難民。」周素真從陽臺經過，撂下這幾句話又走了。

蝶仙聽了好笑，天行卻罵了一句十三點，又歎了一口氣。

一周後，武漢各大報刊出了一則這樣的新聞：

【本報訊】最近我方緝獲漢奸杜一平，破獲日寇武漢間諜站，獲悉日寇為達到滅亡中國目的，現正雙管齊下，一面積極扶植淪陷區傀儡組織，成立偽政權，以北平、南京兩地為領導體系，一面發動鉗形攻勢，企圖直下武漢。按杜一平原名李仲卿，化名自平潛抵漢口，勾引我志士未果，武漢間諜站首腦大漢奸蘇繼秦，聞風逃逸。望我軍民提高警覺，抗戰到底。

這件事只有天行、天放、蝶仙三人知道，龍從雲夫婦、周素真和杏芳他們這些女孩子都被瞞住，甚至連跑文教新聞的紹人也不知道，所以他們看了報紙都無動於衷。只有天行、蝶仙暗自高興，天行更佩服蝶仙料事如神，天放也暗中向天行道賀。

這時溯江西犯的日軍已繞過馬當要塞，直逼九江，龍從雲十分著急，一方面耽心九江家人的安全，一方面耽心他那些骨董字畫。

他的骨董字畫已經運到廬山頤園收藏，龍從風帶著紹君、紹智、梁忠在山上避難。龍從雨先帶著十來位熟練工人和太太隨軍方搬運機器的卡車遷往大後方，其餘家人躲到鄉下張家洲親戚、佃戶家中避難，高中應屆畢業生紹忠、紹勇、紹雄三人則投奔武漢從軍。他們一大家人這樣分散，是避免一鍋爛。城裏一人不留，以防南京大屠殺慘劇重演。

紹忠、紹勇、紹雄三位堂兄弟離家時水陸交通已斷，因為上游田家鎮要塞已經封鎖。他們只好搭乘南潯鐵路火車到南昌，再轉湘贛鐵路、粵漢鐵路到武昌從軍，他們知道紹武和天放都在武昌，準備追隨他們。

南潯鐵路早已不賣票，所有來往南昌、九江的火車都是載運部隊和軍需物資，而且沒有定期班車。他們沒有出過遠門，起先還以為沒有車票不能上車，不敢闖進月臺搭霸王車。錯過了幾列火車都沒上去。後來看情形不對，有人偷偷溜進月臺，偷偷上車，他們才如法炮製，到天快黑時有一班貨車要開，他們才溜進去擠在車門口，因為到處擠滿了人。

他們在車門口擠了一夜，眼睛都不敢合攏一下。貨車走走停停，他們不敢中途下車，天亮時才到南昌牛行車站，下車吃點東西。他們本來想在南昌玩一天，但又遇上警報、轟炸，不敢停留，下午就趕到湘贛路車站候車。

這兒的車票已經預訂到兩個月以後，在車站候車去湖南、武漢的人很多，都是難民和流亡學生。這條鐵路的車廂更是五花八門，有平漢路、隴海路、津浦路、浙贛路、湘贛路的。向東開的載的都是武裝部隊，過站不停，他們嘴裏都高唱著：「大刀向——鬼子們的頭上砍去！」之類的慷慨激昂的軍歌飛馳而去；向西開的全是難民和流亡學生。他們知道買票沒有希望，也不能等。他們看到車頂上都是人，知道那都不是買票的乘客，他們也擠進月臺，找機會上車。只要是向西開的，他們就不放過機會。車子開往什麼地方？站上人員都守口如瓶，他們只好從乘客口中探聽一點消息。有的乘客說：

「我們也不知道車子開到什麼地方？」

有的乘客說：

「我們也是走一站算一站，反正比兩條腿快。」

他們得到這個啟示，也打算走一站算一站。

這天他們沒有擠上車，在車站過了一夜。車站上橫七豎八躺了許多上不了車的人，他們一夜未睡，也在水泥地上呼呼大睡了。

一覺醒來，天已大亮，他們跑到車站廁所漱口洗臉，廁所也擠滿了人，好不容易輪到他們，匆匆漱洗完畢，便跑到車站外的攤子吃早點，卻看見一位同學陳其昌在附近徘徊，他們連忙向他打招呼，他高興地跑了過來，他們問他吃過早點沒有？他紅著臉搖搖頭。他們知道陳其昌的家境不好，完全靠獎學金讀書，每學期他都包辦第一名。他本來打算一畢業就找事做，現在日本人打來了，那有事做？他們沒有想到他也會逃出來？他們請他吃早點，他很感激。他對他們說：

「我向姑母借了一塊大頭才逃出來，不知道這一塊大頭能不能逃到武漢？」

「你放心，你和我們三人一道，一定可以逃到武漢。」紹忠安慰他說。

「那我真是遇到貴人了！」他感慨地說：「我姑母只肯借我一塊錢，多一文也不給。」

他說著不禁流下淚來。

原來他姑母是個出家人，是帶著一大筆嫁粧出家的。那時他祖父當家，是個殷實的地主，兄弟們都沒有分家，他這位姑母不願出嫁，祖父給了她一大筆嫁粧，自己蓋廟修行，還有錢放息，買了不少田地，收了兩位徒弟，是一位富尼姑。可是他父親分家以後，不甘心守著那一份家產，改做生意，因為不是生意人，又愛面子，講義氣，欠賬的人多，還錢的人少，就將一份祖產賠光了，大伯父安分守己種莊稼，也只能自保。二伯父是讀書人，正直士紳，急公好義，不事生產，又養了一位偏房，一份祖產也坐吃山空，平時拆東牆補西牆，但對他十分照顧，他讀中學都是在他家中吃住。現在日本人來了，他搬到鄉下去住，對這位姪兒也愛莫能助。他只好同父親去求助姑母。一方面是他父親同姑母的感情不好，一方面是她有兩個精靈古怪的徒弟，再加上他又很有自尊心和幾分傲骨，平時不願向姑母低聲下氣。這次是為了逃難才父子兩人一道去向她借錢，費了不少口舌，惹了一場氣受，才借到一塊大頭。昨天晚上才從九江逃了出來，據說這是最後一列車，因為要挖鐵路，阻止日本人向南昌進犯。

他們三人知道他這種情形，對他更加同情。

他們吃完早點又回到車站，溜進月臺，月臺上停了一列車，不知道什麼時候開？今天又是個大晴天，大家十分耽心，因為連日都有空襲警報，南昌已經炸得很慘，人心惶惶，白天沒有市面，八點以後大家便紛紛去郊外躲警報，車站也是轟炸目標，但他們怕火車突然開走，不敢離開。在月臺上等待機會的多是他們這種年輕人，他們除了隨身帶著的換洗衣服之外，沒有衣箱行李，行動方便。

果然，一到八點就放警報，他們四人和大家一樣穿過鐵路向田野跑，稻田裏一片金黃，他們沿著田埂小路，向有大樹和農家的地方跑，太陽很烈，沒有遮陰的地方受不了，離開車站兩、三里遠，他們才在一棵榕樹下停了下來。

半小時後就放緊急警報，日本飛機大概已經過了九江。緊急警報像殺豬一樣尖叫，使人心驚肉跳。整個南昌市都在警報聲中癱瘓了，車站也看不見一個人。

漸漸聽到轟、轟、轟的機聲，遠遠的上空出現了三架飛機編成品字形的隊伍，向南昌市上空飛來，強烈的陽光照在飛機身上閃閃發亮，飛機在市區上空轉了半圈才投下炸彈，炸彈也閃著亮光紛紛落下，發出一聲聲轟轟巨響，冒起一陣陣濃煙，一團團火光。沒有飛機攔截，沒有高射砲射擊，由日本飛機自由自在地轟炸，飛機的高度大概不超過一千公尺，飛機上的膏藥旗隱約可辨，轟炸完畢才揚長而去。他們以為不久可以解除警報，想不到又來了三架飛機照樣轟炸一番，城裏又升起很多柱黑煙，一片火海。第二批飛機走後二、三十分鐘，又來了第三批，也是三架，市區上空已是一片黑煙，一片火海。這三架飛機轟炸過市區之後，還飛到車站用機槍掃射一番，它們俯衝時那腥紅的太陽旗看得十分清楚。他們四個人恨得牙癢癢的，但是，他們手無寸鐵，丟石頭又打不到飛機。很多人都在咒罵，但是日本駕駛員聽不見，豈奈他何？

大家躲到下午三、四點鐘才敢回到車站。恰巧有一列火車到站，車上坐滿了人。這列火車是向西開，下車的人很少，站在月臺上的人卻一擁而上，車門擠不進去，年輕人都往車頂上爬，他們四人也爬上車頂。年紀大、有行李的人只好乾瞪著眼看著他們。他們肚子裏餓得咕咕叫，但是不敢下車，生怕車子開走了。

車子在站上加水加煤，折騰了個把鐘頭才開。他們坐在車頂上，鐵皮曬得燙屁股，真像坐在烤箱上一樣，他們只好把小包袱墊著坐，但這樣不大安穩，不免提心吊膽。

贛江兩岸是江西穀倉，田野裏成熟的稻穗一片金黃，這麼大好的田園，不久可能會被敵人的鐵蹄蹂躪，大家看在眼裏，痛在心裏。忽然車廂裏有人唱起〈松花江上〉，一人開頭唱，大家都唱了起來，車廂裏、車頂上都是一片淒涼的歌聲：

我的家在東北松花江上，
那裏有森林煤礦，
還有那滿山遍野的大豆高粱。
我的家在東北松花江上，
那裏有我的同胞，還有那衰老的爹娘。
九一八，九一八，
從那個悲慘的時候，

脫離了我的家鄉，
拋棄了那無盡的寶藏，
流浪！流浪！
整日價在關內流浪。
那年、那月，
才能夠回到我那可愛的故鄉？
那年，那月，
才能夠收回我那無盡的寶藏？
爹娘啊！爹娘啊！
什麼時候，才能歡聚在一堂？

唱著，唱著，很多人都淚流滿面。坐在他們四人身旁的一位二十出頭的魁梧青年人，竟嘓嘓地雙手抱頭哭了起來。

他們都很震驚，男兒有淚不輕彈，他們也因為這首歌而流過不少次眼淚，但沒有像這位堂堂的大男子漢這麼哭過。紹忠看他那麼大的塊頭，又哭得這麼傷心，輕輕地拍拍他說：

「這位大哥，請問您是不是東北人？」

他慢慢抬起頭來，望著他說：

「不錯，我是瀋陽人。」

「難怪您比我們更傷心。」紹忠說。

「您們這幾位老弟，大概還是剛開始逃難吧？」他打量他們四人一眼說。

他們都點點頭，他又接著說：

「你們沒有見過日本兵，沒有嚐過亡國奴的滋味，還沒有到傷心處。我流亡關內五、六年，離家愈來愈遠，一聽見〈松花江上〉的歌聲，我就忍不住哭。」

隨後他說出自己的故事：

「九一八」那天晚上，日軍攻進北大營，佔領兵工廠，噓噓的子彈聲從他屋頂上飛過，他們一家人從來沒有經歷過這種變故，駭得直打哆嗦，一夜沒有闔眼。天一亮就從門窗縫中窺見身穿黃泥軍服的日本兵，在大街上耀武揚威，列隊而過，皮靴踏在街上，發出篤篤的響聲，像踏在他們的心上。街上來往的電車上，貼滿了「滿洲國成立萬歲」、「維持東亞和平」的紅紅綠綠的標語。他上學時經過日本崗哨，沒有行禮，捱了兩耳光，一皮靴，和一句「八格野鹿」，連哭都不敢哭。走到學校，才知道校長換了日本人，旗桿上也懸掛著紅、藍、白、黑、黃五色旗，不再是青天白日滿地紅的國旗。朝會時日本校長在旗桿前訓話，要他們記住現在是大同元年的滿洲國人，還要音樂老師教他們唱滿洲國歌：

滿洲大地產春陽
東亞黎明銀曙光
快哉民眾三千萬
大同世界合萬方
五彩國旗新表現
新國民眾意洋洋

此外還規定他們要學日語。他最討厭那種硬梆梆的日本話，學不好，日本老師當眾打過他幾次手心。日軍清查戶口時，發現他家裏藏了一幅青天白日滿地紅的國旗，當場一槍把他父親打死。在大雪紛飛的大年三十夜，他懷著悲愴的心情，逃離瀋陽，在北寧路上又受到日軍和漢奸的盤查侮辱，這時他才十六歲。

到了北平，他討過飯，做過小工，賺了一點錢又半工半讀，讀讀停停，好不容易熬到高中畢業，北平又淪陷了，他就一路往南方逃，逃逃停停，逃到南昌做了兩個月的事又不得不逃。他總希望早一天回到東北老家看看可憐的寡母，想不到反而愈逃愈遠，真不知道那年那月才能回到故鄉？

說到這兒他又哭了起來。

「您有沒有想過投考軍校，打回家鄉？」

「我也考過一次，因為功課荒廢太多，沒有考取。」他坦白地回答。

「我們都是去武漢從軍，您和我們一道去考好了。」紹忠對他說。

「不知道考不考得取？」他有些猶疑。

「我可以幫您的忙。」紹忠說。

他有些懷疑，紹忠便說出他和天放、紹武的關係，他也覺得這是一線希望。他們問他貴姓？他這才說出他叫余志中。

天漸漸黑了下來。車子到達清江，車站上除了小販之外沒有什麼人，他們這才放心，紛紛爬下車頂，上廁所，買鹽茶雞蛋、包子、饅頭充饑。他們三兄弟有了一天捱餓的教訓，買了兩頓吃的東西帶上車頂。他們不知道車子會停多久？守住車頂的位置，直到半夜車還沒有開，他們便在車頂上睡了起來，一覺睡到天亮，車還停在原地未動，不知道是什麼緣故？下車問也問不出來，急也沒有用。拖到八點多車子才開，太陽卻漸漸曬得皮膚發痛，舌乾唇焦，人變成了烤鴨子，十分難受。余志中勸他們忍耐，他說：

「我十六歲離開瀋陽，流亡這麼多年年，吃的苦你們想也想不到，我還不是熬到了現在？以後即使更苦，我也要熬下去。」

「您怎麼受得了？」他們四人都這麼問他。

「還不是為了要回東北老家見我老娘？」他哀惋地說。

「但願您能如願以償。」

「要是回不了東北老家，見不到我的老娘，我死也不會瞑目。」他說著又流下了眼淚。

在車頂上烤了幾個鐘頭，人都快烤乾了，車子總算到了宜春。有人在宜春下車，看樣子都是打算在宜春暫居下來。他們也連忙下車搶位子，可是比他們動作快的人更多，有的是從車頂上跳到月臺，又從窗口爬進車廂，他們慢了一步，只佔到車門口的位置。然後一個個輪流下車喝水、方便，買東西上車吃，站在車門口他們彷彿從煉獄升到天堂，覺得從來沒有這麼舒服。

到了株州又遇上警報，他們跟著大夥兒往山上跑。

株州是個大站，是粵漢路、湘贛路的交叉點，軌道縱橫交錯，看得人眼花撩亂。他們希望車站不要被炸，免得耽誤行程。

來了三架日機，在車站投了幾顆炸彈，在市區投了不少，市區的房屋不少冒煙起火，車站沒有炸中，旁邊的臨時飯館卻起火燃燒。

警報解除後他們才回到車站，炸死的人用草蓆蓋著，血腥火藥味令人作嘔，大頭蒼蠅圍著屍體忽起忽落，慘不忍睹。

他們擠上了從廣東開來的列車，他們三兄弟擠在車門口，余志中和陳其昌爬上車頂，這樣一路上上下下，左折騰、右折騰，熬了兩天兩夜才到武昌。

到武昌時是晚上九點，紹忠他們三兄弟不能去找堂兄紹武，只好在一家客棧住一夜再說。由於這一路來又髒又餓又沒有正式睡過覺，他們吃過飯洗過澡之後就呼呼大睡，直睡到警報把他們驚醒。他們拎著小包袱就往外跑，街上的人像斷頭的雞亂蹦亂跳亂跑，他們不辨方向，不知道向那兒跑?只好向附近的防空洞鑽，小防空洞都擠滿了人，鑽不進去，他們找到一個大防空洞，勉強擠了進去。緊急警報又響了起來。不久就聽到嗡嗡的機聲自遠而近，漸漸變成轟、轟、轟……的聲音，特別駭人，不像他們聽到過的三架、九架機聲，彷彿是一大群，炸彈也由遠而近一路炸過來，好像一陣陣地震，防空洞東搖西晃，泥土紛紛墜落，大家嚇得發抖，牙齒咯咯響，有的人不停地念阿彌陀佛。炸彈像暴雨一樣落下來，發出匡、匡、匡的巨響，空中還不斷地發出炸彈投下來的嘘嘘的嘯聲，突然附近連中了幾顆炸彈，一陣狂風捲了進來，他們頓時喘不過氣兒，耳朵聽不見聲音，防空洞跳了幾跳，他們心想完了!完了!都閉著眼睛等死。真是萬幸!防空洞沒有塌下來，炸彈也投完了，飛機的轟轟聲也變成嗡嗡聲由近而遠了。他們睜開眼睛向外一看，才發現站在洞口的警察已經炸死，血肉模糊的躺在地上。這次來轟炸武昌的一共是九九八十一架飛機。

洞裏的空氣太壞，裏面的人受不了往外面擠，他們被擠出洞外，放眼一看，到處是濃煙、火光，橫七豎八的屍體，電線桿上都掛著一節節的腸子。血腥火藥味衝鼻而來，幾乎使人暈倒，整條大朝街都化為瓦礫灰燼，那些小防空洞都塌了，他們住的那家旅館也夷為平地。如果真有地獄，這就是人間地獄。

警報解除後他們就一道去找紹武，紹武看見他們三兄弟既驚又喜，紹芬看見他們抱著他們哭了起來。

紹忠把他們要從軍的意思向紹武說明，還特別介紹余志中，要他幫忙。紹武一口答應，要他們把證件交給他，他好代他們報名。

「你們趕快過江到二叔家去，今天沒有炸死算你們命大，我隊上都炸死了三個學生，我還要料理後事，我不能照顧你們。」紹武一面對他們說，一面揮揮手要他們走。

紹芬告訴他們怎麼走，她把他們送到營門口才流著眼淚回來。

他們來到天行家裏，大家也是又驚又喜，聽他們講過轟炸情形，蝶仙歎口氣說：

「你們真是命大！」

紹忠向他們介紹余志中和陳其昌，大家對他們兩人都很同情鼓勵，余志中知道天行一家是從北平來的，便有一種親切感。他這個大塊頭，又是一臉忠厚耿直相，他們一看就知道他是東北人。東北人流亡在北平的很多。他十六歲就單獨流亡，很不容易。

他們在客廳裏打地鋪住了一個多星期，才過江考試，考完了又回來，因為武昌天天挨炸，他們考試時也中斷過，不是一氣考完的。

放榜那天上午，紹武打電話過來，說他們四人都是正取，余志中是備取，他要余志中一道去報到，他估計一定有不少人考取了不去。最近日機濫炸武昌，武昌有不少人白天都往漢口跑，晚上才過江來。

天行問他們是不是都打算去報到？余志中說：

「我逃難已經逃夠了，既然有了這個從軍的好機會，我發誓要打回東北老家去，亡國奴不是人當的。」

他們四個人也沒有一個人退縮，紹忠說：

「連紹芬都從軍了，我們男子漢還能做縮頭的烏龜不成？」

「也虧了紹芬，她終於挺了下來。」蝶仙說。

「我現在才服了她，她是比我們強！」紹珍說。

「你們都是龍家的好子孫，沒有丟祖宗的人。」龍太太安慰她們說：「連天祿最後也爭了一口氣，使我對他另眼相看。」

天行為了鼓勵他們，在報到前夕，請他們上館子吃了一頓，也看了一場戲。

他們報到這天日機又濫炸武昌。晚飯時紹武突然打來電話，蝶仙接聽，紹武說：

「日本飛機轟炸南湖營房，紹勇和余志中都炸死了！一定是有漢奸通風報信，不然不會這麼巧，學生一報到就挨炸，而且都是殺傷彈！」

蝶仙震驚得目瞪口呆，聽筒差點掉下來。龍太太連忙問是怎麼回事兒？蝶仙流著眼淚說了出來，紹華、紹珍、紹玲三姊妹哇的一聲哭了起來。

# 第七十章 人來萬里一生死 路入千峰百嶂中

天行接到黃涑梅寄來中大的聘書，武漢的局勢又一天天緊張起來，天放催他趕快護送家人去重慶，他的研究工作可以在重慶進行，圖書檔案研究資料已經遷往重慶，各大報也在重慶發行，武漢現在只是軍事重地，不是政治中心。

春申京班在漢口的合約也到期了，重慶已有戲院約聘，郝薔華決定隨天行一道入川。紹地、紹芬已經從軍，紹人要留在漢口，不到最後關頭不走，他還打算和幾位文化界的朋友去前線訪問。天行護送入川的只有龍從雲夫婦，蝶仙、紹文母子，周素真，杏芳和紹華、紹珍、紹玲三位姪女兒，外加郝薔華。她的劇團裏幾位臺柱也同船先走，其他班底搭下一條輪船入川，因為這條民生輪客滿。

中國人有少不入廣，老不入川的觀念。因為廣州是花花世界，麻瘋病盛行，青年人入廣，恐怕難免尋花問柳，惹上麻瘋病；四川路遠交通險阻，李白詠〈蜀道難〉詩就有「蜀道難，難於上青天」句，年紀大的人一入川恐怕就會死在四川。

龍從雲夫婦年紀大了，當初離開北平到老家九江不像逃難，離開九江到漢口才像逃難，現在又要逃往四川，這是他們當初沒有想到的。因此心裏不免有些嘀咕。加之九江家人安危又不知道，紹勇是壯志未酬身先死，和東北青年余志中一樣，都是花兒未開，果兒未結，自己的三個孫兒又一個都不在身邊，更令他們心中難過的是日本那個孫兒現在竟成了敵人，思前想後自然有一種悲涼之感。龍從雲心裏更難過，對於他那些骨董字畫更是放心不下。他原本希望只是在九江老家暫時避難，現在是愈逃愈遠了！能不能重見北平家園？他心裏直打問號。如果天行不將美子在北平的來信和杜一平送他十根大條子的事兒瞞住，他可能會要天行帶他們回去。

周素真想念父親母親，時常獨自生悶氣。杏芳更想念香君，但她會和蝶仙吐露心聲，也會和紹華她們三姊妹互訴衷曲。紹華、紹珍、紹玲三人年輕，更會想家，除了紹勇炸死那天哭了一場之外，聽到九江淪陷的消息她們又哭了一場。

天行、蝶仙瞭解他們的心情，蝶仙心裏雖然也有苦楚，還是盡量安慰他們。她像甘草，誰都少不了她。天行雖然是這個家庭的支柱，如果沒有蝶仙扶助調和，他也撐不起來。他愈來愈覺得當年天放娶她真有遠見。如果她是第二個周素真，這個家一定垮掉了。

他們上船之後，有郝薔華一道，使氣氛輕鬆愉快很多。龍從雲夫婦在漢口這段時間，和她接觸很多，又經常看她的戲，對她的印象完全改變過來，現在完全把她當姪媳婦看待。杏芳、紹華姊妹，和她處得更好，因為她比她們的母親都年輕，她們都叫她嬸娘。

船從漢口啟碇，溯江西上，江面寬闊，兩岸多是廣大平原，魚米之鄉。一過宜昌南津關，就是三峽的西陵峽。兩岸高峰陡起，峽谷深峻，水流湍急。大家都站在船舷欣賞奇景。天行突然想起陸游的入峽詩：「人來萬里一生死，路入千峰百嶂中。」便問杏芳和三位姪女兒有沒有讀過？她們都笑著搖搖頭。龍從雲說：

「放翁這上一句詩對我們來說是最切合不過，下一句詩也是寫實之作，不入西陵峽，還真體會不出來。」

「爹，難怪古人說：『行萬里路勝讀萬卷書。』」天行故意沖淡他的鄉思：「如果我們老是窩在紫禁城下，就開不了眼界，享受不到這種眼福。」

「您說得不錯，」蝶仙連忙附和：「尤其是我和梅影姐，平日大門不出，二門不邁，連頤和園、西山大八處都沒有去過，真是做夢也想不到今天會進三峽？」

「我也是一樣，在京裏坐科那麼些年，也沒有去過。」郝薔華說。

「妳年紀輕，沒有趕上老佛爺在頤和園聽戲的那段日子，不然妳也可能去園裏唱給老佛爺聽。」龍從雲說。

「二叔，我也沒有到那種火候，縱然趕上了，恐怕老佛爺也不會叫我去？」郝薔華說。

「薔華，不是二叔誇妳，我覺得妳是愈唱愈好了。」龍從雲也高興起來。

「妳二叔看得起的角兒不多，他說的是真心話。」龍太太對郝薔華說。

「多謝二叔、二嬸抬舉。」郝薔華也十分高興。

「我最高興的是妳沒有唱過誨盜誨淫的戲。」龍太太說。

「二嬸，我雖然沒有進龍家的門，我也不敢丟龍家的人。」郝薔華說：「何況現在是國難家難，唱戲也該樂而不淫，才能鼓勵民心士氣。」

「梨園中有妳這樣的人，也算是異數。」龍從雲說。

「爹，您忘記了還有卜師傅？」蝶仙提醒他。

「不錯，卜天鵬跟我這麼多年，始終如一，難得的很。」龍從雲欣慰地說。

「爹，還有一件事兒恐怕您不知道？」蝶仙又說。

「什麼事兒？」龍太太問。

「當年文珍的事兒，他氣憤不過，曾經狠狠揍了姑老爺一頓。」

「怎麼我不知道？」龍從雲不免奇怪。

「他做得神不知、鬼不覺，要不是後來他親自告訴我，我也不知道。」

「那姑老爺被人打死，八成兒也是他幹的？」龍太太說。

「娘，我也是這麼想。」蝶仙說。

「這樣說來，真是仗義多為屠狗輩了！」龍從雲說。

「爹，像岳父平時道貌岸然，姑爹衣冠楚楚，一到重要關頭，都不做人事兒，這怎麼能和卜師傅、薔華嫂相比？」天行說。

蝶仙生怕天行的話被周素真聽到，頻頻以目示意，他卻裝作沒有看到，毫無顧忌。

龍從雲夫婦生怕勾起他的傷心往事，不再接腔。

幸好從南津關至石牌珠這一帶的西陵峽第一峽黃貓峽山峰奇險，江流曲折，引人入勝，大家都被眼前的風景吸引住，拋開了不愉快的往事。

過了黃貓峽就是燈影峽。名勝有黃陵廟，廟在南岸江邊，傳為諸葛武侯所立，廟後危嶂絕壁，有如屏風，這就是黃牛峽。過了黃牛峽，就是牛肝馬肺峽、兵書寶劍峽。

兵書寶劍峽完全是懸空峭壁，白色稜稜，奇險無比。

船行到香溪，香溪是王昭君的故里，又名昭君溪，溪口有昭君廟。天行想起杜甫詩：「群山萬壑赴荊門，生長明妃尚有村。」就是寫的這個地方。這麼好的山水，才能出這樣的美人。他想起昭君的故事，更多感慨。昭君原名王嬙，是漢元帝宮女，元帝按圖召幸，宮女都賄賂畫工。王嬙自恃貌美，不施賄賂，畫工毛延壽把她醜化。元帝後以王嬙賜匈奴呼韓邪單于和親，呼韓邪死後，其子復株絫若鞮單于又以王嬙為妻，這在中國來說是亂倫的事，匈奴卻不以為恥。王嬙死後也葬在匈奴，沒有魂歸故國故土。天行當年為文珍事離家赴東京前夕，古美雲曾請他和文珍看過《昭君怨》這齣戲，在漢口也看過郝薔華唱的《昭君怨》。現在行經王嬙的出生地，看到溪口頹圮的昭君廟，更使他想起文珍和他的那首詩：「傷心只為隔重洋，幾度瘋癲幾度狂；夢裏曾經屬張敞，醒來纔覺是王嬙。三更枕上三更淚，九月樓中九月裝；瑟瑟秋風腸已斷，人間那見好鴛鴦？」一想起這首詩，他又彷彿回到當年。現在文珍仍在北平，他卻到了王嬙的出生地。真是河山依舊，人事全非，什麼時候能夠回到北平？還能不能見到文珍？實在難料得很！

「到重慶以後，妳還唱不唱《昭君怨》？」蝶仙問郝薔華。

「這是一齣漢人悲劇，戲也編得好，自然要唱。」郝薔華回答：「要是有人肯出頭修昭君廟，我情願義演兩場，把這座破廟修好。」

「難得妳有這分心意！」蝶仙向她微笑：「可惜我們都是過客，要是能找到一個本地人就好。」

「要是昭君有靈，或許我們在重慶會遇上一個本地人？」郝薔華說。

過昭君廟上行不遠便是老歸州，歸州南岸有楚臺山，山上有楚王臺，北岸為屈原渡，有屈原廟和屈原衣冠塚，這位在汨羅江投水的不朽詩人和宋玉都生在這兒，一個小地方出兩位大詩人，也真是少見。後人為了紀念屈原和他姐姐女嬃，便將歸州改為姊歸。

郝薔華不知道這個典故。杏芳和紹華、紹珍三姊妹讀過《離騷》、《楚辭》，但也不大清楚。她們聽天行講這段典故，又身歷其境，感受便不相同，杏芳說：

「這真是地靈人傑，人傑地靈。」

「像我們老家九江，就與白居易的〈琵琶行〉同樣流傳千古，連日本人都能背：『潯陽江頭夜送客，楓葉荻花秋瑟瑟……』」天行說。

「可是白居易把九江寫成：『潯陽地僻無音樂，終歲不聞絲竹聲。住近湓城地低濕，黃蘆苦竹繞宅生。』這對我們九江就太不公平。」紹華說。

「妳要知道白居易那時的心情。」天行對紹華說：「他是貶到九江做司馬，很不得意，唐朝的九江自然也不能和長安相比，所以他對九江就不恭維了。」

「他要是再到九江，就應該改寫〈琵琶行〉。」紹珍天真地說。

「人死了怎能復生？」蝶仙摟著她一笑：「我倒希望妳們三姐妹有人能為九江揚眉吐氣。」

「我們那有白居易那種才氣？」她們三姐妹也望著蝶仙嬌笑。「說不定紹人哥辦得到？」

「妳們也不要妄自菲薄，」蝶仙鼓勵她們說：「歷來才女很多，妳們的表姑文珍詩就寫得很好，還有……」

「還有誰？」她們連忙問。

蝶仙望望天行，然後輕輕地對她們說：

「妳們的日本二嬸美子詩也寫得很好。」

她們望望天行，會心地一笑。她們聽說過天行在日本的故事，但不知道美子也會寫詩。蝶仙又對她們說：

「杏芳的娘也會寫詩，所以妳們不必氣餒。」

「倒是紹芬很有才氣，可惜她從軍了？」紹華說。

「這倒沒有關係，」天行說。「說不定她的人生閱歷多，反而對她有幫助。文學這件事兒是：『不經一番寒徹骨，焉得梅花撲鼻香？』」

「當軍人是船頭上跑馬，我真耽心她……」蝶仙欲言又止。紹勇的悲慘陰影在她心頭還沒有抹掉。

大家都不作聲，船也不知不覺地進入了巫峽。

巫峽入口極窄，江流曲折，中流有一大黑石礁，江水沖擊，吼聲如雷。兩岸鐵壁，羊腸鳥道，縴夫拉著鐵索鏈，攀登升降絕壁間，杏芳她們看了不禁驚叫起來。天行對她們說：

「妳們不必大驚小怪，杜甫當年就足跡遍三峽，妳們有誰能記得他的〈秋興〉八首？」

「我記得前面兩首。」紹華說。

「妳背背看？」天行笑說。

「玉露凋傷楓樹林，巫山巫峽氣蕭森；江間波浪兼天湧，塞上風雲接地陰。叢菊兩開他日淚，孤舟一繫故園心；寒衣處處催刀尺，白帝城高急暮砧。」紹華一口氣背了出來。

「前面三句就是寫巫峽，」天行說。「可惜現在我們還看不到楓樹的紅葉。『巫山巫峽氣蕭森，江間波浪兼天濤』，這兩句真是寫景寫實之作，杜甫如果不身歷其境，就寫不出來。」

「最後一句『白帝城高急暮砧』，也是寫三峽，我們怎麼還沒有見到白帝城？」紹珍問。

「白帝城在瞿塘峽，船還沒有走到。」天行說。

「二伯，〈秋興〉的第二首『夔府孤城落日斜』，和第六首的『瞿塘峽口曲江頭』，也還沒有見到，那就不必背了吧？」紹華說。

「〈秋興〉八首是老杜的經典之作，妳能背出一、兩首也就不錯，」天行高興地說：「不過我希望妳們都能背，背多了自然自己也會作。」

「爹，古人的詩還有『巫峽猿啼數行淚』和『風急天高猿嘯哀』。可見巫峽的猴子多得很，怎麼我們看不到猴子？」杏芳問。

「因為現在來往三峽的人多船多，大概猴子都躲到山裏去了？」天行說。

「寫三峽的詩我還是最喜歡李白的：『朝辭白帝彩雲間，千里江陵一日還；兩岸猿聲啼不住，輕舟已過萬重山。』這一首絕句。」蝶仙突然插嘴。

「李白是詩仙，他的詩都是妙手天成。我也最喜歡他這一首詩。現在我們身歷其境，更覺得他這首詩如輕舟直下三峽，輕快無比。」天行說。「另外清朝張船山也有一首寫三峽的絕句寫得很好。」

「二伯，我連張船山的名字都不知道，更沒有讀過他寫三峽的詩。」紹華說。

「詩人也有幸有不幸，唐朝兩千兩百多位詩人，四萬八千九百多首詩，都被李杜盛名所掩，清朝的張船山自然更不用說了。可是他這首絕句確實不讓李杜。」

「二伯，您背給我們聽聽好不好？」紹華急著說。

「好，妳們聽著。」天行對三位姪女兒和杏芳說：「江聲蟠曲萬山開，天半濛濛萬古苔；千丈奇峰立如壁，蛟龍窟裏一帆來。」

「這和李白的那首絕句也有異曲同工之妙。」蝶仙笑著說。這些年來，她已經讀完了《全唐詩》、《全宋詞》，也能背出不少，這完全是受香君那年在「來今雨軒」寫詩的影響。她聰明過人，領悟力比香君更高。因為和文珍、香君不常聚會，一直深藏未露，今天一時興起，才談起詩來。

天行對她知之甚深，一直認為她是他家裏最聰明的人，所以他一點兒也不詫異。他笑著點點頭說：

「最妙的是『蛟龍窟裏一帆來』！這一句真有畫龍點睛之妙。」

「還和『兩岸猿聲啼不住，輕舟已過萬重山』，都是神來之筆。」蝶仙說。

「清朝還有一位寫廬山的大詩人曹樹龍，妳們知不知道？」天行笑問紹華、紹珍、紹玲三姊妹。但她們都笑著搖搖頭。天行接著說：

「我看過歷代詩人寫廬山的詩，包括李白、蘇東坡的大作在內，但我最喜歡的還是曹樹龍的那兩首絕句。」

「二伯，李白的：『日照香爐生紫煙，遙看瀑布掛前川；飛流直下三千尺，疑是銀河落九天。』也選進《千家詩》裏，這首詩不是寫得很好嗎？」紹華說。

「不錯，」天行點點頭說：「李白這首詩是寫山南的香爐峰和馬尾泉的，『飛流直下三千尺，疑是銀河落九天。』這兩句的確是氣勢不凡的寫實之作，但曹樹龍的那兩首寫姐妹峰的絕句卻風流蘊藉，俏皮之至。」

「爹，那您就唸給我們聽吧？」杏芳說。

「可惜妳們沒有去過山南，那邊的風景真好！妳們聽了這兩首詩也可以想見。」天行一面說一面吟了起來：「翠黛雲裳絕世容，聯肩秀立兩芙蓉；二喬都得英雄婿，不信深山老住儂。」

「二伯，真有這樣的姐妹峰嗎？」紹華笑問。

「一點兒不假，她們真是聯肩並立。」天行點點頭。

「二伯，還有一首呢？」紹珍問。

「這一首是：『雲裏七賢偏冷峭，天邊五老太龍鍾；彭郎可嫁無媒說，待字年年姐妹峰。』」天行唸完了又說：「這首詩把七賢峰、五老峰和大姑山都天衣無縫地寫入詩中，又各有妙喻，完全把他們人格化了，真是寫景的傑作。」

「可惜我也沒去過。」蝶仙遺憾地說。

「庚子那年我們和祖母上山避暑，因為梁師傅和隔壁的英國人廚師上海小癟三的不愉快事件提前下山；去年夏天又因為日本人掀起侵略戰爭的關係，沒有心情去玩。我是那次和爹逃避阮國璋的迫害，乘機遊了一次，不然我也不知道山南有那麼好的風景。」天行說。

「現在廬山也淪陷了，不知道以後有沒有機會再去？」蝶仙說。

「總有一天我們會收復河山，日本人休想永久佔領。」天行說。

他們不知不覺經過了望霞峰、翠屏峰，來到了朝雲峰。朝雲峰就是神女峰，有一段神話說西王母的女兒瑤姬，死後葬在巫山之陽，戰國時楚襄王夢遊高唐，遇神女，宋玉因作〈高唐賦〉，其中說：

「昔先王曾遊高唐，夢見一婦人，王因幸之。去而辭曰：『妾在巫山之陽，高邱之岨，朝為行雲，暮為行雨，朝朝暮暮，陽臺之下。』」天行把這段故事講給大家聽，杏芳聽了一笑說：

「這倒是一個羅曼蒂克的故事。」

「其實這不過是宋玉虛構的故事，可是不少詩詞都引用這個故事，使文學作品生色不少。」天行笑說：「倒是清朝詩人張船山寫神女峰的一首絕句是寫實之作。」

紹華她們又要求他唸了出來：

青天小立玉芙蓉，秀絕巫山第一重；
我欲細書神女賦，薰香獨贈美人峰。

神女峰兩峰側立如美人，雲霧縹緲、秀麗娟俏，不下於廬山的姐妹峰。她們卻覺得張船山這首詩沒有曹樹龍那兩首詩有趣。

過了神女峰就是松巒、集仙、聚鶴、浮壇、上昇、起雲、飛鳳、登龍、聖泉諸峰，但山脈連綿，很難看出那一個是峰？

白帝城在灩預堆北岸，是沿山建築的一個小城。當天行指給大家看時，紹華她們三姐妹有些失望。紹華說：

「真是見面不如聞名。」

因為三國時劉備敗走白帝城，又死在這兒；杜甫也在白帝城住過，詩中也常提到，可以說是地以人傳。諸葛亮的八陣圖也不過是幾堆石頭，看不出當年八陣的奧妙。

夔州是三峽中最大的一個城市，杜甫在這兒住了很久，他的「夔府孤城落日斜」，也是在這兒寫的。現在不叫夔州、夔府，改稱奉節縣。

「二伯，我真不懂，」紹玲突然對天行說：「杜甫怎麼愛住在這種山窩裏？我看都是鬼不生蛋的地方，悶也會悶死。」

天行聽了好笑，便對她：

「杜甫一生在戰亂中度過，在四川的時間又最久。要不是日本人侵略我們，我們也不會入川，北平、九江自然比這些小地方好。」

「可惜我們不是杜甫，逃難吃苦都是白吃。」紹玲說。

「妳還小，說不定日後也能留下一點兒歷史痕跡？」蝶仙說。

「大媽，上千年來也只有一個杜甫，我算那根蒜、那根蔥？」紹玲笑說。

杏芳、紹華、紹珍也好笑。蝶仙也笑說：

「江山代有才人出，未必我們龍家就不能出個把才子才女？我們國家有這麼大的苦難，總不能讓它成為一張白紙？」

「蝶仙姐，您就好好地教導紹文吧，」郝薔華摸摸紹文的頭說：「我看他倒怪聰明俊秀的。」

「可惜他更小，不但過去八國聯軍的事兒他不知道，就是這次日本鬼子打我們，他也未必清楚？」蝶仙說。

「您也可以告訴他。」郝薔華說。

「我是像白頭宮女說天寶遺事一樣，時常和他講，就不知道他是不是這塊料？」

「蝶仙姐，以後我們好好地培植他。」天行說：「他要是有您的天分，一定能成大器。」

「他日後要是能趕上您一半兒，我就夠高興的了！」蝶仙笑著望望紹文說。

「我希望他比我強十倍。」天行說。

「人人都望子成龍，我就怕他變成個放屁蟲。」蝶仙笑著望望紹文說。

「蝶仙姐，那怎麼會？」郝薔華向蝶仙笑說：「龍生龍，鳳生鳳，不管他是像您或是像他爹，一定會有一番作為。」

「紹文不像哥哥，他像蝶仙姐。」天行說。「我看他將來不會走哥哥的路子。」

「他的模樣兒是像蝶仙姐，」郝薔華說：「性格兒我還摸不透。」

「他將來會是個文人。」杏芳說。「我看他比他三哥紹人會強得多呢！」

「杏芳，小時了了，大未必佳！妳不要先給他戴高帽子。」蝶仙對杏芳說。「紹天、紹地、紹人都是我一手帶大的，他們各有各的長處，紹文也未必有他三哥的文才？」

「只要大家好好教他，先行萬里路，再讀萬卷書，我看他會成為我們龍家的健筆。」天行望著紹文說。

「這次我們從北平一路逃過來，可以說得上是行萬里路，他要是和紹華她們一般大，那他一生就受用不盡，可惜他還不大懂事。」蝶仙說。

「娘，這一路來我記得的事兒可不少呢！」紹文說：「三峽風光我也一輩子都不會忘記。」

「你還記得些什麼?」蝶仙笑著故意問他。

「七七、八一三、四二九空戰，紹勇哥和那位東北大個兒被日本飛機炸死……我都記得很清楚。」紹文回答。「還有輪船上的臭蟲……」

杏芳她們聽他說到臭蟲都笑了起來，天行卻摸摸他的頭對杏芳她們說：

「能記得輪船上的臭蟲，就證明他不是大而化之，是詩人作家的好料子。」

他們談笑間，船已過三峽了。

由奉節溯江而上，經過雲陽、萬縣、忠縣、酆都、涪陵，風景都不錯，而以萬縣最大，它是四川第二大商埠，輪船在這兒停靠補給，旅客也上岸遊歷，天行他們也上太白岩太白閣參觀，太白閣是三層樓閣，供奉老子和李太白塑像，詩文碑碣很多，憑欄遠眺，大江兩岸數十里風光，盡收眼底，如登北平萬壽山佛香閣鳥瞰週圍景物一般，歷歷可見。

「李白是位道家思想十分濃厚的詩人，」天行對杏芳和紹華她們說：「把他和老子供奉在一塊兒十分恰當。」

「難怪他的詩有仙氣，人稱詩仙。」紹華說。

「李白的足跡比杜甫更廣，他到過廬山，杜甫就沒有到過。」天行說。

「從前交通不便，他能走那麼多地方，真不容易。」杏芳說。

「可見讀書人不能坐井觀天，眼界不高，胸襟不廣，就不會寫出好作品來。」天行又說。

「您這不但是以言教，也是以身教。」蝶仙說。

「他們年輕，不及時提醒，恐怕他們會入寶山而空還。」天行回答。

他們下了太白閣，又在最熱鬧的二馬路買了些吃用的東西上船。輪船離開萬縣就一直開到重慶。

重慶是四川第一大商埠，是長江、嘉陵江的交會之處、全川水運的樞紐，交通四通八達，三面臨水，西面浮圖關是陸上通路，形勢險要，有「天生的重慶，鐵打的瀘州」的俗諺流傳。市區高出江面一百公尺以上，房屋道路、倚山建築，人煙稠密，有五個渡口，十七個城門，最繁華的地方為小樑子和都郵街一帶，以大十字、小十字為中心，稱為下半城，下半城是商業中心。七星崗、校場口以上稱為上半城。以機關、學校、醫院、住宅最多。街道坡度很大，有的街道靠石級上下，人力車也無法通行。從輪船到市區更須爬石級而上。夏天苦熱，冬季霧大。

天行他們到達時正是盛夏，熱浪逼人，龍從雲夫婦對兩、三百個陡峭的石級，不禁膽寒腿軟。龍太太一生走的都是平路，從來沒走過這種陡壁，蝶仙和郝薔華攙扶著她慢慢往上爬，天行攙著父親，杏芳牽著紹文，魚貫而上，三步一停，五步一歇，她們姑嫂四人嬌喘吁吁，香汗淋淋，哭笑不得。龍太太和蝶仙、郝薔華三人也是一身大汗。郝薔華自幼坐科，訓練有素，腰腿甚健；蝶仙過去是大門不出二門不邁，她咬牙硬撐著攙扶龍太太一步步往上爬。天行得力於練拳練劍，身體一向健康，他攙著父親倒不怎麼吃力。

他們一上坡就有旅館的夥計來拉生意，他們選了一家旅館住了進去。天行先打了一個電話給住在沙坪壩的黃凍梅，和他約好明天上午去看他，商量如何安頓一家人的大事。

晚飯後，天氣還是很熱，茶房告訴他們中央公園是個好去處，大家洗過澡就一道出去。

由於中央各機關都已遷來，下江來的人又特別多，再加上其他地方的難民，使原來只有幾十萬人口的山城，一下子增加到一百多萬人，街上顯得特別繁華，美豐銀行、川鹽銀行等都是九層以上的精美建築，市內私人花園別墅很多，面積又大，某莊、某園，都是四川赫赫有名的人物的別墅。

中央公園在大樑子下面，依山建築，石級很多。園內有涼亭、茶館、餐廳、動物園、花木扶疏，景色不錯，雖然不能和北平的中山公園相比，但亦別有情致。尤其是眺望南岸塗山、南山，視野最好。相傳此塗山為大禹治水三過其門而不入的塗山，禹子啟亦生於此。山上有老君洞，松杉參天蔽日，十分涼爽，是市民避暑的好地方。另有玉皇殿，殿後有石洞石井，井水清冽見底。塗山絕頂為真武山，上有真武宮，松濤起伏，龍吟細細，風景絕佳。南山距塗山不遠，一如廬山牯嶺，外人甚多，山上文峰塔，矗立雲表。附近還有黃山，也是避暑勝地。

他們來到園中時，到此遊憩的人已經不少。這時皎月當空，一如白晝，園中景物，一覽無遺，市區房屋櫛次鱗比，江中帆檣如織，南岸諸山，看來如詩如畫。月下看山，如霧裏看花，更有一種朦朧美。

他們找到一個位置好，比較乾淨的茶室休息。四川人坐茶館擺龍門陣是一大享受，蝶仙她們卻不習慣，好在是全家人一起，還有郝薔華作陪，也就安之若素，只是她們女人都不敢在竹躺椅上躺下來休息。

茶館裏已經不盡是「你哥子」、「格老子」的口音，各地的口音都有，尤其是下江口音特別多，真是語言大會，南腔北調，應有盡有。蝶仙、杏芳、郝薔華她們初聽四川高腔覺得很新奇，也很好笑。

他們喝過茶，解了渴，就到涼亭裏休息。在船上悶了好幾天，也睡足了，不想早回旅館，悶在房子裏面。公園裏空氣新鮮，人也舒暢多了。加之皎月當空，別有一番情調，此情此景真不知道外面烽火連天。

第二天上午，天行趕到沙坪壩看黃涑梅。黃涑梅租居在學校附近一個民家，他只有夫妻兩人，住的問題容易解決。天行一大家人，卻很痲煩。沙坪壩沒有北平、九江他們家那麼大的房子，更不可能整棟出租，都是分租一兩間房屋給人居住。

「有沒有山邊空地可租？我想租一塊山邊空地，多蓋幾間茅屋，還可以自己種菜，作長久一點打算。」他對黃涑梅說。

黃涑梅覺得他的想法不錯，他們都認為戰爭不會很快結束，以後的日子會愈來愈苦，應該看遠一些。

黃涑梅同房東商量，恰巧房東在山邊有一大片地荒地，沒有人種，那片地蓋幾十間房屋也沒有問題。他們兩人決定把它租下來，並且說明將來走的時候會把房子送給房東，房東十分高興。

他們要他帶去實地察看。那片地是在山腳下，地形狹長，荒草沒脛。山上樹木十分茂密，濃陰蔽地，是躲警報空襲的好地方，他們兩人看了十分滿意，天行租三分之二，黃涑梅租三分之一，天行指定位置要蓋十間茅屋，黃湅梅蓋五間，兩棟房屋並排蓋，山邊還要挖兩個防空洞，都委託房東辦理，房東也一口答應。天行問他茅屋要多少時間蓋好？房東說要一個月。

「都是竹子茅草材料，蓋起來簡單，能不能快一些？」天行問他。

房東答應趕工。天行特別請他把地平好，修一條出路，飲水倒沒有問題，山邊有一條山溪，水很清澈，可以就地取用。雙方當即談好價款，天行交給房東一筆租金、材料費，說明完工後再一次付清。其餘的事兒就拜託黃湅梅一併處理。黃湅梅也很高興，他以前就沒有想到這一點，他計算一下，只要住上三年，就比租房子還合算，但是寬敞多了，如果自己種菜，更要省下不少錢。

「真想不到，您還有這種腦筋？」黃湅梅笑著說。

「如果不這樣克勤克儉，自力更生，抗戰怎麼抗得下去？」天行笑著回答。

# 第七十一章　真英雄成仁取義　賢淑女茹苦含辛

天行一家人在旅館裏住了二十多天，就直接搬進新蓋的茅屋，郝薔華也跟來參觀。茅屋是一長條，分隔成十間，頂用茅草，樑柱牆壁都用竹子，所有桌椅床舖家具都是竹製的。別人看了都沒有作聲，周素真卻一直嘀咕不停，天行火了，大聲對她說：

「現在是逃難，不是做寓公，妳知不知道？妳要是不愛住，請妳自個兒回北平去，沒有人留妳。」

她一個人連重慶都不敢去，怎麼敢回北平？她只好哭泣。蝶仙勸她，她就嘀嘀咕咕地說：

「別人在北平還不是好好的？我們何必逃什麼難？吃這個苦？」

蝶仙沒有辦法和她解釋，也只好隨她。

龍從雲夫婦、蝶仙，都是一間臥室，一間客廳；天行一間臥室兼書房，和杏芳共一間客廳；杏芳一間臥室；周素真一間臥室；紹華、紹珍、紹玲三姊妹一間大臥室。一間廚房、飯廳。另外保留一間客房，留給郝薔華來住。郝薔華十分感動。她對天行說：

「您不必為我保留，分給紹華她們住好了。」

「紹華她們那一間最大，夠她們住的，還有客廳可以利用。」天行說：「您這一間非保留不可。我估計日本飛機會大炸重慶，妳的戲唱不久，重慶也不能久住，妳和我們住在一起，彼此有個照顧，您一個人孤孤單單不是辦法。」

郝薔華聽他這樣說不禁流下淚來。天行又說：

「我之所以要蓋這些茅屋，就是為大家著想，租屋住不是長久之計。現在我們還不算苦，以後大家會更苦。我們有了茅屋，有了空地，就可以養雞、種菜，自力更生，苦不到那兒去。不然會不堪設想。」

「您想得真周到，我就沒有這種遠見。」郝薔華說。

「人無遠慮，必有近憂，我看這場戰爭不是三年、兩年可以結束的。」天行說。

「我相信您的話。」郝薔華說。「要是我不能唱戲，那以後就要喝西北風了！」

「所以我要您以後住到我這兒來，即使我們吃糊吃粥，也少不了您一份。」天行說：「不過我勸您，有錢的話，趁早買些金子，以後通貨膨脹，物價一定高漲，只有金子可以保值。」

「您真是一語驚醒夢中人！」郝薔華又驚又喜地說：「我在漢口唱了幾個月，積了一些法幣，一回重慶我就買金子，以後的包銀，我也如法炮製，這就不會拖累您了。」

「這是萬全之策！」天行點點頭：「以您的包銀來說，比我教書的錢多很多，以後粗茶淡飯，沒有問題。」

「那我真是託您的福了。」郝薔華寬慰地一笑。

「一家人，何必客氣？」天行笑答。

郝薔華像吃了一顆定心丸一樣，高興地告辭，蝶仙送她到路口等車，她將天行的話告訴蝶仙，蝶仙聽了十分高興，又帶幾分感慨說：

「以後我們這一大家人都要靠他，他哥哥向來是不過問家事的。」

「二叔是一位既有學問又可靠的人，大家跟著他可以少吃些苦頭。」郝薔華說。

「可惜他自己太苦了！二嬸不搭調，他的苦處又不能對別人講，他是啞子吃黃連，這些年來也虧他受得了！」蝶仙說。

郝薔華不瞭解個中情形，不禁探問，蝶仙只好告訴她，隨後又說：

「好在妳不是外人，不然我也不便講。」

「這樣說來，二叔真不是常人！」郝薔華感動地說。

「要是別人，老太太在世時，我們這個家就散了！還能拖到現在？又帶了老家四個姪女兒出來。」蝶仙說。

「幸好有您做他的幫手，他也可以少一些後顧之憂。」

「我到底是個女流，能力很有限。」

「蝶仙姐，話不是這樣講。我看得出來，您是這個家的甘草，套句新詞兒，您是這個家的精神力量，沒有您，二叔也會像棵樹一樣枯死。」

「我們從小一塊兒長大，真像姐弟一樣。從前是共富貴，現在是共患難。共富貴時，他沒有把我當丫頭，現在共患難那就更會把我當作姐姐、嫂嫂了，我最敬佩他的就是這些地方。」

「別說您這位貨真價實的嫂子，連我這個沒有進過龍家的大門，沾著那麼一點邊兒的人，他也把我當作嫂子看待，怎麼不令人感激？」

「他不是假仁假義，以後妳要常來，不唱戲時就搬過來住，我也多個伴兒。」

「本來我是黃連命，我也不知道是什麼造化？中途又遇上您們兩位好人、兩位福星。」郝薔華汶汶眼淚說。

木炭汽車顛顛簸簸地開了過來，郝薔華連忙擠了上去，站在車門口向蝶仙揮揮手，蝶仙也向她揮手，車子一開動，就捲起一陣黃色的灰塵，弄得蝶仙一頭一臉一身都是黃色的泥土，她連忙跑了回去。

現在正是暑假，天行趁機把空地挖鬆了，翻了過來，做成一畦一畦的菜圃。他向黃凍梅的房東，他們的地主，要了一些白蘿蔔、胡蘿蔔、菠菜、蔄蒿、白菜種子，種了下去，早晚用小溪的水灌溉，很快就發了芽，一片嫩綠，十分可愛，趕集的那天，他又去沙坪壩買了一窩雞，一隻老母雞帶著十五隻小雞，活潑可愛，一家人都十分喜歡，黃凍梅來看了，高興地拍著天行的肩膀說：

「我真想不到您還有這一手？」

「現在我們不能四體不勤、五穀不分，我們要靠雙手維生，不能吃苦，怎麼對付得了日本人?」天行笑說。

「我可挖不動地，我沒有您這麼好的身體。」黃湅梅說。

「我會替您挖好，您只要澆澆水、除除草，就有菜吃。」天行說。

黃湅梅高興得很，提前搬了過來，他的房租沒有到期，他也不想住了。

山邊的防空洞還沒有挖成，自己也不能動手，因為這座山是石頭山，工人已經用炸藥炸開一個大洞，正在往裏面慢慢開鑿，這種岩石十分堅固，不怕炸彈，他突然想起柳敬中那年來弔他祖母時說的兩句偈：「依山而居，入土為安。」他高興得很，連忙和蝶仙講，蝶仙也笑說：

「這真應驗了柳老前輩那兩句話，現在我們才突然明白過來。」

「那天我想要在山邊蓋房屋，就是為了躲警報，沒想到黃先生的房東就有這麼一塊地，我一看山上樹木濃陰蔽地，山又這麼結實，十分中意，當時我並沒有想到柳老師的話。現在房子蓋起來了，從上面看下來，目標並不顯著，工人又正開山鑿防空洞，我才突然想起柳老師的話來，真是若合符節。」天行高興地說。

「我們都是後見之明，柳老前輩真是先見之明。」蝶仙說。

「現在我們過的是鄉下人的生活，又是菜園又是雞，以後夠您忙的了。」

「忙得也有意思，」蝶仙笑指菜園和十幾隻雞說：「不過我看菜園要圍籬笆，不然雞會把菜吃掉。」

「山上有的是竹子，我會砍些來圍。」天行指指滿山的竹林說，「趁這個暑假期間，我會把一切應該做的事兒都做好，還得抽空幫幫黃先生的忙。」

黃湅梅搬來之後，他們夫妻兩人便不寂寞。黃湅梅不會做的事天行幫他做，先替他挖了幾塊地種菜，黃湅梅也買了幾隻雞來養，黃太太也有事做了，他們兩人忙得也很高興，兩家人相處如一家人。

天行把這個家完全安頓好了，三個姪女兒也都考取了中大，紹玲還差一學期高中畢業，她是以同等學歷考取的。紹文也考取了南開中學，他大大地鬆了一口氣，正準備安心教書，繼續研究工作。想不到突然傳來天放的噩耗。全家立刻陷入愁雲慘霧之中。紹文尚未成年，蝶仙亦暗自悲傷，還要強顏安慰父母。天行痛失手足，責任更重。他一面要安慰父母，一面還要安慰蝶仙母子。

原來日本人集中八個半軍團的兵力，配合海空軍三路直攻武漢，其中有一個師團長鈴木是天放士校的同學，驍勇善戰，裝備又好，我軍頻頻失利，武漢岌岌可危，天放臨危受命，指揮疲憊之師反擊，大挫鈴木銳氣，日本華中派遣軍十分震驚，出動空軍猛炸，天放指揮部掩體中彈，身負重傷，在運回漢口途中因流血過多為國捐軀，厚葬於武昌東門外洪山，紹武、紹地、紹忠、紹雄、紹芬四位姪兒、姪女以親屬身分親視安葬，鈴木亦因挫敗去職。

天放殉國不久，武漢也失守了，四個月的保衛戰，日軍死傷在十萬人以上，艦艇傷沈百餘艘，中國軍隊死傷自然更多，空軍損失更慘。

紹武、紹地、紹雄、紹芬他們在武漢撤退前兩天，從武昌過江，集中在漢口曾家巷碼頭，候船開往岳陽。十月天氣已經很冷，但他們還是穿的草黃色土布夏季軍服，布料太差，棉紗稀稀朗朗，腳上穿的是草鞋，踝骨、腳後跟多已破皮。在碼頭上枯坐一夜，又冷又餓，直到第二天上午八點多鐘，每人才發兩個小饅頭，三口、兩口就吃完了。隨即列隊上船，每人又只分到一個坐位，腿也不能伸直，大小便都成問題，因此不敢喝水，他們知道要憋兩天兩夜才能到岳陽。憋不住的就尿在褲子裏。

好不容易熬到岳陽，紹芬已經憋得面無人色，紹武愛莫能助，余純純扶著她走進廁所，她一邊走一邊抹眼淚。

紹雄尿了一褲子，紅著臉和紹忠一道跑進廁所。

岳陽也遭空襲，火車站一帶炸得最慘。有一家從蕪湖逃來的難民，五口人全都炸死。

他們一面在岳陽候船前往桃源，一面早晚操作，白天在九華山作防空演習。在岳陽他們親眼看見一架低飛轟炸的日機，被停泊在岳陽樓湖邊的一艘小砲艇的高射機槍擊中，墜落在城外稻田裏，三位機員都燒焦了。他們從九華山整隊去看，紹忠在田邊撿到一條飛機上的黃色金屬片，做成戒指留作紀念。

他們從岳陽到桃源全坐木船，每一條木船載一分隊人，能伸腿坐臥，但每人每頓只發兩個小饅頭，一條小醬瓜，還是在半飢餓中。

八百里洞庭，煙波萬頃，湖水澄清，真是「秋水共長天一色，落霞與孤鶩齊飛」。每天都能看到日出日落，雖然看不到大漠孤煙直，卻見洞庭落日圓。他們又冷又餓，卻吞不下洞庭湖的萬頃煙波。

到了桃源又由陸路行軍，經沅江、瀘溪、浦市，一面行軍，一面訓練，日曬雨淋，難得洗澡，人人身上都生了蝨子，一到大休息，就忙著洗內衣，捉蝨子。

他們最艱苦的行軍是川湘路上一千八百公里的長途跋涉，棉軍服、棉大衣、全副武裝，再加上個人心愛的書籍、用品，一個背包都有二、三十公斤，一路經乾城、所里、秀山、酉陽、黔江、彭水、南川、蒲河、石角鎮、綦江。有時強行軍，有時是夜行軍，多是天亮以前吃飯啟程，攜帶一蒲包飯，中午在路上吃，天黑以後才宿營吃晚飯。夜行軍時如行屍走肉，有人一面閉著眼睛打瞌睡一面走路，一躺下來就像死人一樣，再也爬不起來，必須有人拖起來架著走一會兒才能自己走。湘西川東一帶流行兩句民謠：

「養兒莫用嬌，酉、秀、黔、彭走一遭。」

因為這一帶都是崇山峻嶺，所里附近的矮寨更加險峻，加之土匪強梁橫行，一、二十里路不見人煙，湘西川東的人都視為畏途。

行軍就是訓練，紹地、紹忠、紹雄、李烈他們這些男生也是咬緊牙關硬挺，有的實在挺不下去，便把背包裏面的書籍、私人東西沿途丟棄，有人甚至將灰棉大衣裏的棉花扯出來，減輕負擔。

余純純、劉安娜、紹芬這些女生更吃不消。紹芬年紀最輕，更是眼淚往肚裏流。隊職官都是男人，都受過最嚴格的德式訓練，又全是從京滬戰場下來的九死一生的中下級軍官，他們的要求是不達到目的決不終止，對女生和男生一樣。紹武對他這位堂妹內心裏雖然十分疼愛，但不能特別優待，而是一視同仁。由於他公私分明，劉安娜對他便由敬生愛，芳心暗許。紹武渾然不覺。他受傷之後，遺憾終身，除了要向日本人報仇之外，別無他念。劉安娜完全不知內情。由於余純、劉安娜是天行的學生，紹芬是天行的姪女兒，所以她們三人的感情特別好，彼此照顧。余純、劉安娜都把紹芬當作妹妹看待。一路上她們兩人輪流替她揹槍，免得她走不動掉隊，一掉隊就十分危險，尤其是女生，更會被土匪搶去做押寨夫人。隊職官幾乎每天出發前都這樣提醒她們：

「誰要是掉隊，誰就要準備做押寨夫人！」

她們望望四週青灰色的岩石、寸草不生的崇山峻嶺，不寒而慄。走不動時一想到會給土匪擄去做押寨夫人，自然又重新振作精神，繼續前進。有天晚上她們在龍潭宿營，紹芬擔任午夜十二至兩點的衛兵，就差點兒被土匪擄去，幸好是紹武當值星官，帶著值星分隊長查夜，聽見紹芬尖叫，鳴槍趕來，擄哨的兩個土匪才跋腿逃竄，紹芬已經嚇呆了，紹武打了她一個耳光，她才清醒過來，抱著他哭泣。紹武安慰了她幾句又對她說：

「平時我是怎麼教妳的？我一再說當軍人要泰山崩於前而色不變，兩個土匪就把妳嚇成這個樣子，日後要是遇上了日本鬼子妳怎麼辦？」

她又害怕又羞慚，分隊長又站在旁邊，不敢回嘴。

紹武要分隊長陪她站完這一班衛兵，同時決定自下一班衛兵起雙崗雙哨，通宵巡迴查勤。

這件事情發生之後，更沒有一個女生不戰戰兢兢。紹芬和余純純、劉安娜兩人在路上談起這件事情時，仍然不免含羞帶愧。

「妳平時不是滿勇敢的？怎麼事到臨頭就慌了手腳？」劉安娜笑著說。

「當時我正打瞌睡，半夜裏突然被兩個男人抱住，妳說怕不怕人？」紹芬紅著臉說。

「幸好槍沒有丟掉，不然還要受處罰。」余純純說。

「我拚死命抓住槍，大叫一聲，想不到正好遇上值星官和分隊長查夜，不然我就完了！」

余純純、劉安娜都吃吃地笑了起來。紹芬紅著臉說：

「妳們別笑我，要是妳們遇見那種情形，還不是和我一樣？」

「那也說不定？臨危不亂說來容易，真到了那個節骨眼兒，就不是那回事兒！何況我們女人天生膽小。」余純純說。

「就是他們男生，遇到我那種情形也未必沉得住氣？」紹芬說。

「不經一事，不長一智，膽量也是慢慢磨練出來的。」劉安娜說：「新兵一上戰場，聽見槍聲就會發抖，就是這個道理。」

「我們以後要是上了戰場，不知道會不會那樣？」余純純說。

「這倒難說得很！」劉安娜笑說：「以前我在家裏看見老鼠都會驚叫起來，現在可沒有那麼怕了。」

「我真擔心這種訓練會把我們變成男人？」余純純說。

「那倒未必？」劉安娜臉蛋微微一紅說：「女人終歸是女人。」

「妳看我們現在這樣那像個女人？」余純純指指她們一身骯髒的軍服說：「身上還長滿了蝨子，……」

劉安娜看她完全不像過去在學校時一身旗袍那麼清純秀麗，一副大家閨秀的樣子。現在是一身臃腫的灰棉軍服，一身汗氣，和過去完全是兩種模樣，只是眉眼之間，還有一股似水柔情。因此她說：

「在外表上我們不像女人，可是在心裏我們還是女人。」

「不知道白蘋會不會像我們這樣？」余純純突然想起白蘋來，她們一直沒有通信。

「她和史寧都遠在陝北，不知道那是個什麼世界？」劉安娜說。

「這場戰爭害得我們家破人亡，同學也東逃西散，日後真要和日本人好好地算這一筆賬！」紹芬說。

「要想和日本人算賬，必須打贏這場戰爭，那我們還要付出更多的代價，說不定那時我們已經死了？」劉安娜說。

「要是做了亡國奴，這筆賬就算不成了！」余純純說。

「不論怎麼苦，即使像我大伯一樣拚掉性命，也不能做亡國奴！」紹芬說。「我們龍家現在已經犧牲了兩條人命，九江家裏的情形還不清楚。」

「除了妳大伯以外還有誰？」劉安娜問。

「妳忘了還有我堂弟紹勇？」紹芬望著劉安娜說：「他只小我一個月，是在南湖報到時炸死的。」

「難怪我沒有一點兒印象。」劉安娜說。

「他是剛換上軍服，連符號都沒有發就炸死的，」紹芬說：「像他這樣炸死的同學還有很多，我就知道有一位和他們在火車上認識的東北大個兒，別的人我就不清楚了。」

「總算我們命大，沒有在武昌炸死。」余純純說。

「現在還早得很，以後在什麼時候什麼地方死還不知道？」劉安娜說。

她們談話間不知不覺落後了一大段路，值星分隊長在前面用兩手捲起一個圓筒大聲向她們傳話：

「妳們想當押寨夫人是不是？還不快點趕上來！」

「王分隊長最死相！」紹芬笑著罵了一句，連忙向前跑。

「他是在上海八字橋和日本人拚過刺刀的，所以他對我們特別嚴。」劉安娜邊說邊跑。

她們到達四川時已經春暖花開。她們和紹地、李烈這一批人先入伍也先畢業，而且和劉連生、紹武同時分發到一個新成立的部隊，劉連生和紹武兩人是自己請求再下部隊，重上戰場的。

他們這批畢業學生也正合那個新成立的部隊的需要，大多隨劉連生這些隊職官過去。

畢業後他們都到重慶候車去廣西南寧，同時在重慶看看長官親友。紹武、紹地、紹芬知道天行在沙坪壩，他們要去辭行。劉連生因為是天放的部屬、學生，也一道去看看他的家人。余純純、劉安娜、李烈，是天行的學生，自然也一道去了。

一下子湧到這麼多人，龍從雲夫婦是又喜又悲。劉連生沒有見過他們，向他們畢恭畢敬地行了一個軍禮，對天行和蝶仙也很恭敬。

「我聽家兄談過您，他們這些年輕人以後還要請您多多照顧。」天行對他說。

「飲水思源，那是義不容辭的。」劉連生恭敬地回答。「所以我也冒昧地跟他們一道來看看您和師母以及兩位老人家，表示我一點敬意。」

蝶仙忙著做飯，殺了一隻雞款待他們。紹芬、余純純、劉安娜都一起來幫忙，蝶仙看她們不再是小姐樣子，又感慨又高興。

劉連生吃過飯先回重慶。他們這些學生都留下來住。這幾個月來他們都睡稻草地鋪，沒有睡過床鋪，養成了任何地方都可以睡覺的習慣。

劉連生走後，龍從雲夫婦就特別問起天放殉國安葬的情形。紹武怕大家難過，說得十分輕鬆。

「只有大叔使鈴木師團吃過敗仗，而且使他丟掉了師團長。如果我們的部隊有他們一半的裝備，大叔更會把鈴木師團打得落花流水，卸甲丟盔。」紹武說。

「可惜你大叔還是為國犧牲了！」龍太太流著眼淚說。

「二婆婆，君子報仇，三年不遲，我一定要為大叔報這個仇，所以我這次又出來帶兵。我一定要打得日本人卸甲丟盔。」紹武豪氣萬丈地說。

「你雖有這個志氣，但沒有日本人那種好武器，也不容易稱心。」龍從雲說。

「現在是山地戰，和淞滬作戰的情形不同，日本人沒有海軍支持，空軍也要打折扣，坦克也起不了多大的作用，步兵對步兵，只要會用腦筋，就能打勝仗。」

「你的話倒也有理。」龍從雲點點頭。

「而且我們是哀兵，兵法上說：『哀兵必勝。』這又和日本人打侵略戰爭不同。」紹武又補充說。

大家果然被他說得振奮起來，龍從雲夫婦也不像先前那麼悲傷。

龍從雲夫婦隨後又問紹地、紹芬他們受訓的情形？他們照實講了出來，龍太太搖搖頭說：

「你們在家裏那吃過這種苦？」

「婆婆，您也沒有住過茅屋，」紹地說：「我們家的狗窩也比這個茅屋好得多。」

「這真是國難家難，當初你們的曾祖母就耽心有這麼一天，現在果然驗了。」龍太太說。

「日本鬼子處心積慮要滅亡我們已經很久，曾祖母有這種遠見，倒很難得。」紹地說。

「要不是她有遠見，你爹就不是這個樣子。」龍太太說。

紹地不再是小孩子，他明白天行和美子的故事，心裏很同情父親，但嘴裏不能講。他望了父親一眼便不作聲。

晚上，周素真悄悄把紹地叫到房裏對他說：

「你哥哥在英國還沒有回來，你弟弟又像雙花腳貓兒不在家，我在這個家裏好像是一個多餘的人，你能不能留在我身邊，不去船頭上跑馬？」

「娘，我已經接到了分發的命令，怎麼能留在家裏？」紹地回答。

「我說了國家又不是你一個人的，你大伯的官兒也不算小，還是難免犧牲性命，害得你大娘守寡，你又何必走他的老路？」

「娘，話不是這麼說，大伯年輕時就以身許國，他不是為個人的榮華富貴，他是死得其時，他是我們龍家的光榮。如果我臨陣退卻，做一個懦夫，天天陪著您又有什麼意思？」

「你這孩子，你就一點兒也不體諒娘的苦衷？」周素真流著淚說。

「娘，我知道您有苦處，可是現在比您苦十倍、百倍的人多得是，姑姑現在成了寡婦，紹文還小，她未必比您好？」

「她母子兩人有您爹照顧，你爹對她又比對我好一百倍，我怎麼能和她比？」

「爹對姑姑好是很自然的，現在更應該好些，娘，您不要和姑姑計較。」

「我不是和她計較，我是氣你爹。」

「娘，爹已經夠苦的了，您不必氣他。」

「怎麼？你不同情我，反而幫著你爹說話？」

「娘，我不是幫著爹說話，爹一輩子是啞子吃黃連，您也該體諒他一些。」

「好哇！你不體諒我，反而要我體諒他，我真是白生了你了！」她蒙著臉哭了起來。

「娘，您別哭，我不該惹您生氣。聽說哥哥快回來了，您就有伴兒了。」

「他喝了洋水，誰知道他的心腸會不會變？」

「變來變去還不是您的兒子？您耽個什麼心？」

「像你這樣，我怎麼不耽心？」

「娘，等打完仗以後，我再回來孝敬您，您就不必耽心了。」

「您這是放屁安狗心，誰知道這個仗什麼時能夠打完？又會是怎樣的結果？」

「爹說只要打下去，我們就會勝利。」

「他又不是諸葛亮、劉伯溫，怎麼會知道我們會勝利？」

「爹是留日的，他又研究日本問題，他當然知道。」

「我怎麼沒有聽他說過？」

「我是在報上看到他的文章的。」

「你就相信他的話了？」

「爹的話有理，我自然相信。」

「我看他也是放屁安狗心，我就不相信他的話。」

「娘，爹是讀書人，您怎麼也是這樣說他？」

「他是讀書人？」她冷笑一聲：「他不但不識時務，也不通人情，娘這一輩子已經受夠了！」

「娘，爹怎麼不識時務？怎麼不通人情？」

「過去你外公在位的時候，一直想提拔他，他一直不識抬舉；娘嫁了他一輩子，就住了一輩子冷宮。他識什麼時務？通什麼人情？」

「娘，您別提外公的事兒，那正是爹可敬的地方，不然他早成了一個官僚，也早下水了！」

「官僚又有什麼不好？你外公做了一輩子的官，也享受了一輩子，不像你大伯連家都養不起，還送掉了性命；也不像你爹，讓一家老小住茅屋，害得我吃這種苦！」

「娘，您不要再說了！要是外人聽了您這種話，爹會抬不起頭來。」

「他抬不起頭來？我才抬不起頭來！我在這個家裏，從進門那天起，就忍氣吞聲做小媳婦，現在你們大了，我還是個小媳婦，我那一天抬起過頭來？」

「娘，您們的事兒叫我怎麼說好？爹更是受了一輩子的委屈，他都打落門牙和血吞了。」

「他是自作自受，我是給他墊背！」

紹地再也說不下去，哄了她幾句，就走了出來。

他心裏非常難過，他想不到回到家裏母親會向他講這些話？他到蝶仙房裏來看她，蝶仙看他臉色不對，不知道是什麼原因？強顏歡笑地對他說：

「你許久沒有回來，應該高興才是？是不是姑姑冷落了你？」

「姑姑，你說這話兒真使我承受不起！」他流著眼淚說：「我沒有報答您的養育之恩，也沒有一句話兒安慰您，別說您沒有冷落我，縱然您不再疼我，我心裏還是暖洋洋的。」

「孩子，有你這幾句話，姑姑就心滿意足了。」蝶仙也含著眼淚說：「你爹撐著這個家很不容易，他現在像個農夫一樣，種菜、做粗事，沒有一點兒大少爺讀書人的架子，什麼事兒他都準備得很周到，不要我們操一點兒心，讓公公婆婆過得安安穩穩。你在家的日子大概不多？你應該去多陪陪他們。」

「姑，我想明天就走。」

「何必這麼急？劉隊長並沒有說要你們明天走。」

「姑，在家裏我很尷尬。」

「是不是你娘講了什麼話兒？」蝶仙笑著問他。

「姑，您比我更清楚，我不說也罷。」

「家裏的事兒你別放在心上，你爹娘的結你們兄弟也解不開，我會幫著他們平安度過這一生。」

「可是娘的心理使我耽心，現在又不比從前，您們過的是窮日子。」

「再窮也餓不著她，我要使這個家窮得快樂。」蝶仙笑著對他說：「你去陪陪你爹和公公、婆婆，順便叫紹芬到我這兒來一下。」

紹地出來先找紹芬，她正和紹華、紹玲、余純純、劉安娜在一盞桐油燈下說笑，她聽見他叫就跑了出來。他輕輕對她說：

「妳倒開心，妳也不去看看大媽？」

「有心拜年，端午不遲，你急個什麼勁兒？」紹芬笑著回嘴，隨即走進蝶仙的房間。

蝶仙看她來了很高興，打趣地說：

「妳現在真變成了男人，不像一個大家閨秀了。」

「大媽，變來變去，在男人眼裏我們總是女人。俗話說：『女人屙尿灑不過籬笆。』很多事兒是學不來的。」紹芬笑著回答。

「既然如此，妳就不必到軍隊去了。」

「那也不然，軍隊還是有些工作要我們女人來做的。」

「聽說妳受訓時吃了很多苦，以後在軍隊日子也不會好過，妳想不想留下來升學？」

「大媽，現在是箭在弦上，不得不發，升學的事兒以後再說。」

「可是妳要知道女孩兒的青春有限，過了這個村，就沒有那家店，還有婚姻問題，妳也不能不考慮？」

「大媽，現在不能想得那麼多，一想到個人問題，仗就沒有人打了。」

「妳的志氣是了不起，不過大媽有些替妳惋惜。大媽覺得妳們四姊妹以妳的天分最高，妳要是升學，將來的成就可不得了！」

「大媽，您別抬舉我，我可沒有她們用功。再說，余純純、劉安娜她們兩人上了大學，還是要參加抗戰，做花木蘭，我怎麼能再回來做大小姐呢？」

「當然我不能勉強妳，我只是提醒妳，在軍隊裏妳要處處小心才是，畢竟妳是女孩子，不要太好強好勝。」

「大媽，這我知道，您放心好了。」

「妳想吃什麼？明天我去沙坪壩買。」

「我領了路費，也有薪餉，我會自己去買。」

「明天我再殺隻雞給你們吃，這些雞是妳二伯一搬來就買的，現在都生蛋了，我已經孵了兩窩小雞，以後就有蛋吃雞吃。青菜也是你二伯自己種的，也夠我們一家人吃。」

「真想不到二伯還能做這些事兒？」紹芬聽了一笑。

「他從小做少爺，熱的怕他燙了，冷的怕他冰了，成天有人服侍，現在什麼事兒他都自己動手，也真虧了他。」

「大媽，大伯和二伯都是我們的好榜樣。我現在甚至覺得天祿伯也很可愛，紹武哥更不用說了。」

「只要你們都爭氣，龍家還是有希望的。」

「薔華嬸還唱不唱戲？」

「她正在重慶唱，不過我們可不能去看了。」

「我回重慶時想去看看她。」

「那她一定很高興，她是個善良的好女人。」

他們兩人談得很晚，蝶仙留紹芬和她睡，讓余純純、劉安娜和紹華、紹珍睡，紹玲和杏芳睡。

紹地、紹武、李烈也和天行談得很晚，他們談抗戰前途，談國際關係，天行客觀的分析給他們聽。

「日本人不可能征服中國，最後我們一定可以把日本人趕出去，但是日本人這場侵略戰爭，會給我們帶來嚴重的後遺症，造成另外一場浩劫。」天行總結說。

「老師，您怎麼對抗戰這麼有信心？」李烈問。

「這是對外戰爭，老百姓都把日本人當做敵人，這就叫做眾志成城。你和余純純、劉安娜不是為了打敗日本人才犧牲學業從軍的嗎？紹地、紹芬不也是和你們一樣嗎？其他的人就不必講了。北平、上海、南京、漢口，這些大城市日本人可以攻破，但是中國人心築成的長城，日本人打不破，他們怎麼能征服中國？」

「老師，您不說我還弄不清楚，您這一說就十分明白了。」李烈不禁失笑：「原來道理是這麼簡單！」

「以前我們不是沒有亡過國，但是元朝、清朝我們都推翻了，都復了國，何況日本人是渡海而來的，沒有蒙古人、滿洲人那麼便利。老子說：『飄風不終朝，驟雨不終日。』日軍是飄風驟雨，不會久，不要怕。」天行笑著說。

「老師，您真是把日本人看透了，我也像吃了一顆定心丸。」李烈也笑著說。

「你們那天去廣西？」天行問他們。

「二叔，劉隊長他們正在重慶交涉便車，走路太久，在重慶總有幾天耽擱。」紹武說。

「那你們在家裏多住兩天好了，現在沒有大魚大肉款待你們，粗茶淡飯還不成問題。」天行說。

「老師，我們什麼苦都吃過，粗茶淡飯已經勝過山珍海味了。」李烈笑說。

「你們這一代人最不幸，一出門就遇著打頭風，你們都是無名英雄。」天行感慨地說。

「老師，我也不想上凌煙閣，有您知道就好了。」李烈說。

天行要紹地帶他們去那間為郝薔華留的客房去睡。這間客房只有一張床，他們三人就擠在一張床上，李烈說：

「這比我們離開漢口時擠在長安輪上腿都不能伸可好多了。」

「我們現在是除死無大難了。」紹地笑著附和。

他們住了兩天就去重慶。

臨走時，紹芬眼淚汪汪，依依不捨，可是她硬不肯留下來，她揹著個小背包，跟在大家後面擠上了木炭車，走了。

紹華、紹珍、紹玲三姊妹，看著她被滾滾的黃塵掩住，不禁失聲哭了起來。

蝶仙也淚眼婆娑，深深歎口氣說：

「紹芬太聰明，也太好強好勝了！」

「她是我們龍家的子孫。」龍太太望著黃塵滾滾顛簸而去的木炭車說。

# 第七十二章　死去活來傳噩耗　字斟句酌報平安

龍從風的長孫、龍天然的長子龍紹君，突然從九江廬山逃到重慶，找到天行家裏。

龍家的人都十分驚喜，龍從雲連忙問他：

「你是怎麼逃出來的？」

「二公公，說來話長，真是一言難盡。」龍紹君回答。

「別急，你慢慢講好了。」龍從雲說。

龍紹君看了大家一眼，輕輕歎了一口氣說：

「公公帶著梁忠、我和紹智三人，在九江淪陷前把骨董字畫運到山上頤園別墅收藏，以為日本人不會攻打廬山，我們四個人準備了一年糧食，打算在山上避過鋒頭再說。想不到……」

「發生了什麼事兒？」龍從雲急著問。

「原來山上留下兩千多人的遊擊隊，就駐在蘆林，我們的別墅附近。起初日本人並沒有攻打廬山，他們拿下南昌之後，才調回部隊和大砲一百多門，從含鄱口小天池兩面夾攻，再加飛機轟炸，遊擊隊打到快彈盡糧絕，不能不撤退。日軍衝進頤園搜查遊擊隊，一進門就把紹智一槍打死，梁忠和公公護著骨董字畫的箱子不放，也被打死，骨董字畫全被劫走。」

龍從雲聽說哥哥，梁忠、姪孫紹智都被打死，自己的骨董字畫也被劫走，立即暈了過去；紹華、紹珍、紹玲三姊妹，啊的一聲哭了起來。

天行、蝶仙連忙扶著龍從雲進房休息，讓他躺在床上。龍從雲才慢慢歎出一口氣，眼淚像粒粒黃豆一般滾了出來。

天放的死對他的打擊已經很大，但天放死得光榮，他還能強自忍著悲傷，又怕影響蝶仙的心理，所以還能撐得起來。龍從風和姪孫紹智、梁忠的橫死，再加上父親和他蒐購的骨董字畫的損失，一下子就把他擊倒了，他彷彿癱瘓了一樣，再也站不起來。

龍太太忍著眼淚和蝶仙侍候他，杏芳也站在床邊，龍太太要蝶仙去煮點蔘湯水給他喝，現在沒有人蔘，只好用薑了。

蝶仙連忙去廚房煮薑湯水，杏芳接替她，周素真不知道，也沒有過來。天行看看父親是傷心過度，便安慰他說：

「爹，骨董字畫也是身外之物，不要太難過，身體要緊。」

「那是你祖父和我一生的心血，不止是我個人的東西，那是國寶。」龍從雲流著淚，有氣無力地說。「日本鬼子比西洋人更精，我們的國寶他們已經弄去不少，現在我是全完了！」

「爹，這筆帳我們以後會討回來，您放心。」

「縱然能討回來，恐怕我也等不到了！」龍從雲眼裏又滾出兩顆豆大的淚珠。

「爹，您放心，我們龍家的子孫還多，我也在，日本人賴不掉。」天行安慰他說。

「還有，我們家裏已經犧牲了四條人命，加上梁忠是五條人命。人死不能復生，這筆帳又怎麼討得回來？」

天行沒有話說，龍從雲又流著眼淚說：

「尤其是你伯父，他那麼一大把年紀，本來可以像你祖母一樣，好好地享享晚福，卻死在日本鬼子的槍下，他是我的替死鬼，我怎麼能心安？」說著他啊啊地哭了起來。

天行和龍太太也忍不住哭泣，龍太太想起天放更傷心，她一直沒有大聲哭過，現在也忍不住放聲哭了。杏芳也在旁邊抽抽咽咽，她想起紹智、紹勇那麼生龍活虎，都這麼冤枉死了，也很傷心。

「紹智、紹勇兩兄弟，花兒未開，果兒未結，天健這一房也絕後了，我這個做長輩的，看了怎麼不傷心？」

「爹，您不必說了，我們心裏都很清楚。」天行忍著淚說。

紹君已經悄悄走了進來，他聽見龍從雲這麼說，本來已經麻木的感情，也忍不住哭了。

蝶仙端了紅糖薑湯進來，親自一調羹一調羹餵給龍從雲喝，喝完以後，龍太太要大家出去，讓丈夫好好休息，她獨自在房裏陪著他。

天行把紹君帶到自己的臥室書房，紹華、紹玲、紹珍三姐妹和杏芳也跟了進來，天行問他：

「你是怎麼逃過那一劫的？」

「掌時我在後面看見那種情形，知道很難活命，便從後門溜到山上，逃出蘆林，尾隨遊擊隊向仰天坪逃。」龍紹君說。

「你就是這樣逃出來了！」天行問他。

「二叔，那有這麼簡單？」龍紹君向他苦笑。

「還有什麼波折？」天行又問。

「二叔，波折多啦！」龍紹君歎了一口氣：「我跟遊擊隊逃到仰天坪，在碧雲菴山窪裏又遭到日軍自兩邊高山夾擊，彈如雨下，血花亂飛，遊擊隊本來子彈很少，自然擋不住日軍的火力，死傷很多，全靠手榴彈突圍。」

「你手無寸鐵，怎麼能突圍？」天行又問。

「我從死屍身上取下兩顆手榴彈，才救了我一命。」龍紹君說：「加上天黑下來，我才能跟著遊擊隊連夜衝過南潯鐵路，進入岷山。」

「你真是命大！」天行說。

「二叔，我的大難還沒完沒了。」龍紹君說。

「難道又遇上了日本鬼子！」杏芳問。

「岷山一帶是鬼不生蛋的山區，老百姓窮得可憐，我們有時連蕃薯都吃不到，遇到日軍截擊還不算稀奇。」

「難道還有土匪攔截你們？」紹華說。

「妹子，這妳可想不到。」龍紹君向她苦笑。「當初我也沒有想到。」

「不管怎麼說，遊擊隊手裏有武器，除了日本鬼子、土匪以外，誰有那麼大的膽子捋虎鬚？」杏芳說。

「土八路可就看中了遊擊隊的武器。」龍紹君說。「他們連人一起要。」

「那是怎麼回事兒？」杏芳又問。

「一天黑夜裏，我們通過一處山坳，突然聽見「啪—砰」的三八步槍聲音，山鳴谷應，十分怕人，我們以為又遇上了日本鬼子？接著又是噠噠的機槍聲，這時以為真的遇上日本鬼子！大家便伏在地上掩蔽，想不到突然聽到山上喊話的聲音。」

「日本鬼子會向你們喊話？」紹華問。

「不，是我們自己人。」龍紹君搖搖頭說。

「大哥，自己人怎麼會打自己人？」紹珍插嘴。

「我也奇怪！但他們明明說他們是岷山遊擊隊，要我們這邊的遊擊隊放下武器跟他們走，而且見官升一級，見人發恩餉三個月，不然就全部消滅在這個山坳裏。」

「怎麼這麼巧？他們會把你們困在那個山坳裏？」杏芳有些奇怪。

「這是誰也想不到的事兒，」龍紹君苦笑：「原來他們有一個人在這邊的遊擊隊臥底，那傢伙是這邊的參謀，我只聽說他姓王，叫什麼名字我已經忘了，後來他在山上喊話，說他已經連升三級，大家才恍然大悟。」

「那你們只好投降了？」紹玲說。

「還沒有，」龍紹君搖搖頭：「直到那邊的政委出來喊話，要大家聯合起來，站在一條戰線上打日本鬼子，他的話十分溫和、親熱，這邊又自知無力抵抗，才被他們趕到一個隱祕的山村，關了起來。」

「那你怎麼逃得出來？」紹華問。

「這邊遊擊隊的報務員，有五瓦的收發報機，晚上他們沒有注意，以為沒有武器就沒有危險，想不到報務員偷偷地向附近友軍發出了求救訊號，天亮之前友軍趕到，一陣噠噠噠的機槍聲，把土八路從睡夢中驚醒，倉惶逃跑，我也被救了出來，這樣才能逃到重慶。」

「跟遊擊隊逃跑的就只有你一個難民？」天行問。

「二叔，廬山的難民可多呢！當初從九江逃上廬山的難民有好幾千人。當遊擊隊抵抗日軍時，難民送飯送茶水，救護傷兵，出了不少力，遊擊隊撤退時，也有很多難民扶老攜幼跟著遊擊隊跑，可是老的小的都跑不動，一路丟了不少，吃奶的孩子都丟在路邊的茅草叢裏，哭得令人傷心……。」龍紹君止不住眼淚，用手擦擦。

「年輕力壯的逃出了多少？」天行問。

「原先還有兩、三百人，在碧雲菴山窪裏被日本人打死了很多，後來沿途又打死不少，在岷山被土八路打死了一些，那天我脫險時，連遊擊隊算在一起，也只剩下幾十個人。」龍紹君說。

「和你一道逃出來的有幾個難民？」天行問。

「一個。」

「那一個人有沒有逃到重慶？」

「他在衡陽遇上親戚，留在衡陽了。」

「大哥，那人是誰？」紹華問。

「是吉祥米店的少老闆李祥麟。」

「我認識他。」紹華說。

「他是我初中同學。」紹君說。

「他家只有他一個人逃出來？」紹華又問。

「他老婆、孩子都打死了，他能逃出一條命也不容易。」紹君說。

天行不認識李祥麟，沒有作聲。他望望龍紹君說：

「那你這次是吃了不少苦頭了？」

「二叔，這次我是九死一生，不但吃足了苦頭，不瞞您說，我還討過飯。」龍紹君說著幾乎流下淚來。

「大哥，您是怎麼知道我們在這兒的？」紹華問。

「我在重慶看到薔華嬸唱戲的海報，就去找她，這才遇到救星！大叔和紹勇不幸的消息也是她告訴我的。」說到這兒他又不禁流下淚來。

天行囑咐他好好休息一段時間，工作問題他會想辦法安排。

這時杏芳突然接到香君的來信，她是去年在沙坪壩定居之後才寫信給香君的。過了半年時間，才收到回信。

她折開信，還沒有看完就哭了起來。蝶仙不知道是什麼原因？從她手上拿過信來細看，原來香君的信是這樣的：

杏芳：

來信收到，娘如獲至寶，獲悉妳一家大小平安，娘與文珍阿姨、雲姑奶奶都喜出望外，妳走後綢緞莊生意一落千丈，你父親、弟弟均已死於非命，詳情不便明言，以後或有機會面告。

蝶仙看到這兒才知道是怎麼回事兒，一面安慰杏芳，一面把信交給天行，天行接著看下去：

文珍阿姨與娘常住翰林第，與雲姑奶奶作伴，涸轍之鮒，相濡以沫。美子阿姨前曾來平探視龍子，小住半月，並遊覽萬壽山、故宮、中山公園等名勝古蹟，一償夙願。我們四人朝夕相處，快慰平生，美子阿姨深愛故都，尤念遠人，惟因教職在身，不得不返江戶。伊誠可人解人，大異厭物，亦異數也！

紹天是否回國？念念。望多孝順翁姑尊長，克盡婦職，娘不能飛渡關山，親自侍候，深以為憾。

雲姑奶奶、文珍阿姨，囑代問候。美子阿姨常有信來，備極關切。

餘不一一，望多珍重。

梅影阿姨早晚念經為你們祈福，亦囑代候。周二奶奶令尊最近病故，順告。

母字臘月初三

天行看完信又給蝶仙看，他一句話也沒有講，蝶仙看完信望望他說：

「你岳父過世的消息，要不要給素真知道？」

「蝶仙姐，我沒有心情過問這件事兒了，讓不讓她知道？請您斟酌吧！不過恐怕又會惹來一場閒氣？」

蝶仙知道他心情不好，這封信又難免觸痛舊傷。她心想要是沒有戰爭，他們都在北平，陪美子一道遊歷名勝古蹟，他和龍子共敘天倫，那該是多麼月圓花好的事兒？而現在不但金甌殘缺，家庭破碎，連香君也做了寡婦，石獸子父子也死於非命，他們沒有參加戰爭，也沒有飛機轟炸，究竟是怎麼死的？香君不敢明言，顯然和日本人有關。她把信交還杏芳，同時對她說：

「妳告訴妳婆婆一聲，就說妳娘來信說外公過世了，其他的不必再提。」

「姑姑，信要不要給婆婆看？」杏芳問。

「不必給她看，別的事兒都和她無關。」天行說。「她要是向妳要，妳就說信在我這兒。」

杏芳睜大眼睛望著他，隨即把信塞在他的手上說：

「爹，信您索性收著吧，我怕我搪塞不過去，反而壞事。」

說完她就到周素真那邊去了。

蝶仙望著杏芳的背影一笑，又感慨地對天行說：

「真想不到石獃子會生出杏芳這麼伶俐的女兒？也不知道他們父子兩人是怎麼死的？」

「香君不敢講，當然是日本鬼子殺的。」天行說。「只有日後回到北平，才能明白真象。」

「您岳父死了，小玉的事兒也不知道怎樣？您姑爹是誰打死的？這個悶葫蘆也沒有揭開。」

蝶仙說。「雲姑是不是真的和古井一樣平靜無波？都費人疑猜。」

「這些事兒我們一個字兒都不能提，只能悶在心裏。」天行說。

「香君把日本人稱為『猷物』，很有意思；美子不直接寫信給您，也真善體人意，很會為你著想。不知道文珍家裏情形怎樣？」

「他們在司徒威的卵翼之下，日本人自然會投鼠忌器，生活情形恐怕要算他們最好？」

「文珍常和雲姑、香君住在一塊兒，可見她的心情也不會好。」

周素真哭哭啼啼跑了過來，要看香君的信，天行對她說：

「信裏沒有妳的事兒，沒有什麼好看的。」

「香君信上說我父親死了，怎麼沒有我的事兒?」周素真哭著說。

「就只有那麼一句話兒，杏芳告訴了妳不就得了?」天行說。

「我不信，你一定有什麼事兒瞞著我?」

「妳老子的事兒我才不願意惹騷惹臭，我何必瞞著妳?」

「我爹死了，你也好像外人一樣，你還有沒有良心?還要拿這種話兒來氣我!」

「妳還想我匍匐奔喪，披麻戴孝不成?」

「你也不能像外人一樣，不聞不問!」

「我龍家死的人已經夠多了，我又怎樣?不該死的都死了，早該死的現在才死，這才是老天爺沒長眼睛，妳還有臉向我興師問罪?」

蝶仙看天行的火氣冒了上來，話也愈說愈重，周素真又哭了起來，連忙和杏芳把她連拉帶勸，弄回房去。周素真一把眼淚一把鼻涕地說：

「我真是倒了八輩子的楣!嫁了他這麼個沒良心的人!我爹死了連信都不給我看，還要說這些話兒來傷人……」她啊啊地哭了起來。

「香君的信我也看過，確實是只在後面附了岳老太爺病故這麼一句話兒。」蝶仙說。

「他也該給我看看，讓我放心!他不給我看，莫非是情書不成?」

杏芳聽了有些尷尬，蝶仙笑著堵住她說：

「妳想到那兒去了?那是香君寫給杏芳的信，又不是寫給他的。」

「那他就更不應該不給我看！」

「信上那些話兒都與妳無關，」蝶仙向她陪笑：「比方說，杏芳的父親、哥哥都去世了，妳又何必要看？」

杏芳聽蝶仙這麼一說又哭了起來。周素真這才一怔，蝶仙又對她說：

「最近我們家裏連續發生幾起不幸的事件，爹娘正在傷心，天行心裏也很難過，妳千萬不要為了岳老太爺的事兒嘔氣，打翻了馬蜂窩，大家都不得安寧。」

「那讓我回北平娘家去好了，我在這個家裏實在待不住。」

「現在兵慌馬亂，烽火連天，妳怎麼能回去？」蝶仙問她。

「要他派人送我回去。」周素真說。

「現在不比從前，下人、丫頭一個也沒有，手邊又不寬裕，怎麼能派人送妳回去？」蝶仙望著她的臉上說：「再說，在這種節骨眼兒上，妳要是真的回去，外人知道了，那天行是跳進黃河也洗不清的。」

「妳為他著想，可不為我著想？」

「我也是為妳著想。現在的北平也不是以前的北平，岳老太爺過世了，妳頭上就少了一層天，日本人橫行霸道，出了事兒誰來照顧妳？妳在這兒雖然比往日苦得多，可是仍然風吹不倒妳，雨打不到妳，自然也餓不著妳。天塌下來有天行和我頂著，也壓不倒妳。這不比妳冒險回北平好？」

周素真聽了蝶仙這一番話，才不作聲。事實上讓她回北平她也不敢去，她只是賭氣而已。

蝶仙和杏芳一道來到天行這邊，天行把香君的信交還杏芳，又對蝶仙說：

「我說了會惹一場閒氣，不告訴她還好一些。」

「她要是真看了這封信，那氣兒會更大了。」蝶仙笑著說。

「其實如果她是明白人，看了這封信更應該慚愧，更應該反省。文珍、香君、美子不都是女人？他們誰也不妒嫉誰，反而心如日月，像知己的姐妹一般。」

「您以為我們女人個個都能像她們那樣？」

天行心裏本來還有很多話要講，但杏芳站在身邊，他不便講。他轉而對杏芳說：

「給妳娘回信時千萬小心，不要給她們惹上麻煩。記得代我和姑姑問候她們。」

「您不便寫信，我倒可以寫信給她們。我只談家常，不談國家大事，諒也無妨。」蝶仙說。

「您寫封信去也好，免得冷落了她們。」天行說。「雲姑是我們家的守護神，現在我們只有那一份家業了！如果那個家也保不住，日後真是赤手空拳了。」

「希望雲姑她們平安無事，我們出的事兒已經夠多了！您哥哥的事情要不要告訴她們？」

「既不便明寫，告訴她們也無益，還是不提的好。」

「您心裏有什麼話？要不要我替您說？」

「我心有千千結，讓它爛在我肚子裏好了。」

「您要不要附一張信，請她們轉給美子？」

他沈默了一陣，最後還是說：

「千言萬語，我真不知道從何說起？我不便，她也不便，我不寫一個字兒，我想她也會體諒我的。」

「你們都是心照不宣，我看了反而有些替你們納悶，但願以後你們還能重聚。」

「對他們母子兩人，我都不再做這種指望。」

蝶仙只好挽著杏芳離開。杏芳已經瞭解天行和文珍、香君、美子之間的情感關係，蝶仙委婉地詳細說過，她很諒解，也很同情，而且十分敬佩。

她們兩人先斟酌書信的內容，寫完後又彼此看了一遍，杏芳給香君的信是這樣寫的：

娘：

手諭敬悉。噩耗傳來，女兒十分震驚，悲不自勝。望娘珍重，以圖日後母女重逢，再敘天倫。女兒離家以來，均在尊親呵護之下，無憂無慮度日，蝶姑更視我如女，愛護備至。行萬里路勝讀萬卷書，女兒已非復吳下阿蒙矣。

紹天即將歸國，請釋慈念。敬請

金安

女兒杏芳敬叩　三月初十

蝶仙的信是寫給古美雲、文珍、香君三人的：

雲姑、文珍、香君妝次：

流離歲月，人如行雲，久疏問候，心實不安。

頃讀香君手札，悲喜交集，回首前塵，恍如夢中。鶯聲燕語，猶在耳邊，花容月貌，如在眼前；肝膽相照，息息相關，憂樂與共，悲喜相通，人生如此，夫復何求？如今天各一方，關山萬里，翹首雲天，淚濕春衫。

萍蹤初定，茅舍竹籬，別有風光，粗茶淡飯，甘之如飴。天行學老農老圃，自耕自給；我亦荊釵布裙，自作羹湯。身在巴渝，心在故園。杜鵑聲中，牡丹園裏，彼此珍重，以圖良晤也。

美子魚雁相通時，千萬代我與天行殷殷致意，天行心重，有口難開。敬祈

諒察，順頌

春祺

蝶仙檢衽　三月初十

她們兩人相互看過之後便套進一個信封裏，由杏芳送到附近郵政代辦所寄出去。

龍從雲心情一直不好，天行和蝶仙都強顏歡笑侍候他。蝶仙養的雞活潑可愛，大雞、小雞都

跟在她腳邊轉、身後跑，她常常用米逗小雞，往往逗得龍從雲夫婦一笑。天行想買隻好鸚鵡、好畫眉來給父親養，可是買不到。他只好弄了一隻小黑狗來養。

看了這隻小黑狗，龍從雲又相起北平家中那隻黑虎，那隻狗雄壯威武，她在外面還沒有見過，他又不免見狗生情。

天行的菜園種得不錯，園裏常是一片翠綠，生氣勃勃，也給龍從雲夫婦帶來一點歡欣。

日本飛機又開始狂炸重慶，來勢洶洶，第一次就來了幾十架。他們聽見飛機嗡嗡的聲音就躲進屋後的防空洞裏。他們看不見飛機轟炸，卻聽得見飛機的聲音，尤其是飛機從他們上空繞過時，震耳欲聾，地都在顫動。

日機投的都是五百磅的大炸彈和燒夷彈，與當年地毯式濫炸武昌的情形相同，當時武昌菁華和人口密集的街道都是一片火海，這次日機轟炸重慶又集中在都郵街、小樑子一帶熱鬧市區，頓時濃煙衝天，市區上空烏黑一片，房屋像山崩似的轟然倒塌，磚瓦與血肉齊飛，斷臂殘肢，遍地都是。下半城一片火海，與天空黑煙形成紅黑兩種不同的顏色，成為強烈對比。人行道燒得燙腳，有些柏油馬路已經融化，四川人的草鞋踩在上面都被黏住。活人撫著死屍呼天搶地，搥胸頓足，又哭又罵：

「日本鬼子，你們這些龜兒子！格老子住在重慶，是那天得罪了你？你們下這樣的毒手，炸得格老子家破人亡！你們會有報應，不得好死……」

「日本鬼子！你們在東洋，我們在重慶，相隔十萬八千里！格老子又沒有挖你們的祖墳，你們為什麼要河水來犯井水？炸死我一家人！你們該下地獄，格老子做鬼也要報仇！……」

幾十架飛機投下炸彈之後，還在重慶上空兜圈子，日本人聽不見這些哭罵，他們看看下面一片火海，山城重慶變成了煉獄，飛機才轟轟地揚長東去，老百姓望著飛機哭叫咒罵，卻沒有一點法子。

當天下午就有不少住在重慶市區的人，如驚弓之鳥，倉惶慌張地向沙坪壩這邊跑，傳言十分可怕。

天行、蝶仙他們耽心郝薔華，不知道她是死是活？紹君自告奮勇要去重慶找她。他們又怕紹君遭遇危險，遲疑不決，紹君一定要去，他情急地說：

「要不是她，我就找不到您們，我會流落重慶討飯，我走夜路也要趕到重慶把她找到，不管是死是活？」

「她要是活著，你就把她接回來；她要是不幸，你就替她收殮，也盡我們一片心。」天行一面說一面給他一筆錢。

紹君不要，他說郝薔華給他的錢還沒有用完。他不等車，逕自走向重慶。蝶仙囑咐他要是半途遇到滑竿或是木炭車，就不要走路。

「不管有沒有找到她？一吃過早飯你就該回到沙坪壩來，不要待在重慶。」蝶仙把他送到路邊又囑咐他幾句。

他們一夜都沒有安心睡覺，天一亮就等報紙，要看轟炸消息，偏偏報紙又出得比平時晚，九點多鐘才送來。報上照片、新聞登了一大版，斷垣殘壁，瓦礫遍地，屍體狼籍。有位婦人披頭散髮，抱著愛子的屍體仰天呼號；一位白髮老翁，坐在兒子屍體旁邊默默流淚。街上火勢還未熄滅，老百姓從江邊挑水爬上兩、三百個石級上來灌救，緩不濟急。根據統計，死亡市民四千四百多人，受傷的三千一百多人，炸毀房屋一千二百餘棟，都郵街、小樑子一帶全部變成瓦礫，川鹽銀行樓頂中彈，由於建築特別堅固尚未倒塌。

他們看過報紙之後更加耽心，因為戲院在下半城，郝薔華也住在下半城一家旅館裏。直到中午，郝薔華和龍紹君才坐著兩輛人力車回來，外加一個挑伕挑了兩大箱行頭。

蝶仙和杏芳她們都迎上去，郝薔華跳下車子摟著蝶仙說：

「蝶仙姐，真嚇死人了！當時我真怕再也見不到您們了。」

「真是吉人天相！」蝶仙挽著她說：「今天看了報紙，我們更加耽心。」

「幸好紹君去接我，不然我真回不來！」郝薔華指指兩大箱行頭和兩口皮箱說：「找人找不到，這麼多東西我也搬不動，照顧不來。」

「回來就好，平安就是福，戲也不必再唱了。」蝶仙說。

「戲院全燬了，還唱什麼戲？」郝薔華歎口氣說。

「你住的旅館炸了沒有？」蝶仙問她。

「旅館炸掉一半，幸好我住的房間沒有毀，不然這兩箱行頭也完了。」郝薔華回答。

龍從雲夫婦看她平安回來也很高興，還誇獎了紹君幾句。天行在學校還沒有回來。

蝶仙要紹君指揮挑伕把箱子挑進客房，紹君手上還提了兩口衣箱。郝薔華付過車費工資，就拍拍胸口吁口氣說：

「現在我總算撿回了一條命！蝶仙姐，我情願同您在沙壩吃糊喝粥，再也不去重慶了。」

「幸虧天行有眼光，在這兒蓋了茅屋，讓我們安居下來，連警報都不必跑。」蝶仙說。

大家都在吃飯，天行才趕了回來。他看到郝薔華十分高興，探問昨天轟炸的情形，郝薔華向他說了一遍，和報上記載的差不多。

「妳躲在那兒？」天行問她。

「我躲在旅館附近的防空洞裏。」郝薔華回答。

「妳們班子的人呢？」

「有些躲在別的防空洞裏。」

「有沒有死傷？」

「死了一位花旦，傷了一位二路老生。」

「那以後怎麼配戲？」

「戲院毀了，班子裏人手不足，大家都不敢住在城裏，以後恐怕唱不成了？」

「一到霧季，日本飛機就不能來，那時市面會好一些。」

「一日被蛇咬，十年怕井繩，我也不想再去重慶唱了。」

「我早料到有這一天，所以我先給妳留了一個房間。」天行笑說。

「您真是諸葛亮，未卜先知。」郝薔華也笑說。

「以後日本飛機會炸得更厲害。」

「我看他們簡直瘋狂了，真沒有一點人味兒。」郝薔華說。

「我看他們還會更瘋狂，一旦搗毀了馬蜂窩，他們的末日就快了。」天行說。

果然，沒有多久，日機便不分晝夜空襲重慶。一天夜晚空襲時造成更大的慘劇，一顆炸彈在校場口大隧道入口處爆炸，一時秩序大亂，隧道裏人擠人，人踩人，空氣又不流通，窒息而死的就有一千多人。這天晚上的空襲一共死傷三萬多人。

以後沒有幾天，日本飛機就把重慶美國駐華大使館炸毀，英國駐華大使館夷為平地。英美兩國抗議，日本人相應不理。以前日機在京滬路上追逐掃射英國大使座車，擊傷英國大使 Sir Hieghs K. Hugessen，英國抗議，日本人也不理，天行從許多日本資料和這些事件中，更認定日本人會更瘋狂。

紹天從英國回來，給茅屋裏帶來了歡樂氣氛。他不知道九江老家幾位堂妹和堂兄紹君，自然更不認識郝薔華，經過一一介紹，他才弄清楚彼此的關係。

國內情形，家庭的變故，他也不大清楚，天行、蝶仙、杏芳他們相機向他說明，他才慢慢瞭解真相。他最難接受的是從翰林第變成茅屋這個眼面前的事實。蝶仙最能體會他這種心理，因此向他逗趣兒說：

「紹天，我們家現在不比從前了，吃的、住的，差得更遠了，巧婦難為無米之炊，姑姑照應不周的地方，你可得包涵包涵？」

「姑姑，您說這話兒我真不敢當，我還沒有孝敬您，您怎麼說起包涵來了？」紹天笑著回答。

「您在英國吃的是牛奶麵包，從小又錦衣玉食，現我只能給你吃糙米飯，青菜蘿蔔，連豆腐都少，我怕你食不下嚥？」

「姑姑，餓了三頓狗屎都會吃，您不必耽心我。」

紹天說得大家一笑，蝶仙又安慰他說：

「姑姑養了不少雞，公公、婆婆天天有雞蛋吃，你是英國回來的嬌客，也和公公、婆婆一樣待遇，我每天弄兩個蛋給你吃，免得拖垮了你。」

「姑姑，千萬不要兩種待遇，您吃什麼，我也吃什麼。」

「我和你爹都吃大伙，您是喝過洋水兒的人，自然不同了。」蝶仙笑著說。

「姑姑，您什麼時候也有了崇洋思想？」紹天笑問。

「這次日本人給我們吃了太多的苦頭，姑姑才知道飛機、大砲真的厲害！」蝶仙笑著回答。

「因此覺得洋騷味兒也是香的。」

「姑姑，我可不會造飛機、大砲。」

「我們老百姓衣不蔽體，軍隊也是赤腳草鞋，服裝也差得很，那有英國的華達尼、馬褲尼？你要是能讓老百姓和軍隊都穿得好，那不也是一大功勞？」

「姑姑，我一回來您就給我這頂大帽子，那會壓得我抬不起頭來。」紹天不禁好笑。

「養兵千日，用在一朝，家裏花了那麼多銀子讓你去英國留學，自然希望你回來能派上用場，只要你努力，姑姑每天再多弄兩個雞蛋給你吃。」蝶仙笑說。

大家都被她說笑了。龍從雲夫婦十分開心，周素真也覺得臉上很有光彩。

由於紹天是在英國學紡織的，他們家裏又捐獻過紡織廠，軍方特聘他為同少將處長，策劃改進被服製造工業，同時龍從雨捐獻的紡紗廠已遷到江津，軍方又擴充了設備，成為一個新的被服工廠，現在已經開工生產。龍天行特別陪他去看龍從雨，參觀工廠，龍紹君也過去了，而且留在廠裏工作，因為他對紗廠的管理經營也有一些經驗。

紹天從英國回來，不但給龍家帶來了歡樂氣氛，也帶來了一線希望。

# 第七十三章 國難家難連烽火 親人仇人繫怨恩

龍紹人從武漢撤退之後，和文化界的朋友輾轉逃到了桂林，全國文人作家幾乎都集中在桂林，桂林頓時成為文化城。這時有人暗中資助他辦了一分《八月》大型文藝雜誌，銷路很好。龍紹武、紹地、紹芬他們路過桂林時看到這份雜誌，找到了他，他原先不知道家人的情形，更不知道地址；天行他們也不知道他在何處？他們一碰頭，一切都明白了。

紹人有位女朋友凌菱，和他住在一起，人很標緻。紹地問他是怎麼認識的？他聳聳肩膀回答：

「亂世兒女，還不是在路上碰到的。」

「你那有錢辦這個雜誌？」紹地打量他一眼說。

「大家窮湊合。」他背臺詞似的說。

「一份雜誌就只有你們兩人辦？」

「不錯，」紹人笑著點點頭：「從社長、編輯到工友，全是我們兩個人。」

「那些名家的稿子你又是怎麼弄來的？」

「他們大多是我在武漢認識的朋友，又都住在桂林，要稿子倒很方便。」

「你怎麼付得起人家的稿費？」

「頭兩期賣面子，現在已經能夠維持。亂世人不如太平狗，亂世文章更不值錢，而寫文章的朋友都很天真：愛名不愛錢。不然我的雜誌怎麼辦得起來？」

「凌小姐也不要薪水？」紹芬問。

「她和我一樣，有飯吃就行。」紹人回答。

紹芬聽了好笑，紹地問他：

「你們不打算結婚？」

「結不結婚都是那麼回事兒，」他輕鬆地回答：「不過現在既然知道了家裏的地址，那就請爹來主持一下儀式也好。」

「凌小姐有沒有家長？」

「本來她是和哥哥一道逃出來的，哥哥在武昌炸死了，現在只有她一個人。」

「那很可憐！」紹芬說。

「現在誰不可憐？」紹人反問她。

「那你更應該趕快和她正式結婚。」紹地正色地說。「這才名正言順」

「我們兩人倒是志同道合，她並不重視俗套。」紹人對紹地說。

「我不同意你這種說法，」紹地搖搖頭：「不管怎麼說，人家是黃花大閨女，不能不清不白。」

「真是皇帝不急，倒急壞了你這個太監。」紹人一笑說。

「終身大事，豈可兒戲？」紹地向他說：「你趕快訂個日子，請爹來一趟，湊巧我們都在廣西，也好趕來湊個熱鬧。」

紹武他們也贊成紹地的意見，劉安娜湊趣地說：

「我們也好趕來討杯囍酒喝，你們說對不對？」

余純純、李烈都附和，紹人笑著對他們說：

「我先請你們吃桂林馬肉米粉，喝三花酒，這兩樣都是桂林的名產，錯過了這個機會才可惜。」

他隨即帶他們去專賣馬肉米粉的會仙樓，紹地要他帶凌菱一道去，他說他們兩人常來吃。會仙樓地方不大，客人卻很多，比北平的東來順生意還好，他們好不容易搶到七個座位，要了一斤三花酒、兩盤油炸花生米下酒，馬肉米粉的盌很小，和茶杯差不多大小，只有一筷子米粉，上面鋪著幾片薄薄的馬肉、馬肝，用桂林辣醬拌著吃，風味的確不錯，這是他們第一次吃馬肉，紹芬、余純純、劉安娜三人也吃了十幾盌，紹武他們四個男人每人都吃了二、三十盌，算是打了一次牙祭。

紹人本來還想陪他們玩玩，紹地說：

「我們要趕到部隊去報到，劉隊長還在等我們，你結婚時我們再來，好好地陪爹遊歷一下桂林山水。」

紹地他們便匆匆趕往南寧。過了兩個月，紹人才寫信請天行來桂林主持婚禮，正好在暑假期間，天行才能抽空趕來。因為路遠，一票難求，公路又相當危險，蝶仙和周素真想來都未能來。紹地他們倒很方便，都請假趕來。

婚禮很簡單、樸素，新娘子只穿了一件陰丹士林旗袍，一雙布鞋，頭髮未燙，脂粉未施，只在胸口戴了一朵花。

客人都是文化界、新聞界人士，不少是鼎鼎大名的作家、詩人。他們多半認識天行。

天行在桂林住了兩天，紹人夫婦和紹地、紹芬他們陪他遊覽桂林、陽朔名勝。

桂林城內的獨秀峰是第一個遊覽的地方。獨秀峰只有五十多丈高，橢圓形，拔地而起，既無來龍，亦無去脈，凝然獨秀，山下有石室，為顏延年讀書處，山上有太平巖，有曲折石徑三百多級可上。登高一望，全城盡入眼底，週圍都是機關學校，明朝靖江王府也在旁邊，峰後有月牙池。前有榕湖、湖中又有「榕湖水榭」，有曲橋可通。

桂山在城北，山石層層，彩翠相間，因此又稱疊綵山。山上有古寺，寺後有風洞，洞中石刻佛像很多。

灕江之濱有伏波巖、七星巖。伏波巖與獨秀峰隔江相望，上有馬援祠，有紀功碑。巖旁有還珠洞，天行他們乘小舟進入洞中，看米南宮小像、題字。洞中有一奇石懸空而下，據說是馬援試劍石。

七星巖如北斗七星，半山有棲霞寺，寺後有棲霞洞，從洞中下行一百多級到平地，可容幾百人，雖然是炎夏，他們站在洞裏也一身涼意。是一個天然好防空洞，比重慶嘉陵江邊那些岩石防空洞更大更好。

七星巖附近還有月牙巖，形似初月。半山有文昌閣、觀音菴。巖北有龍隱洞，深廣六十多丈，可坐數百人，洞口有狄青紀念碑，陸游石刻詩。洞內石刻詩文更多。

灕江邊上的象鼻山也很有名，遠望如大象獨立江邊，在象鼻與象身之間有個形如滿月的洞，稱為水月洞，可坐船進去。象背上有石塔，狀如寶瓶。

桂林城西隱山還有唐朝李渤所開的六個洞，其中以老君洞最著名，洞中供老君騎牛像，左右有鹿鶴形狀的石乳，斜行而上有石榻棋局，名為仙弈，是很好的休息仙境。

桂林山水甲天下，陽朔山水甲桂林。天行忽然想起唐朝詩人沈彬一首贊美陽朔的詩：

陶潛彭澤五株柳，潘岳河陽一縣花；
兩處爭如陽朔好？碧蓮峰裏住人家。

他問大家讀過這首詩沒有？他們都搖搖頭。天行對紹人、凌菱兩夫妻說：

「你們辦文藝雜誌，不讀《全唐詩》，也不登絕律詩，怎麼能提高新詩的境界?寫出代表中國的新詩來?」

「新詩要和舊詩一刀兩斷，連梁勉人那種改組派的新詩我們都不歡迎。」紹人說。

「文學不能一刀兩斷。」天行說：「梁勉人既不是舊詩人，也不算是新詩人。新詩是從西洋移植過來的，你們走的完全是西洋詩的路子。像劉易士，把法國象徵派硬移植過來，而他自己的法文、中文都不行，所以作品沒有人懂，其實中國唐詩早就用了象徵手法，李商隱就是高手。再則西洋語文和中國語文又有很大的差別。你們用中國語文寫西洋詩，或是用西洋語文寫中國詩，必然會產生隔離感。上焉者，也不能表達詩的神韻、精髓，下焉者就非驢非馬了。」

「我們是要用新詩傳達新的思想情感，舊詩就辦不到。」紹人說。

「那是你們不會運用舊詩的語言文字，不是舊詩不能表達。如果連平仄都不會，那又怎麼好怪舊詩不能表達新的思想情感?」

「我們也要突破舊詩那個死框框。」

「詩不是形式問題，是素質問題。」天行搖搖頭說：「中國絕律詩固然是個框框，英國十四行又何嘗不是框框?現在你們寫新詩也不是沒有框框，只是沒有固定的框框，框框很大很亂而已！」

「這樣就自由多了！」紹人說。

「自由是自由了，但是沒有詩味兒。」天行說。

「怎麼會沒有詩味兒？」

「就以唐朝沈彬那首絕句來說吧，總共只有二十八個字，把陽朔寫得那麼好，新詩能辦到嗎？更別說韻律、節奏美了。」

「新詩是用白話寫的，自然辦不到。」紹人說。

「詩不是散文，詩的文字、語言貴在精不在多，不能精鍊，這就是新詩先天上的弱點。好比一小杯又香又醇的上好的大麯、茅臺、竹葉青、高粱……你把它倒進一隻大水桶裏，那還有什麼味兒？倒進灕江，那就更還原成水了。你能向灕江要酒嗎？」

紹芬被天行說得嗤的一笑，紹人一時語塞，天行又說：

「做酒少不了水，而且好酒一定要好水，但水不是酒。你們寫新詩我並不反對，但更要多讀絕律詩和長短調，這樣才能推陳出新。」

「但是絕律詩和長短調寫不出偉大的史詩，新詩可以辦到。」

「寫偉大的史詩已經是長篇小說的事兒了，詩太單調，不可能再擔負那麼重大的任務了。詩還是以抒情為本。如果你們要和抒情的絕律詩、長短調一刀兩斷，而又不能解決新詩的語言文字問題，只是標新立異，一股腦兒跟在西洋人的屁股後面跑，那是取法乎下，徒然破壞中國詩、中國文學，那就很難有什麼成就。」

紹人沒有想到天行會說出這一番話來？過去他瞧不起寫舊詩的人，父親也寫舊詩，他也不恭維，沒想到父親的理論自己無法反駁，他比自己懂得更深更多。以前在北平唸書時他總以為父親是親日派，現在事實證明他是抗日派，比別人更瞭解日本，是思想上抗日，不止是情緒上抗日，天行看他沒有話說，又笑著對他說：

「那就陪我去遊陽朔吧？」

於是他們又一起去陽朔。

陽朔山水自濟流渡起，石筍林立，玲瓏奇麗，千姿百態，或如猿、鶴；或如龜、蛇；或如修竹，或如高旗；山勢多不規則，繁而不亂，蒼翠欲滴，渾然天成，清流見底，游魚細石可數，而山水之怪異娟秀，又非富春江可比。

陽朔的筆架山也很特別，卓然獨立，無來龍去脈，三峰並列，中峰獨秀，是天然筆架。螺螄石有一山洞，寬廣宏敞。陳鳳璞有詩一首，是寫螺螄巖的佳作：

晚晴雲氣入巖扉，何處征帆逐鷺飛？
目極山窮水盡處，渡頭扶杖一僧歸。

都荔山是陽朔主峰，左為龍頭，右為天鵝。來仙洞諸峰環拱。其他尚有羅漢、明珠、白鶴、鸛塘諸洞，都很有名。

天行聽說陽朔產畫眉，很想買一隻回重慶沙坪壩家中給父親飼養，但是陽朔的畫眉會鬥不會叫，一時又買不到，只好作罷。

遊罷桂林、陽朔之後，他問紹芬有什麼感想？紹芬說：

「桂林、陽朔的山水和廬山不同。」

「也和三峽不一樣。」天行說。

「怎麼不一樣？」紹芬問。

「桂林、陽朔的山水清、奇、秀；三峽的山水雄、奇、險。桂林、陽朔的山水像抒情的絕律詩、長短調；三峽的山水像敘事長詩，雄偉壯麗。」天行說。

「二伯的比喻好極了！」紹芬連連點頭。

「可惜我們沒有去過三峽。」余純純說。

「能遊桂林、陽朔，也就不虛此生了。」劉安娜說。

「廬山北帶長江，南瀕鄱陽湖，雄偉、壯麗、俊秀、開朗、穩重，彷彿謙謙君子，『望之儼然，即之也溫』。爹，您看我說的對不對？」紹人說。

「你的比喻也很好。」天行笑著點頭。

「可惜三峽、廬山我都沒有去過。」凌菱說。

「妳做了我們龍家的媳婦，就別愁去不了廬山。」天行對她說。

隨後天行又向紹芬他們探詢部隊生活的情形，紹地說：

「部隊生活比受訓時輕鬆多了，不過責任比較重。」

「你們生活得慣嗎？」天行問余純純、劉安娜。

「我們不帶兵，只作文宣工作，還過得來。」余純純回答。

「有空時妳們還要多看看書，免得落伍。」天行對她們說：「自然更要保重身體。留得青山在，不怕沒柴燒。我認為當軍人是成功第一，成功就是勝利；成仁就是失敗，那是萬不得已而為之的，不足為訓。要想成功，就要處處勝過敵人，不單是武器。」

天行為鼓勵他們，又請他們打牙祭，在館子裏吃了一頓豐盛的飯菜。在席間還對紹人、凌菱說：

「你們兩人辦文藝雜誌，是提供精神糧食，應該走純正的文學路子，不要搞旁門左道。」

他們兩人沒有作聲。天行又問：

「你們刊物的名字是誰取的。」

「是朋友們商議的。」紹人回答。

「文學刊物可取的名字很多，我不知道《八月》是代表什麼文學思想？什麼文學流派？」天行又說。

紹人支吾其辭。天行知道是什麼意思，但他不願指出來，只是含蓄地對紹人說：

「你還年輕，有些事兒你並未真正瞭解，你最好把眼睛睜大一點兒，不要盲目，小心上當。文學也是有人利用的。」

紹人有些尷尬，凌菱低頭不語。

余純純、劉安娜、紹芬她們一片純真，不明白天行話中的意思。紹人、凌菱都明白，但不敢申辯。

分手時天行對大家說。

「希望你們好自為之，不要讓我操心才是。你們是最不幸的一代，也是最有貢獻的一代，你們應該瞭解本身的價值，培養獨立思考判斷的能力，不要被任何人牽著鼻子走。」

天行懷著並不快樂的心情離開廣西。

桂林、陽朔的山水固然使他心曠神怡，可惜這是戰時！如果沒有戰爭，他真想在這兩個地方盤桓幾個月。他很羨慕沈彬、柳宗元、黃山谷、范成大、陳鳳璞這些詩人都在這一帶住留過，而他只能走馬觀花，匆匆一瞥，不能住下來慢慢欣賞。紹人雖然住在此地，但他似乎沒有心情欣賞大自然的恩賜，他心裏彷彿萬馬奔騰，很難寧靜。凌菱是一位好媳婦，外表嫻靜，但內心裏好像也很不安寧。余純純、劉安娜、紹芬，都是一片純真，她們把這個世界都看成陽朔、桂林，看不見三峽江中隱藏的巉礁亂石和水中的漩渦。紹武、紹地、李烈他們心中只有一股熱血，沒有其他。他們只會勇往直前，會不會中途遇伏？很難預料。他們這些年輕人的處境，比他當年還要複雜危險，而他們又都沒有成熟，沒有足夠的智慧辨認大大小小的漩渦和陷阱。尤其是紹人，更使他擔心。他有文人氣質，自負、衝動、反抗權威、傳統，不夠冷靜，這是他的致命傷，也會傷到別人而不自知。他還記得，紹人當年把他看作親日派，他曾一掌打得他暈頭轉向，跌倒在地，也傷了他們父子的情感。這次紹人請他來主持婚禮，總算是差強人意。但他發現《八月》這份文藝雜誌，並非真的純文學雜誌，銷路好，捧場的人多，錢從那兒來？他那有這麼大的魅力？他心裏不免有些懷疑。但他知道父子之間不責善，責善則離的道理，他只能給他暗示，不能再教訓他。

回到沙坪壩家裏，龍從雲夫婦首先關心地問紹人兩口兒的情形。天行為了安慰他們，故意高興地說：

「他們很好，紹人已經成名了。」

「孫媳婦兒怎樣？」龍太太問。

「人很標緻，也很嫻靜。」天行說著就從皮包裏拿出一張他們的結婚照片遞給母親。

龍太太和龍從雲看了都眉開眼笑。蝶仙、杏芳、郝蕾華也湊過去看，看了都很稱讚。龍太太要杏芳送給周素真看，周素真看了得意地說：

「幸好我的兒子都替我爭了一口氣！」

杏芳聽了好笑，故意捧她：

「娘，您真是有福之人！他們三兄弟個個爭氣，不用您操半點兒心。」

「可是妳成親幾年，我還沒有抱孫子呢！」

「娘，現在您就不必操這個心了！到時候自然會給您一個孫子。」杏芳笑著跑了出來。

蝶仙很關心紹人，她最清楚他們三兄弟的個性，離開武漢以後，她又一直沒有見到他，不免有些想念。她也知道自天放去世後，天行處處小心，盡量使父親、母親高興，有時甚至撒點小謊。她怕天行講的不是實話，因此悄悄問他：

「紹人真的很好嗎？」

「他混的不錯，不過我還是有些耽心。」天行說。

「他不再是小孩子，他已經成家了，您還耽什麼心？」蝶仙說。

「蝶仙姐，您想想看，他一個光人，那有錢辦那麼大的雜誌？而且辦得不賴，捧場的人還真不少。」

「紹人的能力是有的，這一點我倒不懷疑。」

「可是他赤手空拳，是個窮光蛋，我懷疑他辦雜誌的錢來路不明？」

「您有沒有問他？」

「您知道他的個性，我也不便問，我怕傷了他的自尊心。」

「囝大爺難做，您就不必耽那個心了。」

黃凍梅過來看他，向他道喜。黃凍梅安貧樂道，和天行做鄰居，住茅屋，快樂逍遙。兩家的豆棚瓜架相連，雞兒也相互來往，他又只有夫妻兩人，瓜菜還吃不完，時常送過來，如果不是三天、兩天的警報，他真很歡喜這葛天氏之民的生活。他知道桂林、陽朔山水甲天下，他問天行遊歷過沒有？天行告訴他遊歷的情形，他十分羨慕。

「一旦天下太平，我們兩人去桂林、陽朔，好好住一段時間，您看如何？」黃凍梅興奮地說。

「恐怕太平不起來，我們未必有那種福氣？」天行說。

「此話怎講？」黃凍梅笑著問他。

「您經過三峽，您該知道暗流的可怕？」天行也笑著說：「將來日落西山以後，恐怕中國也不是李青蓮的那兩句詩：『兩岸猿聲啼不住，輕舟已過萬重山』的那種輕快的局面，您那有那份閒適的心情？」

「的確，我們生逢這個時代，遠不如杜甫當年。」黃涷梅說：「當年杜甫流寓白帝城、夔府一帶，比我們住在沙坪壩安逸得多，所以他還有心情寫：『瞿塘峽畔曲江頭，萬里烽煙接素秋。』『玉露凋傷楓樹林，巫山巫峽氣蕭森。』『夔府孤城落日斜，每依北斗望京華。』我們住在沙坪壩，白天晚上都有警報，還要教書，以後的日子說不定比現在更亂？」

「那我們怎麼風雅得起來？」天行向他一笑。

「想不到您去了一趟桂林，又有新的發現！」

「時局天天在變，國內國外形勢也天天在變，只是我們安於這種竹籬茅舍的生活，種種菜、養養雞、讀讀書，習以為常，不知不覺而已。」

這時紹忠、紹雄、陳其昌三人突然說說笑笑走了進來，他們都是一身戎裝，赤腳草鞋，精神抖擻。黃涷梅看他們進來，便起身告辭。

他們三人也畢業了，一起分發長沙前線部隊，特地來看看天行他們。紹華、紹珍三姊妹一年多沒有見他們兩兄弟，十分高興，蝶仙又忙著殺雞款待他們，向他們問長問短，使他們感到家庭的溫暖，很想多住幾天。

突然，歐洲大戰爆發，納粹德國勢如破竹，直下巴黎。日軍也集中六個師團的兵力，大舉進攻中國糧倉湖南長沙。本來他們打算去江津看看龍從雨、龍紹君等親人，只好臨時改變計畫，提前離開沙坪壩。

龍從雲夫婦看了心裏非常難過，他們想起紹勇去年一報到就被炸死，還加上一個東北青年余志中，現在紹忠、紹雄兩兄弟又和陳其昌一道赴前線，「真是明知山有虎，偏向虎山行。」龍太太忍不住對他們說：

「上面也沒有限定你們那天報到，你們何必這麼急著趕往長沙？」

「這一仗打下來死傷一定很大，我們早一天報到可以早一天下部隊填補空缺，當了軍人就不能做縮頭烏龜。」紹忠回答。

紹華、紹珍、紹玲三姊妹利用課餘的時間做了幾雙布鞋，本來打算分寄給紹武和他們兩兄弟，現在統統送給他們三人，每人剛好分到兩雙，他們當場脫下草鞋試穿一下，彼此調整都很合腳，他們十分高興，紹忠笑著對紹華說：

「華姐，我已經一年多沒有穿過這麼舒服的布鞋了！」

「以後我會多做幾雙給你們寄去。」紹華說。

他們三人小心地把布鞋打進背包，又換上麻草鞋，這種麻草鞋還是剛在重慶買的，比受訓時的稻草鞋又好多了。

龍太太看了直流淚。他想到從前家裏的下人也沒有打過赤腳穿過草鞋，連北平的黃包車夫、叫花子也沒有穿過。紹忠、紹雄兩兄弟在家裏也是錦衣玉食，現在一當軍人連布鞋也是寶貝，還要急急趕到火線去，連天放都以身殉國，他們這種下級軍官那就更危險了！

太家含著眼淚把他們送走，她們三姊妹忍不住哭了起來，龍太太也抹著眼淚說：

「我們家裏的孩子那吃過這種苦？他們這一去恐怕是肉包子打狗，有去無回？」

「娘，吉人天相，您也不必過分耽心。」蝶仙安慰她說。

「船頭上跑馬，凶多吉少。」龍太太歎口氣說：「不是我老了變得婆婆媽媽，實在是我們和日本人這個仗，全靠人來拚。縱然他們命大，我也未必能再見得到他們了？」

「娘，比起祖母來您還年輕得很。」天行湊趣地說：「我一定要帶您回北平。」

「我那有老太太那麼長的」？命龍太太說：「她是前世修了，福壽全歸，不像我老來還要逃難，又看著年輕人一個個赴湯蹈火，娘心裏實在很不好受。」

「娘，日本人狼子野心，硬要蛇吞象，那有什麼辦法？如果紹地、紹武、紹忠、紹雄他們兄弟們不去打仗，恐怕我們連沙坪壩也不能待了。」蝶仙說。

「也不知道龍子是死是活？」龍太太忽然望著天行說：「你能不能打聽一下？」

「娘，我不便再寫信給美子，我可以要杏芳寫信去問香君，她和文珍還同美子通信，美子一定會告訴她們。」

「真沒有想到，龍家會骨肉相殘！」龍太太又歎了一口氣說。

天行不好作聲，他心裏比龍太太更難過。蝶仙乘機扶她進房休息。

龍紹忠、紹雄和陳其昌三人離開沙坪壩回到重慶，和一批同學會合，坐輪船出三峽，趕往長沙，因為長沙大戰的關係，輪船改在益陽停泊，他們一行三十多人，在益陽上岸，走路到長沙，日軍已經在上杉市、橋頭驛兩地被圍三日，突圍逃竄，遺屍兩萬多具，他們的部隊正向北追擊，克復了汨羅、新牆河陣地。他們的部隊死傷自然很重，他們這批下級軍官，還不夠填補一個師的排長、連指導員的空缺。他們在長沙待命分發。長沙大火後全市菁華盡成灰燼，殘破不堪，老百姓的財產損失無法估計，入夜漆黑一片，如同鬼域。下令放火的人因為官兒大，又會走內線，把失職的責任推給別人，結果別人做了替死鬼，他只是換了一個位子。

一個星期後，他們才正式下部隊。

紹忠、紹雄兩兄弟離開沙坪壩後，天行他們一直耽心，不知道他們有沒有趕上這場戰爭？天行知道這次日軍以十二萬人分從湘北、贛北兩路進攻長沙，死傷了四萬多人，所以敗退。我們軍民死傷更大，他們兩兄弟是否在內？他不知道。

長沙大敗不久，日本人又集中陸軍十多萬人，艦艇五十多艘，飛機一百多架，自欽州登陸，進攻廣西崑崙關、賓陽、靈山、龍州。劉連生、紹武、紹地、紹芬、余純純、劉安娜、李烈他們的部隊正好駐守崑崙關，首當其衝，戰況最烈。雙方進行拉鋸戰、肉搏戰，死傷慘重。紹地、李烈都在衝鋒時身負重傷，幸得紹武及時火力支援搶救，才能抬下戰場，送往桂林醫治。

天行接到紹芬、紹人來信，報告他們兩人重傷的消息。但他不敢讓龍從雲夫婦知道，除了蝶仙以外，人人都蒙在鼓裏，連周素真也不知道。

可是龍從雲夫婦知道紹地、紹芬他們在南寧，自然憂心忡忡，南寧失守後他們更急。周素真看天行若無其事，又急又氣，老是在蝶仙面前嘀嘀咕咕：

「廣西的戰爭打得那麼激烈，紹地的吉凶我一點兒也不知道，急得睡不著覺，他倒像沒事人兒似的，不聞不問，好像紹地不是他生的？」

「他不是不聞不問，是廣西離我們太遠，不容易打聽。」蝶仙笑著解釋。

「長沙離這兒也遠，紹忠、紹雄去了長沙他也著急，他對紹地反而漠不關心，我真猜不透他安的什麼心？」

「他怕爹娘著急，所以他不敢自己先亂了方寸。」

「他那是怕爹娘著急？他對他們三兄弟一向就不關心，反倒不如那個日本雜種！」周素真愈說愈氣：「以前聽說那個日本雜種受了傷，他反而失魂落魄，真不知他安的是什麼心？」

「妳不要錯怪了他，」蝶仙笑著拍拍她：「手掌也是肉，手背也是肉，他怎麼會厚彼薄此？」

「他才是秤鉤兒心！他歡喜那個日本女人，自然也歡喜那個雜種！愈是到這種節骨眼兒上，愈能看得出來。」

蝶仙被她說得啼笑皆非，只好安慰她說：

「妳放心，我一定要他打聽，一有消息，我就會告訴妳，其實我和妳一樣急。」周素真聽她這樣說才不作聲，因為紹地雖然是自己生的，可是蝶仙帶大的，論功勞，蝶仙可比她大。但蝶仙在她面前從來不講這種話，蝶仙還是把她的意思告訴了天行，問他能不能把紹地受傷的事兒告訴周素真？

「紹地受的是重傷，吉凶如何？還難預料？千萬不能告訴她。」天行說。

「紙包不住火，您能長久瞞下去嗎？」蝶仙問他。

「瞞一天算一天。她一知道，難免哭哭啼啼，她一哭啼就會驚動爹娘，我真怕他們受不了這個刺激。」

「可是素真對您這樣不疼不鏘，很有怨言。」

「我們是一輩子的寃家，我也不在乎她這一陣子的嘀咕，還是爹娘要緊。他們過去一路順風，到了晚年忽然遇上這種打頭風，要不是娘很堅強，恐怕早就垮了！」天行說：「她既不能分勞，更不能分憂，讓她知道了只會壞事，我還想把爹娘平安帶回北平去。」

「我也是這個意思，所以我只好哄著她。」蝶仙說。

「蝶仙姐，這個家真難為了您。」天行抱歉地說。他知道全家上下大小，都是她一個人照顧，家事也是她操勞料理，弄飯、洗衣、養雞，把整個家庭治理得井然有序，融洽和諧，周素真不但不能替她分勞，還時常向她吐苦水，她還要做他們之間的和事佬。

「現在我才完全明白當初您哥哥娶我的意思，」她向天行一笑：「他是用一條爛索綑住我這條牛，好讓我當一輩子的丫鬟使女。」

天行聽了驚惶失色，瞿然而起，向她深深一揖：

「蝶仙姐，我治家無方，您說這話我真無地自容了！」

蝶仙看他又急又窘的樣子，既同情又憐憫，滿臉堆笑地向他說：

「我不過是一句笑話兒，您何必當真？」

「蝶仙姐，我知道我們兩兄弟都委屈了您！」天行不禁流下淚來：「當年哥哥自日本回國，就把盡孝的責任交給我，我知道他有心報國，自然不能推托，所以委屈求全，沒有為我自己打算；哥哥娶您，也是他有眼光，為家庭著想，不然今天這種局面，我就獨木難支了！以後的日子還長，國難家難，哥哥不在，我個人更無能為力……」

「您不要說了，您的苦處我全知道，」蝶仙也被他說得眼圈兒一紅：「您把這個家撐了起來，上刀山，我也會幫您把這個家頂住，我決不會半路兒開小差。」

天行又被她說得一笑，心裏對她更同情、更尊敬，天放和她結婚以後，一直會少離多，現在又默默守寡，像鄉下女人一樣操勞，如果祖母地下有知，應該更疼她。

紹忠、紹雄來信報告平安，使大家稍稍寬心，紹華三姊妹更加高興。

郝薔華來後倒幫了蝶仙不少忙，也替她解除了不少寂寞，她們兩人也無話不談，一如文珍、香君當年一樣。有時她還清唱一段給她和杏芳、紹華她們聽聽。龍從雲夫婦心裏悶得慌時，也請她唱唱。她也成了龍家苦難生活中的開心果兒。

天行一直對她很好，她對天行一直尊敬。住在一起之後，她瞭解他們夫妻之間的情形，對他又十分同情。

「以前在九江時，我以為二叔是一位快樂的公子，逍遙的神仙。」有一天郝薔華忽然對蝶仙說：「現在我才完全明白：他是笑在臉上，苦在心裏。」

「自從他表妹的事兒發生之後，他就一直是啞巴吃黃連，沒有快樂過。」蝶仙說。「我覺得他還不如天祿。」

「天祿在龍家抬不起頭來，他可是人人尊敬。」郝蕾華說。

「我不是這個意思。」蝶仙搖搖頭。「天祿雖然潦倒，還有妳這位紅粉知己作伴，他也死而無憾。天行可是活著受罪。」

「他不是有文珍、香君、美子三位紅粉知己嗎？」

「可是他一個也沒有得到，徒然牽腸掛肚一輩子，妳說這是不是活受罪？」

「他現在還放不開？」

「春蠶到死絲方盡，蠟炬成灰淚始乾。這是褲腰帶兒打了死結，很難解開。妳不知道他又比誰都死心眼兒！現在是國難家難一起壓到他頭上來，他沒有時間自哀罷了。」

「紹地和姪兒、姪女都在前方打仗，他一定放不下心來？」

「他不是木頭人兒，這是很自然的事。」蝶仙還不敢向她吐露紹地重傷的消息。

一個月後，紹地親自寫信給天行，信中說：

兒受傷之事，紹芬、紹人已先稟告，諒大人知悉。現傷勢已漸痊癒，半月內可以出院，重返前線殺敵。

茲有一事奉稟，即兒在崑崙關之役，曾虜獲一千人針袋，上印「武運長久」漢字，袋內有「川端太郎」信封，信紙不見。此川端太郎與龍子是否有關？崑崙關之役，日寇遺屍不少，是否有川端太郎其人？不得而知。

特函

大人參詳

天行看完這封信，怔了半天。這個川端太郎一定是美子的姪兒，想不到他會在桂南戰場出現？又和紹地在崑崙關刀兵相見？紹地受傷，他是死是活？很難斷定，看樣子不死也傷，不然不會失落千人針袋。

「千人針袋」是日本人出門遠行時隨身佩帶祈求平安的布袋，由送行親友用針線密密縫在上面，線頭愈多愈保平安。那上面也許有美子的針線？「武運長久」四個漢字，一定是軍部統一印上去的。

紹地傷癒的消息，他告訴了父母，也讓周素真知道。龍從雲夫婦對孫兒傷癒再上前線十分憂心，因為桂南戰爭還很激烈，看樣子短時間不會結束。周素真吵著要天行將紹地調到後方來，要紹人回沙坪壩，天行沒有理她。她又氣、又哭、又叫：

「幸好紹地沒有被那個該死的川端太郎打死，不然我會和你拚命！我看你怎麼還忍心向著日本人？」

自從上次為她父親周而輻之死和天行吵過之後，她變得愈來愈意氣用事了。天行知道她心裏的那個疙瘩，又怕增加父母的憂煩，不願理她。蝶仙及時把她勸走，她邊走還邊嘀咕：

「誰叫他早年在日本留下那個風流孽債？如今活該他自作自受！」

郝薔華不知道川端太郎和天行有什麼關係？悄悄問蝶仙。蝶仙說：

「川端太郎是美子的姪兒子。偏偏有這麼巧，他會和紹地在戰場上遭遇，幸好不是龍子！」

「不然那真是造化弄人了！」郝薔華說。

「這已經夠天行尷尬的了。」蝶仙輕輕地說。

「這可不能怪他。」

「當然不能怪他，但素真兜著豆子找鍋炒，那又有什麼辦法？」

# 第七十四章 灑熱血春花零落 疼骨肉老淚縱橫

紹地、李烈傷癒後都重返前線，繼續與日軍作戰。在桂南戰場，他們已經有砲兵、戰車和少數飛機協同作戰，日軍討不到甚麼便宜。再加上劉連生、紹武這批中下級軍官，在淞滬戰場和日軍最精銳的部隊，作過殊死戰，經驗豐富，同仇敵愾，雙方纏鬥經年，殲滅日軍八千餘名，使他們不得不退回欽州。

而在棗陽、宜昌上高、晉南方面，日軍亦死傷甚重。但為打通粵漢鐵路，又集結陸軍十二萬人，軍艦二十多艘，飛機一百多架，民伕十多萬人，民船六百多隻，沿上次會戰路線，向長沙進攻。

紹忠、紹雄、陳其昌三人的部隊都在撈刀河防守，起先並未猛烈抵抗，讓日軍進入長沙東北地區，然後與瀏陽、平江方面的友軍，將日軍圍困於瀏陽河撈刀河之間的地區，以十個軍的兵力，進行殲滅戰。紹忠他們是第一線部隊，戰鬥尤其猛烈，他們一次夜間突襲，使日軍陣地崩潰，死傷四、五百人，俘虜了三十多人。其他部隊也有斬獲。血戰九天，日軍狼狽突圍，遺屍遍地。紹雄、陳其昌也在肉搏戰中負傷殉職。日軍的刺刀比他們的刺刀長，肉搏戰時也很有利。

這次會戰只進行了九天就分出勝敗，日軍死傷被俘的有八萬多名，損失了總兵力三分之二以上，是死傷最多的一次，也是失敗最大的一次。

紹忠將紹雄、陳其昌陣亡的事蹟寫信告訴天行，天行看了不禁落淚。紹華她們三姊妹又放聲大哭起來，全家人個個落淚，郝薔華也跟著落淚。蝶仙要紹文去沙坪壩買紙錢，燒來祭奠。她還記得陳其昌是個窮學生，逃離九江時只向當尼姑的姑媽借到一塊錢，在南昌遇到紹忠他們才逃到武漢從軍，想到他和紹雄一道陣亡了，家裏還不知道他成了撈刀河的忠魂野鬼，因此她特別囑咐紹文說：

「你多買些紙錢，陳其昌雖然不是我們家的人，他為國家拚命，我們不能讓他做個窮鬼、餓鬼！」

她另外弄了幾樣菜，還有一樣葷菜，天黑時端個竹凳，放在路邊的菜園角上，把菜盤放在竹凳上，旁邊放了兩雙筷子，她一面焚化紙錢，一面唸唸有詞，紹華、紹珍、紹玲三姊妹蹲在她旁邊，嘴裏呼喚紹雄的名字，一面呼喚，一面哭泣。龍太太看了也直流眼淚，她想起他們去年說說笑笑來到家裏，生龍活虎一般，都是二十來歲的年輕小夥子，花兒未開，果兒未結，為了國家，都自願賠上自己的性命。要是趕上了去年那場戰爭，可能死得更早，看看紙灰在空中飛揚，她自然想起紹地、紹武、紹忠、紹芬他們四個人和天行的學生李烈、余純純、劉安娜三人，他們都在前線，日後他們會是怎樣的結局？她不禁打了一個寒噤。

周素真要紹天設法把紹地調到後方來，紹天很為難，他只好對她說：

「娘，我沒有那麼神通廣大。再說，前方後方還不是一樣危險？重慶一個晚上就炸死三萬多人，我們的老百姓死得比軍人更多。紹地自己都不怕死，您何必要他躲在後方做懦夫？」

「你不知道娘十月懷胎的痛苦！他在刺刀尖下過日子，娘怎麼放心？」周素真說。

「娘，那麼多年輕的軍人，誰不是人生父母養的？遇上了這個時代，又有甚麼法子？如果大家都不去抵抗日本鬼子，那我們不早做亡國奴了？」

「你這孩子，你太不體諒娘了！」周素真說著又流下淚來。「你也和你那個鬼老子一樣，令人傷心！」

「娘，這是國事，不是私事。別說我辦不到，就算我辦得到，我也不應該那麼做。」

「你也不通人情，你太像你那個鬼老子了！你真令娘失望！」

「娘，您不能這樣講。公私應該分清楚，何況紹地當軍人是自願的，打日本人正是他愛國家的最好說明，我們應該以他為榮才是，怎麼能扯他的後腿？」

「好！你喝了洋水，你倒教訓起娘來了！如果紹地不是我生的，我才不管他的死活，我又何必求你？想不到你完全不顧手足之情，心腸這麼硬？」周素真說著又哭了起來。

紹天無可奈何地苦笑，杏芳連忙代他陪禮：

「娘，他不會說話，上下一般粗，把好話當作惡話講，他冒犯了您，您別見怪。怎麼說他都是您的兒子，不是路上撿來的，您說是不是？」

「我真沒有想到，我會生出這種不通人情的兒子！」周素真瞪了紹天一眼，才回房去。

紹天跟出去，在她後面道歉：

「娘，是我不好，惹您生氣。」

她手一摔，頭也不回，逕自走回自己的房間。

「你該順著娘一點兒，不要那麼直來直往，她或許不會生氣？」杏芳笑著對紹天說。

「其實我說的是良心話，想不到娘只顧私情？」紹天皺眉苦笑：「公公、婆婆、爹和姑姑，何嘗不難過？可是他們都沒有吭一聲。」

「那怎麼能比？」杏芳向他輕盈淺笑道。

「尤其是姑姑，大伯為國犧牲，對她的打擊最大，她沒有一句怨言，也沒有為她自己打算，還是一肩挑起家務，她何曾做過那些粗事，吃過那種苦？她把我們三兄弟當作自己的兒子，從小帶到大，和紹文沒有分別，她可沒有向我說過娘說的那種話。」紹天說。

杏芳怕他的話被周素真聽見，用食指壓住自己的嘴唇，以目示意，要他不要說下去。

紹雄、陳其昌兩個年輕人的陣亡，確實給龍家一陣震撼，也引起無限憂慮。幸好杏芳及時生下一個兒子，又給龍家帶來一陣喜悅。龍從雲給這孩子取名傳祖，這是個譜名。他自從聽到龍從風為他的骨董字畫犧牲了老命之後，一直悶悶不樂，添了這個曾孫，臉上才有一絲笑意。

蝶仙又忙了好一陣子，幸好她養了很多雞，一窩窩的小雞不斷孵出來，大大小小已經有上百隻，山上有蟲有草，每天一大早她就把雞放到山上去找野食，生蛋的雞自己會回到窩裏生蛋，傍晚她才用剩飯剩菜餵一頓，雞糞用來種菜，這樣循環生產，所以雞蛋、蔬菜足夠一家人吃。杏芳生產坐月子，她兩天殺一隻雞給她吃，每頓都給她吃兩個蛋，把杏芳養得白白胖胖，比初結婚時還漂亮。

一天早晨，杏芳攬鏡自照，看到自己臉上又紅又白，十分豐潤，喜不自勝；再看看孩子，孩子的小臉蛋又紅又嫩，十分健康，自己的奶水充足，他怎麼也吃不完，不禁幸福地笑笑。

紹天看她清早起來那麼高興，雙手按著她的肩膀，站在她身後笑問：

「姑姑將妳和孩子養得這麼好，妳怎麼感謝她？」

「姑姑的恩情不止這一樁，日後她年紀大了，我們要好好地奉養她。」杏芳笑著回答。

「我也是這樣想。」紹天點點頭。「從前我們北平那個家，誰當家都可以治好，不算稀奇；如今沙坪壩這個窮家，由姑姑來當，她治得井井有條，讓我們比別人都過得好，這才是她的本事。」

「古人說：『女子無才便是德。』現在我才瞭解，爹一直在為我們龍家揹包袱，沒有姑姑，我們龍家這個大包袱，他就揹不下去。」

「聽說從前是雲姑奶奶作爹的精神支注，現在就全靠姑姑了。」

「爹這一生真是火燒烏龜殼，肚裏痛。」

「我們兩人可是歪打正著，不像爹和娘，文珍阿姨，以及日本的美子阿姨那麼痛苦。」

「是他們替我們揹了十字架，所以我們才沒有遇到攔路虎。」

紹文過來請紹天吃早飯上班。蝶仙每天一大早就替大家熬了一鍋稀飯，油炸了一大盤花生米，一盤炒蛋，讓大家吃了上學、上課、上班。紹天中午在公家搭伙，他知道大家都吃不飽飯，有家眷的人連老婆孩子都養不起。

一天有一位職員用公文包裝了一包剩飯下班時帶回家，衛兵以為公文包裏面裝了甚麼公物，要打開檢查，起先那位職員堅持不肯讓衛兵檢查，衛兵更起疑心，以為他偷竊了公物，非檢查不可，僵持之間，有人圍了過來，衛兵一把奪下他的公文包，打開一看，原來裏面是報紙包著的剩飯，衛兵和大家都傻了眼，那人羞憤得一頭撞到牆上，撞得頭破血流，倒在地上，大家慌慌張張把他送到醫務室，結果不治去世，外面的人誰也不知道。晚上他回家吃飯時告訴大家，大家都歎氣落淚。他一想起那件事，就難過得吃不下飯。

他和紹文來到飯廳，看見桌上又是一大盤油炸花生米，一大盤炒蛋，笑著對蝶仙說：

「姑姑，我們的伙食已經夠好了，我們年輕人早飯有一樣菜就成，不必天天炒蛋。我們很多同事早晨稀飯都不吃就上班。」

「我們還沒有到那種地步，」蝶仙向他笑笑：「比起從前在北平家裏你們已經夠苦了！你們年輕人更要吃好一點兒，不然那有精神讀書、做事？」

「紹地他們在部隊比我們在家裏更苦多了，他們真的連飯都吃不飽。英國封鎖滇緬公路以後，我們的物資更缺乏，現在一套士兵裝備要分給三個人穿。」紹天說。

「那怎麼分法？」紹玲問。

「分了棉大衣的，就沒有棉襖、棉褲，分了棉襖的，就沒有棉褲、棉大衣，反正一人只能分一樣。」紹天說。

「那他們怎麼還能打勝仗？」紹玲又問。

「全憑一股熱血。」紹天說。「要是歐洲國家，老早垮了。」

「妳們應該多做幾雙布鞋，寄給紹地、紹武、紹忠、紹芬他們，」蝶仙對紹華她們三姊妹說：「我還有兩件蜜蜂牌毛線衣，那天請妳們拆了重打一下，一道寄給他們。」

「我的毛線衣不必重打，把我的寄去就行了，您自己留著穿吧。」天行說。

「我有兩件英國毛線衣，一道寄去就行。」紹天說。

「我的寄給紹芬，那就不必重打了。」蝶仙說：「你們父子兩人的寄給他們三兄弟，也就夠了。現在正是秋涼時候，正好給他們寄去。」

「還有李烈、余純純、劉安娜三個學生，他們的家都在淪陷區，接濟不上，我想也給他們各寄一件毛線衣去。」天行望望紹華她們說：「不知道妳們有沒有毛線衣？」

「我有兩件，寄給余純純和劉安娜好了。」郝薔華說。

「那就正好，我還有一件毛衣一道寄給李烈。」天行高興地說。

飯後他們各自拿出毛線衣，交給紹華負責寄去。紹天自嘲地說：

「我這個搞補給的，真是假私濟公了！」

「還有不少人毀家紓難呢！」蝶仙說：「如果不是這樣，我們這個仗怎麼打得下去？」

「談起毀家紓難，我倒想起一位女同事凌教授來。」天行說。

「是不是女作家凌冰？」紹華問。

「正是她。」天行點點頭。

「是怎麼回事兒？」蝶仙問。

「她把她教書、寫稿的全部積蓄都捐出去了。她是個獨身，一個人住在一個小宿舍裏，自炊自爨，生活清苦得很。」

「這真難得！」蝶仙說。「像她這樣默默捐獻的人一定還有不少，可惜我們都不知道。」

「當初雲姑捐出五十兩黃金也是隱姓埋名的。」天行說。「抗戰就是抗戰，黑處作揖，各憑良心，誰也不想出這個鋒頭。」

「爹，也有人發國難財。」紹天說。

「那到底是少數。」天行說：「像你楊家姑祖父那種人，甚麼時代甚麼地方都有，幸好不多，不然甚麼正事兒都做不成。」

「爹，您最近有沒有甚麼新的消息？」紹天突然問天行。

「紹雄和陳其昌他們雖然陣亡了，但他們打的那個勝仗，對我們的前途有很大的影響。」天行說。

「有甚麼影響？」

「影響了華府的美日談判，美國的態度強硬起來，堅持日本自中國撤兵，使日本文人內閣倒臺，現在軍人上臺，我看日本軍閥會闖大禍。這對我們非常有利。」天行說。

「爹，您是怎麼看出來的？」

「日本軍人狂妄自大，目中無人，沒有遠見，這點你伯父和我有同樣的看法，可惜他不能看到日本軍人自食惡果。」

「照您這樣說來，我們是能看到的了？」

「一定能夠看到！」天行用力點頭：「我和隔壁的黃伯父早就有此預料，現在正一步一步接近了。」

「那天放、紹勇、紹雄他們死得還有代價了？」蝶仙說。

「他們不會白死，您放心好了。」天行對她說。

天行說這話不到三個月，日本軍人真的發瘋了！他們偷襲珍珠港，發動南進戰爭。黃涑梅一聽到這個消息，就高興地跑過來握著天行的手說：

「我們的預料沒錯，日本軍閥果然發瘋了！我們不再是孤軍奮鬥了！儘管他們開頭橫衝直撞，最後非失敗不可！」

「他們自明治維新以來的一切成就，將會毀於一旦。」天行說。

「你留日三年，沒有白費。」黃涑梅拍拍天行的肩膀，又向他笑笑。

「在我說來，留日的代價也太大了！」天行悽然笑答。

「到那個時候，您重溫舊夢，不是得到補償了嗎？」黃涷梅輕輕一笑，笑得十分天真。「不過您可得先陪我去遊陽朔、桂林，再去東京？」

天行也很高興，拿出一瓶瀘州大麯，和黃涷梅開懷暢飲。蝶仙看他們那麼高興，又喝寡酒，怕他們醉倒，連忙把未吃完的油炸花生米和豆腐乾送過來。黃涷梅看了這兩樣下酒菜非常高興，除了向蝶仙連聲多謝之外，還向天行說：

「金聖歎說花生米和豆腐乾同吃有火腿味兒，我們吃不起火腿，用這兩樣東西代替也好解饞。」

「金聖歎大概和我們現在一樣窮，吃不起火腿，才想出這個吃法？」天行笑著說：「從前我就不知道還有這種妙吃！」

「人真是船到橋頭自然直，我真想不到您也能過這種苦生活？」黃涷梅望望天行說。「而且甘之如飴。」

「比起別人來我還不算苦，因此我很滿足。」

「因為您有個好嫂子，她真是個巧婦！」

「您說得不錯，不然我一家人就慘了！」

「我跟您做鄰居也叨了她不少光。」

「此話怎講？」

「內人有很多事兒都是向她學的，尤其是做菜，真是清水變雞湯。」

「她是我祖母調教出來的，現在更是青出於藍了。可惜她難為無米之炊！」

「日後回到北平，她就有用武之地了。」

「縱然回到北平，我們也不可能再過以往那種生活了。」

「為甚麼？」

「江山依舊，人事全非。何況一切還在變，以後可能變得更快更壞。」

「現在大家都希望有一天苦盡甘來，揚眉吐氣。」

「就是因為有這個希望，所以才不氣餒，才能和日本人打下去。不過我很耽心，那一天這個到了手的金蘋果，會莫名其妙地砸在自己人手裏。」

「的確，現在大家都沒有想到這上面來。」黃凍梅猛然喝了一口酒說。

蝶仙又端了一盤蕃茄炒蛋過來。黃凍梅站起來表示歉意：「大嫂子，勞您的駕，真對不起！」

「您們兩位難得這麼高興喝一次酒，我又怕冷酒、冷菜傷了兩位的貴體，所以臨時在園子裏摘了兩個西紅柿，炒三個蛋給兩位暖暖腸胃。」蝶仙笑說。

「得罪，得罪！」黃凍梅一疊連聲地說。

「您們兩位雅人，難得有此雅興，彼此又是老鄰居，不必客氣。」蝶仙說著就退了出去。

黃凍梅看到熱氣騰騰的蕃茄炒蛋，食慾大振，豪興大發。他舉著杯子向天行說：

「我們索興把這一瓶大麴乾了！」他隨即一飲而盡。

天行也乾了一杯。黃涷梅自己先斟了一杯，再把天行的杯子斟滿，笑問天行：

「你還記得我們在『來今雨軒』持螯飲酒那回事兒嗎？」

「怎麼不記得？彷彿還是昨天的事兒呢！」天行笑答。

「可惜過了九月團臍十月尖的時候了，此地也沒有賣蟹的，不然我們可以買幾斤來自己蒸著下酒。」

「到了明年此時，我們得去沙坪壩、瓷器口趕趕集看看，說不定會碰上賣蟹的？」

「好，一言為定，不要忘記。」黃涷梅又乾了一杯。

他們兩人真的把一瓶大麯喝光，一盤炒蛋也吃完了。黃涷梅笑著摸摸肚皮說：

「今天這頓牙祭吃得真痛快，真得感謝令嫂！」

「要是明年買到螃蟹，我們再好好地吃喝一頓，修修五臟廟。」

黃涷梅正打算告辭，蝶仙又送了一壺剛沏的釅茶、幾個剝了皮的橘子過來，這都是解酒的妙品。黃涷梅又喜出望外，重新坐了下來，高興得不知道說甚麼好？

江津的橘子很不錯，水分多、味道好。可惜法幣貶值得快，吃不起，龍家也很少吃水果。這幾隻橘子不知道蝶仙是甚麼時候買的？現在橘子已經下市，不好好保存是吃不到的。

黃涷梅走後，天行便問蝶仙。蝶仙告訴他說：

「是紹君最近託人帶了一簍來，我留給爹娘吃，所以沒有拿出來。」

「紹君倒很有良心，下市的橘子他能託人從江津帶來，一定費了一番手腳。」天行說。

「看他冒著轟炸的危險去重慶把薔華接來，就知道他是個生性渾厚的人。橘子是好東西，橘皮浸酒冬天潤皮膚，現在買不起雪花膏，我浸了幾瓶給紹華她們冬天潤潤皮膚，他們都到了交男朋友的時候了，您有沒有注意？

天行聽了蝶仙的話不禁一怔，他沒有注意這些事情。蝶仙這麼細心，使他深深感動，也使他想起紹芬。因此他說：

「紹華她們有您留意關心，紹芬在部隊裏可和男人一樣。我真有點兒耽心她和劉安娜、余純純。」

「當初她們一股熱血我也不便阻止，現在想起來她們在部隊裏實在有很多不便，我真不知道她們怎麼能過那種生活？」蝶仙說。

天行也想像不到她們是怎麼過的？黃花閨女夾在那些隨時準備馬革裹屍的壯士中間，需要多大的耐力、體力和勇氣？雖然她們經過嚴格的訓練，但男女的基本差異是無法改變的。

沒有幾天，他們兩人突然接到她們從昆明寄來的航空信。天行接的是余純純、劉安娜兩人聯名寫的：

老師：

我們在桂南戰役結束之後，即移駐雲南，現已編為遠征軍，即將入緬作戰，以後任務更為艱鉅，但我們誓死為國爭光，報仇雪恥。桂南之役，本軍已予日寇重創，並獲寶貴作戰經驗，李烈、紹武、紹地均勇不可當，身先士卒，紹武已雪淞滬重傷之恥，他們今後必有優異表現。

毛衣收到，十分感激。李烈已先行開拔，囑代請安，紹芬當另有信，不贅。肅此敬請

道安

生余純純、劉安娜敬叩　元月一日

紹芬的信是寫給蝶仙的：

大媽：

毛線衣收到。因部隊自桂移防至滇，長途跋涉，未遑寧處，遲遲未報平安，請恕不孝。明日又將隨軍入緬，特飛函請安。

紹忠曾有信來，獲悉大捷情形，自感榮幸。但紹雄不幸陣亡，使我痛斷肝腸，哭醒幾次，紹武、紹地哥誓為他復仇。所幸此次遠征部隊，中下級軍官均為同學，情同手足。並以「不吃鈌、不貪污、不怕苦、不怕死」相期許。高級長官亦多為師長，劉隊長連生已因戰功升任團長。他作戰經驗豐富，統馭有方，視部屬如子弟，視死如歸，誓為

大伯復仇。姪雖為女兒身，亦非貪生怕死之輩。桂南之役，增加不少膽識，對今後入緬作戰，大有助益。西諺云：「老兵不死。」實有至理。不經一事，不長一智。誠然。出征在

即，特函敬請

福安

家人統請問安，不另。

紹武、紹地哥囑我代候。

姪女紹芬敬叩　元月二日

天行、蝶仙交換看了他們的來信，既感動，又悲傷。蝶仙還把紹芬的信交給紹華傳閱，讓每一個人都看到。

「紹芬真是我們家的花木蘭，不是我偏心，這孩子實在太可愛了！」蝶仙含著淚說。

「這封信是她的出師表，應該留著。」天行說。

「她很有才情！雖然身在部隊，但從信上可以看得出來，她很上進。」蝶仙轉悲為喜地說。「我很高興我沒有看走眼。」

龍從雲夫婦知道他們愈走愈遠，居然要到緬甸去和日本人打仗，更暗自耽心，真怕再也見不到他們了。

周素真不再吵著要把紹地調到後方來。她雖然不知道緬甸在甚麼地方？但她知道那是外國，一到外國，更像放出去了的風箏，收不回來。她更生天行的氣，連紹天也不原諒。郝薔華安慰她，她也生氣地說：

「早知如此，當初我一個也不生，就沒有今天的煩惱！」

「是您福氣好，有兒又有孫。像我這樣孤寡一人，有甚麼好？」郝薔華笑著說。

「您現在不是比我好？一個人逍遙自在，沒有憂愁煩惱？」

「我是託您的福，在大樹底下遮陰，那有您的福氣好？」郝薔華說。

「我是有氣無福！我一嫁進龍家的門就打入冷宮，現在兒子大了，還要為兒子受氣，我有甚麼福？」

「一旦紹地得勝回國，衣錦榮歸，您不是一身榮耀了？」

「他大伯也衣錦榮歸過，到頭來還不是一場空？」她望著郝薔華的臉上說：「他也像他那個鬼老子，更發達不起來！」

郝薔華也只好望著她苦笑，再也沒有甚麼話好說。

龍從雨得到紹芬遠征緬甸的消息之後，特地趕到沙坪壩來。他在工廠裏事情很忙，責任又重，一直想來都不能來。上次他接到紹忠的信報告紹雄陣亡的消息，傷心了好一陣子，因為紹雄、紹芬都是他的孫兒、孫女，紹忠、紹華、紹珍、紹玲也是，對這三位跟著天行的孫女兒他很放心，但是對紹芬、紹忠他卻極為耽心，尤其是紹芬，過去在家裏有些嬌縱，想不到她從了軍，又遠征緬甸去了！

他的突然到來，不免引起一陣騷動，尤其是和龍從雲一見面兩人都悲從中來，老淚縱橫。談起紹雄，他竟放聲哭了起來。龍從雲想起天放，和哥哥從風，也放聲大哭，他一直沒有大聲哭過，生怕影響蝶仙的心理，現在是借機會一哭，他們兩人這一哭，惹得大家都哭了起來。蝶仙一向壓抑著自己，現在也忍不住摟著紹文哭泣，郝蕾華也站在蝶仙身邊陪著流眼淚，大家都變成了淚人兒。還是龍太太比較堅強，她首先止住哭泣，擦擦眼淚對大家說：

「事情已經過去了，哭也無益。國難當頭，也不止我們龍家如此，不幸的人家還多得是。只要孩子們爭氣，早些把日本鬼子趕出去，大家重過太平日子，那也值得。」

她的話像給大家注射了一針鎮靜劑，哭聲戛然而止。龍從雨擦擦眼淚對她說：

「二嫂，恕我老來失態，國破家亡，我實在積壓得太久了！」

「這我知道，大家都是一樣難過，誰不是眼淚往肚裏流？咬緊牙關撐著？」龍太太說。

「這次要不是聽說紹芬遠征緬甸，我也不會趕來。」龍從雨說：「這孩子在家裏寵慣了，我真沒有想到她會變了一個人，去吃那種苦？冒那個險？」

「當初我們也沒有想到她會挺下去？以為她會打退堂鼓。」龍太太說：「想不到她好強好勝不服輸，一路挺下來，現在居然去了緬甸。」

「那年她畢業回來，曾經悄悄告訴我：武漢撤退時，她擠在船上動彈不得，憋了兩天一夜的尿，很多女生都尿在褲子裏，她憋得臉色發青發白，咬緊牙關撐到岳陽，才去廁所解出來，像一下子卸去了千斤重擔。」紹華說。

大家聽了不免失笑，眼淚卻隨笑聲滾了下來。龍從雨更頻頻抹眼淚。隨後又說：

「她在家裏熱的怕燙了，冷的怕冰了，那吃過這樣的苦？受過這樣的罪？以後在緬甸那些蠻荒之地，更不知道她會吃那種苦？受那種罪？又會遇著怎樣的危險？」

「三叔，吉人天相，您也不必過分操心。」蝶仙勸他：「紹芬不但好強好勝，也很聰明；何況還有紹武、紹地和天行的三位學生以及許多同學一道，彼此有個照應，我相信她能渡過難關。」

「但願託妳的福！現在船到了江心，也只好聽天由命了！」龍從雨無可奈何地說：「這次我也是來看看大家，還想順便把紹華她們三姊妹帶到江津去過一個年，妳三嬸很想念她們。」

龍從雨出來時，因為車子太擠，只帶了太太和少數熟練工人，三個兒子一個也沒有出來。現在紹華她們剛放寒假，所以他想把她們帶到江津去過年。龍從雲夫婦自然同意。

龍從雨在這兒住了一天，他看茅屋週圍種了許多青菜，又養了許多雞，也很高興，只是覺得蝶仙太苦，江津出產豐富，蔬菜也比重慶這邊便宜，他租的民房又是大瓦屋，比這邊好。可惜他們因為工作關係，不能搬到江津去。

龍從雲問他工廠的情形怎樣？他說：

「廠裏忙得很，日夜趕工，還是應付不了。棉花又很缺乏，總是供不應求，不像我們家鄉那麼充裕。」

紹天曾去江津視察，他對那個廠很清楚，前方部隊的被服裝備，多靠那個廠供應，龍從雨想退休，也退不下來。

他邀龍從雲夫婦去江津住住，散散心。他們兩人不想走動，平時連沙坪壩都很少去。加之現在正是霧季，沒有警報，不必耽心轟炸。

第二天清晨起來，又是大霧，只聽見馬路上的車聲、人聲，卻看不見車影、人影。他們這兩排茅屋都在霧中，房子裏也是迷濛一片，三尺以外就看不清人的面貌。他們在廬山住過，知道廬山的大霧情形，但廬山夏天的霧和重慶冬天的霧不同，廬山的霧是隨起隨滅，這兒的霧卻很久不散，讓大家有個喘息的機會，整頓斷壁殘垣，謀生幹活。

龍從雨吃過早飯以後，就帶著紹華、紹珍、紹玲三姊妹離開。隨後又聽見他在霧中傳過話來：

「要是你們得到紹芬、紹忠的消息，不管好壞？請隨時通知我。」

# 第七十五章　太平洋全船盡沒
# 野人山九死一生

天行突然接到古美雲的信，內容頗不尋常。

天行賢姪：

久未通信，千言萬語，真不知從何說起？

家中情形尚差強人意，沒有什麼破壞，景德瓷莊因貨源中斷，現已停業。馬師傅一人守店，開銷有限。家中生活我可維持，卜師傅、劉嬤嬤亦識大體，不計待遇。惟劉嬤嬤因無劉聯軍消息，日夜思念。此子當年為她最大恥辱，未料血肉相連，如今又思念不已，女人之為女人，誠不可思議也，她與卜師傅雖為半路夫妻，但能相互照顧、相處融洽。

另有一事必須告知，即文珍已與彼得離異。因司徒威洋行關閉，司徒威回國，彼得決全家移居英國，楊仁亦因汝姑父去世，又無生意可做，因與彼得、司徒威關係深厚，亦決定移居英國，而容姐不願赴英，葬身異國，文珍亦不願遠涉重洋，相持不下，彼得乃以離婚，不負責贍養要挾，文珍欣然同意，並經律師證明，彼得即攜子女與司徒威赴英。楊仁不念母子手足之情，亦攜妻小厚顏同去。有子、有兄如此，容姐、文珍初甚傷心，旋亦釋然。現母女二人相依為命，亦經常與我同住，故不寂寞，又有香君作伴，一如當年，二人心情反而豁然開朗。造化弄人，亂點鴛鴦，何必多此一舉耶？人生如夢，其然，其豈然乎？

美子常有信來，芳心如昔。龍子身在何處？不得而知。

二哥、二嫂身體如何？念念。

蝶仙可好？文珍、香君與我寤寐思之。

梅影身在方外，間亦來佛堂為乾娘念經，為你們祈求平安。

便中惠我片紙隻字，以釋懸念。順祝

時綏

雲姑檢衽　元月三日

天行看了這封信，百感交集，不能自己。蝶仙看他神情有異，悄悄問他：

「是什麼事兒又使您這般感慨苦惱？」

「雲姑來了信。」天行一面說一面把信遞給她。

蝶仙聽說是古美雲來信，連忙打開看。看到「文珍已與彼得離異」差點兒叫了起來。看了天行一眼，又繼續看下去。看完之後，大大地歎了口氣說：

「真是造化弄人！當初何必多此一舉？」。

「誰也沒有想到會是這樣的結局？」天行說。

「這樣也好。」蝶仙忽然高興起來。

「怎麼這樣也好？」天行反問。

「一來文珍心裏少了一個疙瘩，二來日後我們回去，大家也可以像當年一樣相處，反正香君也沒有什麼牽掛。我還是希望重過當年那種生活。」

「恐怕不可能了！」天行輕輕歎口氣說。

「怎麼不可能呢？」

「我們不再是青梅竹馬，時代也改變了！」

「不管時代怎麼變，我們的感情未變；再說，年齡愈大愈懂得人生是怎麼一回事兒？人不經過甜、酸、苦、辣，不會長大成熟，不知道珍惜人生。我們現在除了死以外，是什麼都經過了，也覺得現在真正長大成熟了。」蝶仙流水般地說。

天行覺得蝶仙彷彿六祖惠能頓悟一般，十分高興地說：

「蝶仙姐，您真是大徹大悟了！」

「這算什麼大徹大悟？」蝶仙淡然一笑：「不過是多吃了幾年飯，多過了幾座橋而已。」

「這就是書本兒上學不到的，所以六祖一個大字兒不識，倒能明心見性，神秀讀了那麼多佛經，反而隔了一層。」

「您別和我談禪，我和您說的是真實人生。」蝶仙笑道。

「色即是空，有生於無，佛道很多地方是相通的。」天行亦莊亦諧地說。

「我沒有您那麼大的學問，不和您談佛論道。我只問您：文珍了卻那段孽緣，您有什麼感想？」

「那是她的解脫。」

「當年姑老爺以為司徒威是個不倒翁，所以硬把她嫁給彼得；現在司徒威垮了，她自然得到解脫。這是什麼因果報應？」

「這很簡單；日本帝國主義，趕走了大英帝國主義，她又不再青春年少，彼得正好趁機摔掉她，在她反而是一種解脫。」

「這樣說來，彼得那傢伙真壞！」

「認賊作父的還有什麼好東西？」

「那楊仁為什麼要撇下姑奶奶和文珍，跟著司徒威和彼得走？」

「現在北平是日本人的天下，姑爹偷雞不著蝕把米，他也沒有戲可唱了。司徒威這個靠山一走，他自然要跟著靠山走，軟體動物和寄生蟲就是這種德性。當年姑爹不是靠著祖父起家的嗎？」

「現在司徒威也自身難保，他能靠得住嗎？」

「那就要看他自己的造化了！狐假虎威總會失靈的。」

原來日本人偷襲珍珠港和中、美、英、蘇、荷二十六國宣戰後，在北平、天津一帶的英、美傳教士，和普通身份的人都關進集中營，而對於那些有錢的英國人和他們的走狗，反而網開一面，讓他們把在中國幾十年來聚斂的不義之財帶走。司徒威還以為是大英帝國的餘威、他個人的聲望地位唬住了日本人。

他們這批有錢人乘坐的輪船載滿了中國的金銀、珠寶、骨董字畫，離開天津之後，以為脫離了虎口，可以平安轉回英國，沒想到在一個月黑風高之夜的茫茫大海上，遇上了「海盜」。

這批「海盜」有二、三十個人，人人都有精良的武器，控制了駕駛艙，再開始洗劫。司徒威身上有槍，他不愧是一個海權國家的傳教士，好像很有應付海盜的經驗，他不慌不忙，也不祈禱，當一個「海盜」搬動他的大皮箱時，他一腳就把那個比他小兩號的「海盜」踢倒，同時拔出槍指著別的「海盜」不准他們走近，那些短小精悍的「海盜」可不吃他這一套，用英語喝令他棄槍舉手，他先發制人，一槍把那個講話的「海盜」打倒，其餘的「海盜」一陣亂槍把他打成黃蜂窩，把他拋下海，嘴裏還不斷地罵「八格野鹿」！別人看見這種情形動都不敢動一下。楊仁卻噗的一聲跪在地上磕頭，「海盜」一腳把他踢翻，把他身邊幾口皮箱統統搬走。彼得卻用英語表示他的英國人身分，向「海盜」說好話，「海盜」朝他臉上唾了一口，打了他一個耳光，把他身邊的箱子也全部搬走。

「海盜」在船上洗劫了個把鐘頭才大功告成，他們並沒有立刻離開，他們在餐廳裏大吃大喝一頓之後，才陰惻惻地笑著登上他們自己的船離去。

沒有多久，從海面下射出兩顆魚雷，把這艘三千多噸的客貨輪擊沉海底，不留痕跡，世界上好像沒有發生過這回事兒，也沒有人敢吭一聲，威爾斯親王號被擊沈，英國人也只乾瞪眼。

古美雲、文珍她們不知道這種情形，天行自然更不知道這種情形。

蝶仙把古美雲的信送給龍從雲夫婦看，龍從雲看了黯然無語，他已飽經滄桑憂患，文珍這種事兒怎能和他那些骨董字畫相比？怎能和龍從風、天放、紹勇、紹雄他們的性命相比？他為文珍的事已經嘔了很久的氣，現在既然是這種結局，他還氣什麼？他只是為妹妹和文珍難過，但他沒有流淚，也沒有歎氣，龍太太看了信之後卻有些憤憤不平地說：

「彼得那小子沒安好心！楊仁那小子像他老子一樣無情無義！」

「彼得到英國去還是個假洋人，楊仁去英國真是拉著何仙姑叫三姨。」蝶仙說。

「他們父子兩人真是死不要臉！」龍太太說：「以後不許再提他們！」

「娘，這件事兒要不要給素真知道？」蝶仙問。

「天行的意思呢？」龍太太反問。

「他好像心裏不平靜，沒有作聲。」

「文珍這一顆子，攪亂了我們龍家滿盤棋，更弄得他顛三倒四，也難怪他不平靜。妳把信交還他好了。我們不必瞞素真，也不必告訴她，反正這筆陳年老賬已經沒有辦法算了，鹹魚翻不了身。」龍太太說。

天行回了古美雲的信，其中有這樣的話：

彼得赴英不足奇，楊仁同去未必智。英已東西受敵，日不落帝國今非昔比，文珍不去，是福不是禍，拭目以待可也。

紹地、紹武他們的部隊入緬，卻是應英國之請，英國雖然有兩師兩旅部隊在緬甸駐防，但經不起日軍的攻擊，節節敗退，直退到薩爾溫江以西，還是穩不住陣腳。

劉連生率領紹武、紹地、李烈……他們這批子弟兵入緬之後，先後在南陽車站，葉達西、沙加雅、斯瓦河、斯瓦、耶尼、苗那、尼那、平蠻那、瓢背、他希、赫河、唐吉、明恩河、曼德勒，這些地方和日軍交鋒一個多月。浴血奮戰，白刃肉搏，尤以葉達西之戰，使日軍傷亡纍纍，損失慘重，日軍乃使用毒氣進攻，使他們遭受重大損失，有好幾位同學陣亡。最使他們難堪的是他們救了仁安羌七千英軍，現在正和日軍相持中，右翼英軍突然撤退了！他們陣地突出，處於十分危險的地位，不退必然被強大的日軍消滅，因此只好撤退，但是這一退又使他們陷入人間地獄。

當時他們只有一條路可走，那就是翻越中、印、緬交界的野人山。野人山全是高山峻嶺，絕谷湍流，綿亙千里的原始森林，藤蔓滿山遍野，毒蛇猛獸成群，野象尤其可怕，毒蚊、螞蝗更是殺人的兇手，這是一座從來沒有人類翻越穿過的險惡大山。

他們進入山區之前，上級命令毀掉全部重武器、裝備，全體官兵徒步入山，沒有補給，必須各自求生，走到印度東北邊境的提旁營區集結。入山的官兵約一萬五千人。紹武、紹地、李烈、紹芬、余純純、劉安娜他們只是其中一部分。

動身之前，紹武曾經告誡他們說：

「從今以後，沒有任何補給，這比你們受訓時從湖南走到四川那一千多公里要艱難百倍，那次都死了好些同學。這次可大不相同，有多少人能翻過野人山？誰也不知道！依我的看法，能有三分之一的人活著到印度就算萬幸。我們之中誰死誰活？我也不敢講。我們帶兵的自然要以連上的弟兄為重，你們政治部的、政工隊的女同志，最好彼此照顧，不要掉隊，一掉隊就沒有命。」

說完他看了紹芬、余純純、劉安娜三人一眼，就含著眼淚走了。紹地對她們說了一句：「妳們要特別小心！」也含著眼淚和李烈一道走了。李烈回頭望望她們，也是滿眼的淚水。紹芬和余純純、劉安娜三人抱著哭了起來。她們不知道這是生離還是死別？

她們和紹武、紹地、李烈不一樣，她們不是戰鬥序列人員，她們是政工人員，負責戰地文宣工作，她們只好和政工隊、華僑隊的隊員們一道走。

政工隊是為入緬宣慰僑胞成立的，在昆明招考了五十多位男女[註十七]，大部分是昆華女中和藝專的師生，也有小學老師，他們都是滿腔熱血的愛國青年。

華僑隊是在保山招考的華僑中學男女生上百人組成的，由他們擔任入緬的隨軍翻譯。這兩個隊的青年人都不是正式軍人，不像她們三人受過嚴格的軍官養成教育，他們連一天軍官教育也沒有受過，只有一顆愛國心和語言翻譯的技能。

一萬多人的大部隊開始入山的前幾天，還能像螞蟻搬家一樣很有秩序地跋山涉水前進，三天以後就絕糧了，體力漸漸不支，紀律也漸漸鬆弛，掉隊的都變成三三兩兩的散兵遊勇。她們三人緊記住紹武臨行時對她們講的那些話，盡可能地跟著大部隊行走，還盡力超越掉隊下來的那些散兵，政工隊、華僑隊的人跟不上來，她們也不敢等候，因為一掉隊就很難保住性命。

餓了一個星期之後，她們也有氣無力了。他們這個部隊雖然是紀律最好、戰鬥力最強的部隊，但在入緬之前，沒有時間作野外求生訓練和叢林作戰訓練，因此路上已經有很多官兵因為饑餓難忍，吃了有毒的野果喪生。她們不敢隨便採食野果，完全以山溪中的清水維生。但是山高路險，所謂路全是先頭部隊用緬刀邊走邊砍藤蔓走出來的，原先並沒有路，這種路之難走是外面的人想像不到的，那些藤蔓又長又粗，和樹木纏在一起，遮天蔽日，猴子在上面盪來盪去，吱吱不停，毒蛇遍地，蚊蟲大得像小蜻蜓，不小心被牠咬了一口便奇癢無比，還會生病，螞蝗會不知不覺地鑽進衣服裏、鞋子裏，往往等牠吸飽了血後才會發現。這樣又餓又有蚊蟲、螞蝗吸血，身體更會迅速衰弱下去。

由於一路死屍漸漸多了起來，她們連溪水都不敢喝，用芭蕉葉接雨水喝，現在正是雨季，天天都會下雨，雨水很多，她們全身都是濕漉漉的，從頭髮到鞋子裏都是水。

紹芬很想念紹武、紹地，不知道他們帶著弟兄們走到什麼地方了？他們是不是到了新平洋那個中途站？聽說軍部在那邊？路上死了那麼多人，有沒有他們兩人？有沒有他們連上、排上的弟兄？劉安娜實在餓得發慌，採了隻野芭蕉就往嘴裏送，紹芬一把搶下來丟掉，責怪她說：

「妳沒有看到那些全身浮腫的死人嗎？他們就是吃了這種野芭蕉而死的，連猴子都不吃，人怎麼能吃？」

「我餓得實在太難過！我情願做個脹死鬼，不做一個餓死鬼！」劉安娜流著淚說。

「無論怎麼餓，我們都要忍耐。」余純純勸她。

「這些爬不盡的山，渡不完的水，我恐怕到不了印度？」劉安娜無力地搖搖頭。

「只要還有人活著，我們就沒有到絕望的時候。」紹芬也安慰她。同時用芭蕉葉接了一些水倒進她的嘴裏。

劉安娜又勉強支撐起來，由她們兩人扶著走。

紹芬忽然想起劉安娜一直暗戀著堂兄紹武，她明知道紹武不能結婚，卻一直不好意思向她點破，現在正好用紹武來鼓勵她，也許還很有效？當她再度衰弱無力時，她便有意無意地說：

「我們一直沒有看見紹武哥，也許他正在前面著急，正在等我們呢？」

「他真會等我們嗎？」劉安娜笑問。

「他是冷面熱心腸的人，他怎么不會等我們呢？他尤其會記掛著妳。」紹芬說。

劉安娜臉孔微微一紅，又打起精神爬上一座山頭。

她們在山上休息。紹芬要余純純陪著劉安娜，她走到不遠處一個密林內小解，出來時他發現一棵大樹下有一個年輕的少尉在吃什麼東西？她悄悄走過去一看，原來他是偷偷地吃大薄餅，她輕言細語地向他乞討，那少尉看她是上尉，又很年輕，遲疑了一下，才撕了兩寸大小的薄餅給她。

「對不起，這是我續命的東西，這半塊餅是我一天的糧食，我分給妳，妳可千萬不要聲張？」

「這是你的大恩大德，我怎麼會聲張。」她接過兩寸薄餅，連忙三步併作兩步趕回來。她把兩寸薄餅分成三份，她們兩人各取一份，一口吞了下去，她把這一份放進嘴裏，覺得牙齒都沒有沾到就下肚了。她們隨即喝了一些清水。劉安娜感激地說：

「這真是續命仙丹，我可以多活兩天了！」

「妳是那兒弄來的？」余純純問紹芬。

「這是那位恩人的續命仙丹，是他一天的糧食，他教我不要講。」紹芬說。

這時政工隊的兩位隊員爬上山了，一位是畫宣傳漫畫的王鳳英，她原是藝專學生，家庭環境很好，是一位嬌滴滴的小姐，她瞞著家人考入政工隊，後來家人知道了，逼著她回家，把他關了幾天，不准出來。在部隊開拔之前，她從樓上窗口用一根繩索吊著溜下來，翻過圍牆逃回政工隊，部隊開拔時，她父親趕到政工隊，要求她回家，長官也勸她跟父親回去，她無論如何不肯，哭著對父親說：

「爸爸，您不要逼我，愛國並不犯錯，您再逼我我就死在您面前！」

說著她就拔出佩在腰間的刺刀，對準自己的胸口，準備刺下去。她父親慌了，連忙倒退，哭著對她說：

「好，好！我讓妳去，我讓妳去！不過妳要好好照顧自己……」

隨即轉身掩面哭著跑回去。王鳳英也啊的一聲哭了出來，但她沒有跟父親回去，她跟部隊到緬甸來了。

現在她已經生病，瘦得不成人形，不是原先那位嬌艷如花的小姐。他的兩腿都腫了，雙腳腫得像兩隻足球，她一爬上山就倒下去了。她們三人連忙扶起她，讓她靠著樹坐著休息。和她一道走的好友吳文君是她藝專的同學，歌唱得很好，琴也彈得不錯，她臉上也有些浮腫。

紹芬想去找那個少尉再要點餅給她們兩人續命，她匆匆跑到那棵大樹下時卻不見人影，他已先走了。

她們問吳文君後面還有沒有人？吳文君說：

「掉隊的人很多，就不知道是死是活？妳們先走，我陪鳳英在這兒多休息一會兒。」

她們三人只好含著眼淚道別，要她們快些趕上來。

劉安娜因為有一股希望在前面等著，她在紹芬和余純純的攙扶下又走了兩天，而且在大樹幹上發現紹武、紹地用刺刀刻的字：

妳們三人快趕上來

我們在新平洋等妳們

劉安娜看見這兩句話，眼淚都掉了下來，而且用手撫摸著紹武的名字。

紹芬和余純純也熱淚盈眶，余純純沒有看見李烈刻字，不禁懷疑地說：

「奇怪，李烈怎麼沒有刻字？」

「大概是他們兩人刻了，他就懶得再刻。」紹芬故意寬慰她，其實她心裏也在疑惑。

「無論如何他也該在他們的名字後面加上去？」

「到了新平洋，我們向他興師問罪好了。」紹芬故意向她們兩人笑笑。

她們三人在這棵樹下休息了一會再走。走到天黑，她們才在前面的人留下來的一個芭蕉棚裏休息，她們似乎覺得裏面有人，但也顧不了許多，三人靠在一棵大樹幹上坐著睡了，直到天亮，她們才被一群猴子的吱吱叫聲和野象的吼聲吵醒。

余純純先睜開眼睛，她看見棚子裏躺著一個人正是李烈、全身浮腫，最少死了好幾天，身上落滿了大頭蒼蠅，她大叫一聲暈了過去，紹芬連忙睜開眼睛一看，也大哭起來，後面又有三頭大野象向她這邊疾走，她拉起余純純、劉安娜跌跌撞撞向前跑，跑了大約一里路再也跑不動了，一起跌在地上，半天爬不起來，幸好那三隻大象沒有追來，牠們鑽進森林裏吃樹葉去了。

她們在這裏休息了很久，也哭了很久，她們沒想到李烈也暴骨在野人山？他是一位很勇敢善戰的排長，在崑崙關和日本人拚過刺刀，把日本人打敗。入緬以來又打了一個多月的硬仗，總是身先士卒，尤其是葉達西、斯瓦河之戰，使日本人死傷慘重，本來要升他當連長，想不到英國人過河拆橋，救了他們七千人，他們反而偷偷溜走，使他們無路可退，走進這個絕域蠻荒，送了性命還沒有人收屍，有冤也無處訴。

隨後政治部的一位胡科員趕了上來，看她們坐在地上哭，一問才知道是怎麼一回事？他催促她們說：

「快走吧！死的人太多了，那有時間哭泣？今天妳們哭他，恐怕明天沒有人哭妳們呢！」

她們停住哭泣，站起來問他：

「你看見政工隊的王鳳英和吳文君沒有？」

「看見。」他點點頭。

「她們趕上來沒有？」

「都死在一棵大樹下了。」他平淡地說。

她們又哭了起來，他邊走邊說：

「這不是哭的時候，到了印度再哭吧！」

她們又不聲不響地跟著他趕路。經過一家擺族人的包穀園，擺族人已經逃走了，她們在園裏草叢中尋到兩支又瘦又小的老包穀，上面還發了霉，她們三人分吃了一支，連包穀心也吞下去了，留下一支續命。

雨很大，連日來一直下個不停，她們沒有雨衣，沒有任何遮蓋的東西，淋著大雨一步一步往上爬，爬三步滑兩步，有時一直滑下來，幸好有樹木、藤蔓可抓，不然真會摔死。這天又好不容易爬上一座山頭，胡科員已經先上山走了。

她們在山上休息時，政工隊的三位隊員也爬了上來，看了她們十分高興，她們頭上戴著白鐵鍋子遮雨，其中一個姓梁的說：

「我們餓瘋了！有吃的沒有？」

紹芬把藏在背包裏的那支又瘦又小的老玉米拿出來交給她們，她們三人分了吃，連老心子也吞下去，紹芬看著她們吃自己直流口水，她也餓得很，但不能不給她們續命。她們吃完後紹芬問她們：

「妳們隊上的人怎樣？」

「都倒下了，我們是最後三個人。」一個叫小丁的隊員含著眼淚回答。

「華僑隊的人怎樣？」紹芬又問。

「也都倒下了！」他們三人同聲回答。

紹芬和這兩隊的隊員都很熟，他們是那麼年輕、活潑、可愛，聽了不禁哭了起來。余純純、劉安娜也落淚。劉安娜傷心地說：

「別說到印度，我們能不能到新平洋？都很難說！下一個輪到誰？那只有天知道了！」

大家都傷心落淚，為政工隊和華僑隊暴骨野人山的隊員默哀，也為自己哀。

她們六人結伴一道下山，天雨路滑，一不小心就會摔下山谷跌死，他們一個個坐在地上往下滑，有時連滾帶爬，這比倒栽蔥安全得多。

下面是一道峽谷，旱季時可能是一道砂石溪床，由於雨季水多，現在變成一股滾滾的洪流，兩岸之間用一棵大樹幹做了一道獨木橋，已經有不少人在過這座獨木橋，有的僥倖到了對岸，大多數的人像下湯圓一樣掉進急流裏沖走，她們看了心寒，每掉下一個人她們都驚叫一聲，哭了出來。可是聚在獨木橋邊的男人還是前仆後繼，因為沒有第二條路走。不過去必死無疑，過去了還有活的希望。

輪到她們六個人時，大家你望望我，我望望你，誰都不敢先過去，只是哭，雨水和淚水混在一起，分不清那一滴是雨水？那一滴是眼淚？紹芬突然心一狠，大聲對她們說：

「妳們先過去，我在後面給妳們壯壯膽。」

她們還是妳望望我，我望望妳，望著那滾滾的洪流哭著叫天叫媽。這條洪流雖然只有三四丈寬，卻變成了天塹，變成了奪命的死流！她們親眼看見的就有二、三十個官兵一個個掉下水，一個個被洪流捲走，無影無蹤，連叫一聲都來不及，一個泡沫也沒有。

紹芬看看大家都不敢過去，自己先到獨木橋頭，回頭對大家說：

「我先過去，妳們都不要出聲，等我到了對岸，妳們再一個一個走，千萬不要兩人上獨木橋，千萬不要看下面的水，要兩眼向前看，不能心慌腳亂，這樣危險就少，無論如何不能留在這邊，留在這邊只有死路一條！」

於是她謹愼地踏上獨木橋。她在學校唸書時喜歡玩平衡木、浪木，都跟獨木橋差不多，浪木還像鞦韆一樣盪來盪去，要是能把握它的動向動感向前走，就不會掉下去，不然準會摔下地，她在這方面很有經驗、心得，她不徐不疾地通過了獨木橋。

大家看她平安到了對岸，膽子就大了起來。

劉安娜接著走，走到中間，她聽見下面嘩嘩的水聲，心裏就發慌，又看了下面一眼，一看頭就暈，身體立刻失去平衡，噗通一聲，掉下洪流，立刻沖走，兩岸都發出驚叫聲和哭聲，紹芬一個人在那邊哭，她們四個人在這邊哭，哭了好半天還沒有人敢接著走。

可是天色漸漸暗了下來，再不走就更危險了！余純純抹抹眼淚，心一橫，她想起兵法上「置諸死地而後生」那句話，便把生死置之度外，勇往直前，平安地走到岸邊，這時她卻沈不住氣，心裏一喜，身了就一歪，幸好紹芬及時抓住她的頭髮，把她拖了上去，她抱住紹芬，兩人又哭了起來。

小丁和那兩位女隊員看看天色愈來愈暗，雨又不停，只好硬著頭皮走，都一個個地掉下去了，在黑暗中更是一個泡沫也看不到，紹芬和余純純爬到一棵大樹底下，用藤蔓綑住身體，靠在大樹幹上過夜。

她們聽到樹上的猴子被雨打得吱吱的叫，四週有野象和老虎的吼聲，山鳴谷應，令她們頭皮發麻，渾身起雞皮疙瘩。紹芬想起從前在家裏那麼舒服，吃得那麼好，還任性撒嬌，心裏不免慚愧。想起九江夜晚小販叫賣的糯米花兒、茶葉雞蛋，又香又酥又不膩嘴的茶餅，這些她每天消夜的點心，直流口水，肚子裏更咕咕叫；想起螃蟹麵、砂鍋豆腐魚頭、黃臘片兒般的臘魚、鱖魚、鯿魚……這些魚鮮時，現在她才覺得那真是天堂的日子。那種日子她過了十七、八年，以前覺得一點兒也不好，一點兒也不稀奇，她做夢也沒有想到世界上還有野人山這種鬼地方？她以為都是一開門就見到廬山、見到甘棠湖的這種地方，還有鐵路、火車、長江、輪船、飛機場，要到什麼地方就到什麼地方，上牯嶺也有轎子坐，不必自己爬上去，即使是牯嶺的好漢坡、即使是湘西的矮寨，也比野人山好一百倍。

余純純也自然想起北平的爆、烤、涮羊肉，燒餅、麻花兒、豆汁攤兒、爆肚攤兒、小棗兒切糕、半空兒、山裏紅、什錦雜拌、果子乾兒、糖炒栗子、黃花兒魚……這些吃的東西，以及故宮博物院、天安門、天壇、中山公園、雍和宮、隆福寺、東安市場、天橋、東交民巷、蟠桃宮、太陽宮、萬牲園、頤和園、西山八大處、圓明園……這些名勝古蹟，她在北平生長了二十年，壓根兒也不知道野人山這個地方，卻在這兒過了一個多月，今天是什麼日子？已經不知道。現在知道的是：大雨傾盆地從頭上倒下來；肚子餓得咕咕叫；伸手不見五指；山上有屍臭，這種臭味令人作嘔；樹上有猴子吱吱叫；不遠處有野象和老虎吼叫，野象的聲音高亢悠遠，老虎的聲音沈濁，像打悶雷。她心裏恐懼得很，她輕輕地對紹芬說：

「妳看老虎會不會把我們吃掉？」

「山上死人多得很，老虎吃不完，不會吃我們。」紹芬說。

「聽說老虎不吃死人，只吃活人。」余純純說。

「妳聽誰說的？」

「大人說的。貓也不吃死老鼠，只吃活老鼠。」

「為什麼？」

「活的營養好，死的會中毒。」

「我們這一身皮包骨有什麼營養？」

「貓吃老鼠是連皮帶骨一起吃下去，老虎吃人也會連骨頭一起吃掉的。」

「妳看過老虎吃人沒有？」

「我在報紙上看過，印度孟加拉虎時常吃人。」

這時又傳來一聲虎吼，兩人靠得更緊，紹芬感到余純純抖得比自己更厲害，連牙齒也在咯咯響，還嚶嚶地哭泣。紹芬心裏也很怕，身體也在發抖，但她還是安慰余純純說：

「死生有命，已經到了這種地步，怕也無益。」

「難道李烈、劉安娜這許多人都該死？政工隊、華僑隊的人都死光了，難道這也是命？」

「說不定這是劫數？」

「這分明是英國人過河拆橋，才害得我們這麼慘！」余純純氣憤地說：「先前日本人沒有打他們，他們封鎖滇緬公路，斷了我們的進口，連美國賣給我們的汽車、物資，英國軍隊也搶劫過去；後來給日本人打得落花流水，又要我們來幫忙他們打日本人；我們在仁安羌救了他們七千多人，他們卻摔下我們一萬多人偷偷跑了，使我們落到今天這種地步，我死也不甘心！」

「閻王也怕歹人，妳還能找英國人算帳不成？」

「帝國主義真沒有一個好東西！我們怎麼老是吃他們的虧，上他們的當？」

「人善被人欺，馬善被人騎，只怪我們是弱者。」

她們說著、說著，反而忘記了害怕，身體不再發抖。

可是她們又想起李烈、劉安娜，和先前掉下獨木橋，被水沖走的小丁她們三個人，以及王鳳英、吳文君，和路上那麼多死難官兵。想起李烈、劉安娜，余純純又哭了起來，她們是同學，又是一道逃到武漢，這兩、三年來更一直共患難，現在卻只剩下她一個人！她能不能逃出野人山？能不能度過今夜？也不敢講。

紹芬想到他們兩人也自然十分難過，再加上紹勇、紹雄兩兄弟和天放大伯，就更傷心了。紹武、紹地和她三個人又陷在野人山，生死難卜，也禁不住流下淚來。幸好雨已停止，她們又太疲倦，終於靠在樹幹上迷迷糊糊地睡著了。

突然，紹芬被一個東西砸在頭上打醒了。她睜開眼睛一看，天已經大亮，再看看身邊落著一個野果子，她撿起來想吃又不敢吃，她抬頭看看樹上的猴子窩，果子是從窩裏掉下來的，她連忙把余純純搖醒，高興地對她說：

「樹上有個猴子窩，窩裏有果子，我們上樹去吃。」

「妳不怕野果子有毒，」余純純說。

「猴子吃得，我們也吃得。」她撿了一個猴子咬過的果子給余純純看。

「樹這麼大這麼高，怎麼上去？」余純純抬起頭來望望上面說。

紹芬解開她們身上的粗藤條，用力拉拉，堅韌得很，這些藤子都一直纏到樹頂上，又從樹上垂下來，她拉著藤子往上爬，終於爬到猴子窩，那是用樹枝架起來的，裏面墊了許多樹葉乾草，有一堆果子，顯然是猴子儲存的糧食，她不顧猴子呲牙裂嘴吱吱叫，搖動樹枝恐嚇她，她塞了兩褲子口袋，才迅速溜下來。

她和余純純一人嚐了一個，味道還不錯，但不敢再吃，要留著續命。

她們又繼續前進，一路上散佈著零零落落的屍體，東倒一個，西歪一個，屍體都腫了，落滿了大頭蒼蠅，蛆從鼻子、嘴裏爬出來。起初她們不敢看，現在看多了也不怎麼怕，紹芬還特別留意有沒有紹武和紹地的屍體？或是其他同學的屍體？

她一個也沒有發現，這才稍稍安心。她知道他們訓練有素，除非是生病，不然不會像政工隊、華僑隊的那些隊員和那些士兵那樣下場，能夠走出野人山到印度的應該是他們那些官兵。

猴子窩的野果子讓她們多活了四、五天。後來發現了幾棟擺族的草頂高腳房子，有很多官兵聚在那兒。她們連忙趕了過去，但已經找不到棲身的地方。紹芬想闖進去，卻被裏面的人大喝一聲趕了出來，她嚇了一跳，仔細一看，喝叱她的人原來是軍部的黃祕書，平時他對她很好，她把他當作長輩。她知道自己已經變了形，怕他不認識她。其實他也變了形，平時他文質彬彬，頭髮梳得整整齊齊，鬍鬚刮得乾乾淨淨，臉色白白嫩嫩，完全是個書生；現在頭髮像一叢亂草，鬍鬚有兩、三寸長，又黑又瘦，兩眼凹了進去。她再走近一步說：

「黃伯伯，我是龍紹芬。」

「走，走，走！」他一邊吆喝一邊揮手：「我管妳是誰？」

紹芬傷心地掉下了眼淚，她想不到黃祕書完全變了一個人，不但變了形，也變了心！余純純把她拉開，勸她不要難過，她傷心地說：

「真想不到，人會變得這麼快？」

「這已經不是人的世界，我們都不像人了！」余純純流著淚說：「不要怪他。」

她們在一個茅屋角下坐了下來，弄了一個火種，生起火來烤烤衣服，她們只有這一套軍服，又髒、又濕、又臭。可是一烤火全身都癢了起來，原來她們身上都長滿了蝨子。紹芬覺得頭皮都很癢，用手一抓，抓下好幾個白白胖胖的蝨子，她驚叫起來，恨不得一下子把頭髮剃光。余純純也是一樣，她哭喪著臉說：

「我們餓成皮包骨，牠們倒吃得胖鼓鼓的！」

紹芬不敢再烤火，她肚子很餓，她去看看有沒有什麼東西吃？她在一個茅屋後面發現有人熬了半白鐵鍋子米湯，她向他討，那人很好，給了她半漱口缸米湯，她拿回來和余純純兩人分著喝，這是她們一個多月來第一次嚐到米味兒。喝完了米湯，發現漱口缸底下還有幾粒米飯，兩人用手指頭刮出來吃，紹芬笑說：

「我想龍肉也沒有這麼好的味兒！」

「可不是？我好像一生也沒有嚐過這種好東西！」

隨後她們兩人自然談起在家中吃的許多好東西。余純純說：

「我娘最會爆羊肉，佐料好，火候到家，爆羊肉配芝麻醬燒餅吃，愈嚼愈香，每次我都撐得像身上的蝨婆一樣，脹鼓鼓的。」

紹芬聽了一笑，搶著說：

「我娘最會做糖醋鱖魚。鱖魚在四川、廣西、雲南當寶貝，在我們家鄉江裏、湖裏多得是，妙的是牠只有背脊上一條骨刺，別的地方都是嫩肉，用糖、醋、蔥、薑燴，味兒特別好，這道菜我娘最拿手，我就做不好。」

「在小地方北平，黃花兒魚也是頂好的口味，金黃黃的、白嫩嫩的，小的四、五寸長，大的六、七寸長，最好的吃法是家常熬，用蔥、薑、蒜之類的佐料，那鮮味兒我說不上來，反正比我們剛才喝的這兩口米湯更好！」

紹芬又笑了起來，指著余純純說：

「妳這不是自打嘴巴了？」

「我們兩人都是窮人思古債，今生今世恐怕再也吃不到那種口味兒了！」余純純說著又流下了眼淚。

「當年我是人在福中不知福，總說娘弄的菜沒有館子裏的菜好吃。我娘也總是罵我：『餓妳三天，我倒下的餿水妳都會搶著吃！』現在我已經餓了一個多月，想吃我娘的餿水都吃不到了！」紹芬說著又哭了起來。

兩人抱著哭了一陣，就靠著茅屋高腳架子睡著了。

第二天清早一醒來，她們又餓著肚子搶先趕路。她們不會迷失，沿著有死人的路線向前走準不會錯，現在她們已經不知道怕了，只是那一堆堆的蒼蠅和蛆使她們作嘔，但也嘔不出什麼東西來，頂多嘔出一點兒黃水，這十幾天來連大便都沒有，自從進入野人山之後，除了前兩天在樹林裏解過一次大便外，她們好像忘記了人還會有解大便這回事兒？

她們餓得頭暈眼花，腳都抬不起來的時候，竄進一個芭蕉棚，準備死在裏面，她們快要倒下時，卻有一雙手把她們托住，她們睜開眼睛一看，原來是同期的男同學唐心皇，他原先是個中學教員，看見他彷彿遇到救星一樣，只是覺得他的氣色不對，印堂、準頭發黑。他有點米漿，分了兩湯匙給她們吃，她們吃下之後，漸漸有點力氣。

他對她們說：

「這兒離新平洋不遠，妳們快些趕過去，到了新平洋就不會餓死。」

「唐大哥，你呢？」她們問。

「我想多休息一會兒。」唐心皇說。

她們和他握手道別，紹芬發覺他的手心有些燙。知道他生病了，但又不能勉強他走，希望自已早些趕到新平洋，請紹武、紹地來救他。她走了幾步才對余純純說。

「希望老天爺保佑唐大哥！」

「我也覺得他有病，但又無能為力。留下來是大家一起死！」

「他救了我們兩條命！」紹芬說。

「可不是？我們該早點兒趕到新平洋，請妳兩位哥哥來救他。」余純純的想法和紹芬一樣。

後面趕上來一個人，她們回頭一看，是師部的准尉司書小劉。紹芬問他：

「你看見軍部的黃祕書沒有？」

「死在一個芭蕉棚裏，已經臭了！」小劉回答。

紹芬聽了啊的一聲哭了出來，又喃喃地說：

「我不該怪他，我不該怪他！」

「快些走吧！」小劉望了她一眼說：「現在你哭他，明天誰來哭妳？」

說完他就匆匆走了。紹芬連忙趕上一步說：

「你要是先到新平洋，請你告訴我哥哥，趕快來救唐上尉唐心皇。」

「妳哥哥是誰？」小劉回頭問了一句。

「龍紹武、龍紹地。」

「他們是不是活著還不知道呢？」小劉撂下這句話又走了。

「死相！」紹芬氣得腳一跺，罵了一句。

紹芬心裏卜卜跳，真怕他們兩人也到不了新平洋。

突然，她又在一棵大樹上發現了他們兩人刻的字，這才放下心來，兩人又一心趕路。她們翻過兩座山頭，又遇到一條溪流，連獨木橋都沒有，幸好水不太深，前面有人涉水過去，水齊胸脯，有人站不住腳就被沖走了。

她們突然發現小劉也在水裏，他個兒矮小，人很精明，但在這種急流裏大個兒才佔便宜，短小精悍沒有用，除非你是浪裏白條張順、混江龍李俊。紹芬知道這兩位水滸英雄都是她的九江同鄉，可惜她不會游泳，平時大祖父、祖父都教她要坐有坐相，吃有吃相，要像個大家小姐的樣子。她看看自己現在這副樣子，比叫花子都不如，那像一個大家小姐？

她後悔當時沒有像男生一樣整個夏天都泡在甘棠湖裏，變成浪裏白條張順、混江龍李俊。

她正在胡思亂想，忽然聽見身邊的余純純尖叫一聲，哭了起來：

「小劉沖走了！」

她向前一看，小劉在急流中一沈一浮，一會兒頭向上沖，一會兒兩腳朝天，在水中翻滾，轉眼之間就無影無蹤了。

余純純雙手蒙臉嚶嚶的哭泣。又哭又說：

「我們兩隻旱鴨子怎麼過得去？。」

紹芬發現上流十幾公尺的地方水比較淺，有人從那邊過去，水深只到腰部，她拉著余純純趕到那邊去，她先下水，要余純純跟著她走。還囑咐余純純：

「腳步一定要踩穩，慢慢向前移動，不要提起來，一提起來身子就站不穩，就會被水沖走。」

水流很急，過了腰部她們就有壓迫感，彷彿有一股巨大的力量要把她們推倒，但她們按著那種要領一步一步向前移動，終於平安過來。余純純摟著紹芬哭著說：

「我們總算又過了一道鬼門關！」

「我真不該罵小劉死相。」紹芬後悔地說。

「是他自己不小心，這怎麼能怪妳？」

「我要是不罵他那一句，就比較心安，想不到他也和劉安娜一樣死在水裏！」

渡過溪流的人都走了，她們不敢停留。後面還有人在涉水而過，她們看見有三人趕上來，也替他們慶幸。她們掛念著唐心皇，向他們打聽，他們說他死在芭蕉棚裏。

「是真的，你別認錯了人？」紹芬向那個說話的中尉說。

「我怎麼會認錯人？我和唐參謀同事兩年了。」中尉說。

「可憐的唐大哥，我們不能報答你了！」他們兩人哭著說。

她們和這三人一道走，紹芬忽然內急，沒有向余純純打招呼，就鑽進樹林裏方便，出來時卻不見人影，彷彿失蹤了似的。

這一帶樹林很密，濃蔭蔽天，前後都不見人影，她心裏一直發慌，怪自己一時疏忽。她高一腳、低一腳向前面追趕，可就是趕不上！地上到處是屍體，四週猴子、野象、老虎，以及不知名的野獸怒吼怪叫，叫得她身上汗毛直立，全身像打擺子一樣發抖，要是被老虎、蟒蛇吃掉那就更慘了！一路來發生過很多次老虎、蟒蛇吃人的事，大家反而不大驚小怪。蟒蛇吃人是整個吞進去，什麼都不留。老虎是啣到密林裏去慢慢享受。不論是老虎、蟒蛇，一遇上準沒有命，而且死得很痛苦！她愈想愈怕，邊走邊哭。天又快黑了，她不知道躲在什麼地方好？她正在路上彷徨哭泣時，忽然後面走出一個青年人來，她先是一喜，隨後又一驚，因為只有他一個人。孤男寡女，在這種深山密林，天又漸漸黑下來，那後果是不堪想像的。

這青年問她為什麼一個人在這兒哭泣？她向他說明原因，他安慰她說：

「今天不能走了，我們就在這棵大樹底下搭個芭蕉棚過夜，明天再走。我姓后，是雲南保山人，軍需上士，妳放心，我不是壞人。」

她連忙叫他后大哥，他迅速地解開背包，裏面有帆布、雨衣、打火石、還有一小包米，他腰間掛了一個緬刀，一個小白鐵鍋，一個水壺，野外求生工具齊全，他砍下一些樹枝。用藤條綁了一個帳篷架子，砍了一些大芭蕉葉覆在頂上，隨後把帆布往中間一掛，把芭蕉棚分成內外兩邊，他住外面一間，要她住裏面一間，他又逕自弄些枯葉枯枝生起火來，抓了半把米放進白鐵鍋裏，把水壺的水倒進去，熬起米湯來，熬好以後，分給她半漱口缸，她感動得流下淚來。這是她五、六十天來第二次喝到米湯。

「好好地睡一覺，明天一早趕路。」他喝完後吩咐她說，自己隨即打開雨衣躺在上面。

可是她怎樣都睡不著，她一直提心吊膽，她知道他不是壞人，但她怕他見色起意，自己現在雖然變了形，但到底只有二十一歲，總很年輕。她靠著大樹幹坐著，隨時留意帆布那邊的動靜，一不對勁，她就翻身鑽進樹林裏去。

山上虎吼象叫，貓頭鷹陰惻惻的叫聲，更顯得鬼氣森森，這一路來她看過不少奇形怪狀的屍體，此刻都在眼前出現，彷彿躺在自己身邊。她既不敢哭，又不敢叫，她希望隔著一張帆布的后上士一覺睡到亮，天亮了就比較安全。

她直到天快亮時才敢闔上眼睛。迷迷糊糊中她被后上士搖醒，她驚得大叫一聲，后上士卻對她說：

「別做夢了，快起來喝點米湯趕路。」

她睜大眼睛一看，他已經把帆布、雨衣打進背包，留了半漱口缸米湯給她，她三口兩口喝完了，說了一聲：「多謝后大哥！」就跟著他一起趕路。

中午時她才發現余純純和那三個人坐在樹下休息，她連忙跑過去，兩人摟在一起，彷彿幾十年沒有見面，后上士走過去了她還不知道，後來發現才追上一步大聲說了一句：「多謝后大哥！」后上士彷彿沒有聽見，自個兒走了。

她和余純純在路上談起昨天失散的情形，又好哭又好笑。最後她輕輕地對余純純說：

「昨夜我演了一齣現代《御碑亭》，想不到還有這樣的好人！」

「妳演的是《芭蕉棚》，不是《御碑亭》。」余純純笑說。

「要是真有人編一齣《芭蕉棚》的戲，那才可歌可泣。」

「我們死了這麼多人，吃了這麼多苦，有誰知道？既不會有人編戲，也不會有人寫進歷史，連南京大屠殺很快就會被人忘記，何況我們？」

「妳說的也是。會寫的人沒有過過我們這種生活，我們這些進入野人山的人又不會寫，日子久了，連我自己也會忘記。」

這天她們又爬過了一座山，天黑時發現幾家茅屋，裏面好像都睡滿了人，她們以為那三個同伴已先進去，他們走得快，把她們兩人拋了下來，因此她們也闖進一家。可是地上都是人，好像都睡著了。

她們不敢驚動他們，又怕踩到他們，小心地探著腳走進去，好不容易找到一個空隙，兩人勉強蹲了下去，靠著破壁坐著，連腳都伸不出去。兩人昨夜都沒有睡好，尤其是紹芬，幾乎十分鐘都沒睡足，所以一坐定兩人都沈沈入睡了。

余純純醒來時天已大亮，她睜開眼睛一看，躺在她們面前的全是死人，有的正在生蛆，她大叫一聲，拖著紹芬就往外跑，跌了好幾跤，跌在死屍上，這才聞到一股惡臭。跑了很遠才敢停下來，還不停地叫天叫娘，哇哇作嘔。

她們又渡過一條河，又差點淹死，過了河就是平地，望見了新平洋，也望見有兩個人向她們走來，可是距離太遠，看不清楚是什麼人？她們懷疑怎麼會有人走回頭路？漸漸地聽見對方的叫聲，是叫她們，她們聽出是紹武、紹地的聲音，連忙加快步伐向他們跑過去，他們也跑過來，最後擁抱在一起哭泣，紹芬擁著紹武，余純純卻擁著紹地，過一會兒余純純突然清醒過來，連忙紅著臉分開。

「劉安娜呢？」紹武問紹芬。

「被水沖走了！」紹芬流著眼淚回答。

他們兩兄弟直歎氣。

隨後又談起李烈、唐心皇和一些熟人的死，大家對這兩位同學更是哀傷、惋惜。

「你們連上死了多少人？」紹芬問。

「到達新平洋的只有一半人。」紹武說：「以後妳們兩人跟我們一道走好了，能到達新平洋，算妳們命大！」

「女的就只有我們兩位？」余純純問。

「到現在為止，只有妳們兩人。」紹武對余純純說：「以後由紹地照顧妳們，當初我還沒有想到野人山有這麼險，沒有帶著妳們一道走，送了劉安娜一條命，再也沒辦法補救了。」

他們一道走到新平洋。

新平洋有一座英軍留下來的簡陋的高腳營房，和一些擺族的高腳茅屋。紹武、紹地他們的殘餘部隊住在營房裏，他們把紹芬、余純純安排在一個高腳茅草屋裏，給了她們一包軍用餅乾，她們由於太餓，一下子吃多了，幾小時後胃部脹得像要裂開，因為軍用餅乾太硬，喝了水就發脹。

兩個月來她們的軍服沒有乾過，在新平洋總算把軍服烘乾了，蝨子也清除了不少，但蝨蛋佈滿了衣縫，除非把軍服燒掉，否則很難清除乾淨，頭髮裏的蝨子也沒辦法清除，她們連洗頭的肥皂都沒有。

她們休息了一天就跟紹武、紹地的部隊走，現在她們有些安全感，也不再十天、八天吃不到任何食物，紹武、紹地他們找到了吃的一定分給她們兩人。

半個月後，情況又好些，因為天晴時有飛機空投糧食，雖然大部分都投到深山密林裏，但也能撿到一小部分，可以續命。

她們經過一個較大的擺族村落，有二十多棟高腳茅草房子，擺族人也沒有逃走，還向他們表示友好。到了距離印度提旁營區只有七里的佈隆，擺族人更多，有的還會說幾句中國話，自認為是諸葛亮的後裔。他們的服飾和紹芬她們在川湘公路上行軍時所看到的湘西貴州邊界的苗人相似。男的纏頭赤腳，女的以青布裹頭。有一個叫做洛伊的女人，很漂亮，和紹芬、余純純兩人很投緣，她會講雲南話，她說他們原先也是中國人，諸葛亮征南蠻時，他們的祖先背著牛皮逃難，後來由於糧食斷絕，把牛皮吃了，他們的文字記在牛皮上，文字也一起吃進肚子裏去了，所以現在成了沒有文字的野蠻人。她的話和僰擺族人的歷史有關，僰擺也叫做泰擺，暹邏、老撾，都是這一族。雲南的僰夷、擺夷、白夷、蒲蠻，貴州的仲家、水家，廣西的僮、儂，都是同族異名，他們是從秦漢時的滇國及哀牢夷發展過來的。他們最早的祖先就是神農氏，他們現在仍奉神農氏為始祖。安南全國學童誦讀的《四字經》說：

丑會之初，陰凝為地，南北東西，五方各異。洪維我越，位在午丁。……命堯羲叔，宅南交。……自鴻龐氏，曰涇陽王，系出神農，首肇封疆。傳貉龍君，娶嫗姬婦，生百斯男，為百粵祖。

從《四字經》看來，「陰凝為地」一句，完全是來自《易經》乾為天，坤為地。「位在午丁」也是八卦的南方之位，「系出神農」那就更足以證明是神農氏之後了。

余純純因為聽過天行講《易經》，她和紹芬入緬之前又特別研讀過西南邊疆民族史，所以認為洛伊的話可信，只是諸葛亮以前的歷史她不知道罷了。

她們倆人離開佈隆時，洛伊依依不捨，特別煮了二十個熟雞蛋送給她們在路上吃，她們兩人像叫花子發大財一樣高興。紹芬把她母親送給她的繡了「長命富貴」四個字的繡荷包送給洛伊做紀念。余純純沒有什麼好送，寫了「神農後裔，與我同胞。」八個字送給她，而且講給她聽，教她認識。洛伊不但十分漂亮，也十分聰明，一學就會。還說以後要到提旁去看她們。

到了提旁，她們在野人山的這段死亡行軍就算結束。部隊損失了三分之二以上，一萬多人，活著到提旁的不到五千，女的只剩下她們兩人。

他們剩下的這四、五千人在提旁集結完畢之後，就開往印度東北的雷多，隨後又開往印度比合省的藍姆伽整訓，一面從國內空運官兵補充，同時更換各種新式美軍作戰裝備，改稱為中國駐印軍，候命反攻緬甸。

反攻緬甸是叢林作戰，野人山的慘痛經驗使上級決定不再用女性戰鬥人員，因此她們兩人請求隨軍服務，沒有奉准，要她們回國。但是余純純和紹地的感情已經很深，上級同意他們結婚，但不能攜眷行動，結了婚以後還是要回國。他們兩人同意，劉連生便替他們主持婚禮，完成終身大事。

婚後一個禮拜，余純純便和紹芬一同乘軍機飛回昆明，再輾轉來到重慶，回到天行家裏。